europan 5   europäische ergebnisse

europan 5 — impressum

Diese Publikation erscheint im Rahmen
des fünften Europan-Wettbewerbs.

Herausgeber und
Gesamtkonzeption — **Didier Rebois,** EUROPAN Generalsekretär

Redaktion — **Sylvie Chirat,** Koordinatorin, Europäisches Sekretariat von EUROPAN

Thematische Analysen — **Pascal Amphoux,** Geograph, Architekt, Professor an der EPFL, Lausanne, Suisse/Svizzera/Schweiz
Han Meyer, Architekt und Stadtplaner, Professor an der Universität Delft, Nederland
Nuno Portas, Architekt, Professor an der Universität Porto, Portugal
Bernard Reichen, Architekt und Stadtplaner, Paris, France
Marcel Smets, Architekt, Professor an der Katholischen Universität Louvain, Belgique/België/Belgien
Alexandros Tombazis, Architekt, Athen, Ellás

Texte zu den Projekten
und Standorten — **Sylvie Chirat,** Architektin, Dozentin an der Schule für Architektur in Paris-Val de Marne, France; Mitarbeiter:
Diane und Stewart Vaughan, France

Grafische Gestaltung
und Umschlagentwurf — **Margaret Gray**
Layout — **Margaret Gray,** unter Mitarbeit von **Loïc Le Gall** und **Julien Gineste**

Deutsche Übersetzung — **Blanco, Dettmer, Weps** (Englisch)
Norbert Heikamp (Französisch)

Filme/Belichtung — **QUENTIN Design**
Ausführung — **Philippe Banières**

Druck — **NEO typo**

Herausgegeben von EUROPAN
La Grande Arche, pilier nord,
92044 Paris-La-Défense cedex 41,
Frankreich

ISBN Nr. 2-9508526-9-6
Rechtliche Eintragung: 3. Quartal 1999

Weltweite Rechte der Wiedergabe,
Übersetzung, Verwendung von Texten
und Bildern vorbehalten.

Landeskennzeichen
ALG Algeria
AFG Afganistan
ARG Argentina
AUS Australia
BUL Bålgarija
B Belgique/België/Belgien
BOS Bosnia I Hercegovina
CDN Canada
COL Columbia
DK Denmark
D Deutschland
GR Ellás
E España
F France
GUA Guatemala
CRO Hrvatska
IRL Ireland
I Italia
IND India
ISR Israël
J Japan
KOR Korea
CY Kypros
H Magyarország
NL Nederland
N Norge
A Österreich
PL Polska
P Portugal
ROM România
SLV Slovenia
SLO Slovensko
CH Suisse/Svizzera/Schweiz
SF Suomi-Finland
S Sverige
TZ Tanzania
GB United Kingdom
USA United States of America
YUG Yugoslavija

fünftes europaweites Wettbewerbsverfahren
für neue Architektur,
neue Landschaften urbanen Wohnens, Mobilität und Nähe

europan 5   europäische ergebnisse

europan 5 — Inhalt

6 **Die Entwicklung neuer urbaner Landschaften**
Einleitung für den europäischen Katalog und die CD zur Dokumentation der Ergebnisse des 5. Europan-Wettbewerbs
Didier Rebois

8 **Standortkarte**

10 **Nationale Preisgerichte**

65 **Veranstalterländer**

66 **Belgique/België/Belgien**

17 **Ergebnisse/Analysen**

18 **Europäische Stadt und städtebaulich-architektonischer Maßstab**
Thematiken des 5 Europan-Wettbewerbsverfahrens
Gespräch zwischen Didier Rebois, Europan-Generalsekretär und Bernard Reichen (F)

67 La Louvière
- Tim Denninger (D), Tomoyuki Haramura (J), Patrick Longchamp (CH), Preis
- Eric Motte (B), Ankauf
- Jan Peeters, Filip Smits (B), Ankauf

26 **Interpretation der Landschaft**
Marcel Smets (B)

35 **Urbane Ökologie**
Stadt, Natur und Dichte
Alexandros Tombazis (GR)

42 **Antrieb, Beweglichkeit, Emotion**
Zu einer morphogenetischen Konzeption urbaner Mobilität
Pascal Amphoux (CH)

72 Namur
- Pablo Perlado Recacha (E), Pierluca Rocheggianni (I), Alejandro Pujol (E), Euro Bellessi (I), Gonzalo Molero Homs (E), Jorge Raedo (E), Ankauf
- Ulrike Bräuer, Michael Mackenrodt (D), Preis

53 **Mobilität & Nähe**
Ein Thema, 66 unterschiedliche Standorte
Han Meyer (NL)

60 **Entwurf als Prozess**
Nuno Portas (P)

76 **Deutschland**

77 Essen
- Ralf Freymuth, Silvia Euler (D), Preis
- Paul Van Der Voort, Catherine Visser, Daan Bakker (NL), Preis
- Christiane Schmidt, Jörg Lammers, Verena Manz, Martin Dütsch (D), Lucas Merx (NL), Ankauf

83 Geesthacht
- Georg Waiblinger, Martin Schenk (D), Preis

86 Gotha
- Jérémy Vassort, Guillaume Buret (F), Preis

90 München
- Lars Loebner, Karin Stoppel (D), Ankauf
- Gert Mader, Andrea Gandyk (D), Preis
- Markus Pfreundtner (D), Ankauf

95 Schwabach
- Klaus Beutler, Martin Ilg (D), Ankauf

97 Weissenfels
- Ute Poerschke (D), Preis
- Matthias Heidtkamp (D), Ankauf
- Alexander Koblitz, Anja Nelle (D), Ankauf

102 Guben•Gubin
- Peter Stötzel, Martin Schmöller (D), Ankauf
- Sonja Moers (D), Preis

106 **Ellás**

107 Athinai-Agia Anargiri
- Minas Papadakis (CH), Francesca Wunderle (I), Nicola Luig Panetta (I), Preis
- Panagiotis Stefas (GR), Ankauf

111 Athinai-Amaroussion
- Sofia Vyzoviti (GR), Giusseppe Mantia (I), Preis
- Dimitra Sidiropoulou, Apostolos Panos (GR), Ankauf

115 Thessaloniki-Chalastra
- Franck Fauvet (F), Raphael Henon (F), Loukia Martha (GR), Ankauf

117 Thessaloniki-Polichni
- Anastasia Papadopoulou, Penelope Xiptera (GR)), Preis

120 **España**

121 Almería
- Alonso Cano Pintos, Myriam Abarca Corrales (E), Preis
- Óscar Rueda Jiménez (E), Ankauf
- Sim David (GB), Jesus Mateo Muñoz (E), Ankauf

126 Baracaldo
- Frederico Soriano Pelaez, Dolores Palacios Diaz (E), Ankauf
- Eduardo Arroyo Munoz (E), Preis
- Sandra Töpfer (D), Ankauf

131 Cartagena
- Juan Hevia Ochoa De Echagüen, Manuel García De Paredes, Nuria Ruiz García (E), Preis

134 Ceuta
- Enrique Delgado Camara, Ruben Picado Fernandez, Maria José De Blas Gutierrez, Maria Antonia Fernandez Nieto (E), Ankauf
- José Morales Sanchez, Juan Gonzalez Mariscal (E), Preis
- María José Pizarro Juanas (E), Ankauf

139 Tolosa
- Elio Garcia Garcia, Javier Rodriguez Alcoba, Carlos Rodriguez Alcoba (E), Ankauf

141 **France**

142 Brest
- Valérie L'Azou, Jacques Goubin, Laurent Defrance (F), Ankauf
- Olivier Souquet, François Defrain (F), Preis

146 Chessy
- Nathalie Quiot, Christophe Lasserre, Bernard Porcher (F), Ankauf

148 Jeumont
- Catherine Guillot (F), Refki Chelly (TUN), Ankauf
- Marc Pelosse (F), Ankauf

151 Mulhouse
- Philippe Collin, Julien Defer, Erika Majewski, Christel Richier (F), Preis

154 Reims
- Corinne Tiry (F), Véronique Descharrières (F), Sabine Guth (F), Solange Duchardt (F), Christina Devizzi (I), Ankauf
- Mattias Foitzik, Philipp Krebs, Michael Herz, Heinz-Jürgen Achterberg (D), Preis

158 Villetaneuse
- Caroline Poulin (F), François Decoster (F), Djamel Klouche (ALG), Preis

162 **Hrvatska**

163 Rovinj
- Nicolò Privileggio, Marialessandra Secchi (I), Preis
- Rok Bogataj, Tomaž Krušec (SLV), Vlatka Ljubanovič (CRO), Ankauf
- Paulus Rajakovics (A), Bernd Knaller-Vlay (A), Margarethe Muller (A), Roland Ritter (D), Ankauf

168 Vukovar
- Florian Migsch (A), Preis

europan 5 Inhalt

172 Italia

- 173 Ancona
  - Cherubino Gambardella, Giulia Bonelli, Pietro Salvatore Caliendo, Lorenzo Capobianco, Simona Ottieri, Riccardo Rosi, Marco Zagaria (I), Preis
  - Roberto Angeloni, Stefano Lo Parco, Matteo Verzolini (I), Ankauf
- 177 Catania
  - Francesco Nicita, Ketti Muscarella (I), Preis
  - Fabio Salvatore Dario Scarcipino Patarello, Domenico Di Guardo, Sebastiano D'Urso (I), Ankauf
- 181 Collegno
  - Andreina Mandara, Francesco Calzolaio (I), Preis
  - Mauro Schiavon (I), Ankauf
- 185 Palermo
  - Elisa Palazzo (I), Bruno Pelucca (CH), Preis
  - Maria Latorre Gianpiero, Rebbeca Raponi (I), Ankauf
- 189 Roma
  - Birgit Schlieps, Oliver Schetter, Tom Richter, Peter Arlt (D), Preis
  - Alessandra Battisti, Pietro D'Ambrosio, Paola Guarini, Fabrizio Tucci (I), Ankauf
- 193 Savona
  - Giovanni Pogliani, Marina Cimato, Giancarlo Fantilli, Mariaugusta Mainiero, Roberto Morziello, Paola Piga Giovanna, Renato Quadarella, Guendalina Salimei, Roberto Grio (I), Preis
- 196 Torino
  - Gabriele Cigliutti (I), Ankauf
  - Giorgio Domenino, Walter Camagna, Massimiliano Camoletto, Andrea Marcante, Roberto Prete, Annachiara Solero, Marina Massimello, Riccardo Balbo, David Bodino (I), Ankauf
  - Massimo Raschiatore (I), Ankauf

200 Nederland

- 201 Almere
  - Alberto Nicolau Corbacho (E), Preis
  - Siebold Nijenhuis, Aldo Vos (NL), Preis
  - Jens Studer, Philipp Hirtler (CH), Ankauf
- 207 Amsterdam
  - Joost Glissenaar, Klaas Van Der Molen (NL), Preis
  - John Lonsdale (GB), Maarten Van Den Oever (NL), Ankauf
- 211 Haarlemmermeer
  - Gijs Raggers (NL), Preis
  - Bob Heuwekemeijer (NL), Ankauf
  - Machiel Spaan (NL), Ankauf
- 216 Rotterdam
  - Roel Ten Bras, Bart Eijking, Patrick-Olaf De Louwere (NL), Ankauf
  - André Kempe, Oliver Thill (D), Preis

220 Portugal

- 221 Lisboa-Chelas
  - José Adrião Martins, Pedro Pacheco (P), Preis
  - Samuel Torres De Carvalho (P), Pedro Palmero Cabezas (E), Ankauf
- 225 Loures-Sacavém
  - Gonçalo Leitão, Horacio Figueiredo, Luis Neuparth (P), Preis
- 228 Vila Nova de Gaia
  - Mariam Shambayati (CDN), Ankauf
  - Fanny Perier (F), Kristina Hellhake (D), Preis
  - Harald Weber (A), Ankauf

233 Suisse/Svizzera/Schweiz

- 234 Aarau
  - Bertram Ernst, Erich Niklaus, Ursina Fausch, Hannes Henz (CH), Ankauf
- 236 Bern-Ausserhollingen
  - Andreas Quednau, Sabine Müller (D), Ankauf
  - Holger Gladys (D), Madir Shah (IND), Preis
- 240 Biel/Bienne
  - Urs Primas (CH), Ed Ravensbergen (NL), Valéry Didelon (F), Marie-Noëlle Adolph (CH), Ankauf
  - Massimiliano Marchica, Nicoletta Artuso, Andrea Balestrero, Gianandrea Barreca, Antonella Bruzzese, Maddalena De Ferrari, Francesca De Vita, Umberta Dufour, Fabrizio Gallanti, Silvia Pericu (I), Preis
- 244 Genève
  - Caroline Aubert (CH·F), Ankauf
  - Marina Lathouri (GR), Maurice Van Eijs (NL), Preis
- 248 Lenzburg
  - Fabienne Couvert, Guillaume Terver, Xavier Beddock (F), Preis
- 252 Massagno
  - Carolina Somazzi, Carmen Campana, Udo Oppliger, Andreas Pedrazzini (CH), Ankauf
- 254 Zug
  - Fortunat Dettli, Albert Nussbaumer (CH), Ankauf
- 256 Zürich-Affoltern
  - Thomas Hildebrand (CH), Ankauf
  - Frédéric Levrat (CH), Zolaykha Sherzad (AFG), Antoine Robert-Grandpierre (CH), Preis

260 Suomi-Finland

- 261 Rovaniemi
  - Noora Koskivaara, Pia Kilpinen, Pasi Kinnunen, Minna Soukka (SF), Preis
  - Hannu Tikka (SF), Ankauf
- 265 Turku
  - Bart Van Der Velde, Pascal Grosfeld (NL), Preis
  - Cristina Gastón Guirao, Xavier Vidal Manzano, Isidre Roca I Burés (E), Ankauf
  - Jadric Mladen (A), Ankauf
- 270 Vantaa
  - Nicola Worton, Oliver Froome-Lewis (GB), Ankauf
  - Fabian von Köppen (D), Carina Skoglund (SF), Preis

274 United Kingdom

- 275 Dartford
  - Stephen Witherford, Christopher Watson, William Mann (GB), Ankauf
- 277 Nottingham
  - Maarten Van Bremen, Folkert Van Hagen, Jaap Van Dijk, Adam Visser (NL), Preis
  - Michael Hussey (IRL), (GB), Ankauf
- 281 Sheffield
  - Chris Bannister, Barbara Dunsire (GB), Preis
  - Michael Dillon (IRL), Lucy Clark (GB), Darren Andrews (GB), Francis Henderson (GB), Ioana Sandi (ROM), Ankauf
  - André Viljoen (GB), Katrin Bohn (D), Ankauf

286 Partnerländer

- 287 Bǎlgarija Sofia
  - Antonio Gonella (I), Marilena Baggio (I), Margarita Kroucharska (BUL), Ankauf
- 289 Eesti Tallinn
  - Katariina Vuorio, Tuomas Hakala, Marja Sopanen (SF), Preis
- 292 Kypros Pafos-Anavargos
  - Dominique Guilhem (F), Ankauf
- 294 Magyarország Budapest
  - Franz Ertl (A), Jasmina Tochmakova (BUL), Ankauf
  - Christian Kern, Thomas Repper (D), Ankauf
- 297 Österreich Graz
  - Dietger Wissounig (A), Preis
  - Ingrid Schaberl (A), Ankauf
- 301 România Timisoara
  - Urs Friedrich (D), Preis
- 304 Slovensko Košice
  - Maroš Fečik, Štefan Polakovič (SLO), Preis

308 Lobende Erwähnungen
316 Verzeichnis der Preisträger
331 Europäische Sekretariate
332 Veröfftenlichungen

europan 5

Die Entwicklung neuer urbaner Landschaften.

Einleitung für den europäischen Katalog und die CD zur Dokumentation der Ergebnisse des 5. Europan-Wettbewerbs

Didier Rebois, Generalsekretär Europan Europa

Themenstellungen

Das 5. EUROPAN-Wettbewerbsverfahren hatte als Forschungsfeld die **von den europäischen Städten bei ihrer Entwicklung ausgesparten Flächen und deren Schnittpunkte mit Verkehrsnetzen** zum Thema. Die Entwicklung der europäischen Städte in den vergangenen fünfzig Jahren bewirkte den Flächenverbrauch großer Stadtrandareale, auf denen neue Zonen und Infrastrukturen entstanden. Die Stadtrandgebiete entwickelten sich entlang der Verkehrswege und auf der Grundlage bestehender Bebauungen. Dazwischen blieben kaum oder gar nicht genutzte Räume übrig, die die Städte brachliegen ließen für obsolete Nutzungen. So entstanden Städte in den Lücken zwischen den Städten auf Arealen, die die extensive Stadterweiterung schlicht vernachlässigt hatte.

Da alle ganzheitlichen Stadtentwicklungskonzepte augenblicklich in der Krise stecken, erhebt sich die Frage, wie man sich diese Zwischenräume wieder so aneignen kann, daß dort Wohnen möglich ist. Wie können **neue Formen urbaner Landschaft erfunden werden?** Und wenn man es schon aufgegeben hat, umfassende Stadtentwicklung bewältigen zu wollen, wie können diese übriggebliebenen, zeitgenössischen und höchst disparaten Areale zu attraktiven Gebieten aufgewertet werden? Wie können dort Wohn-, Landschafts- und Architekturkontexte geschaffen werden, die sich wie die Teile eines Puzzles in den zerrissenen und diskontinuierlichen, städtebaulichen Flickenteppich integrieren? Dies waren die Herausforderungen, mit denen das 5. EUROPAN-Wettbewerbsverfahren junge europäische Architekten anhand mehrerer Themenstellungen konfrontierte, die zugleich als Fragen an architektonische Konzepte und an die Politik der Stadtentwicklung formuliert waren. Diese Fragestellungen konnten sich überlappen und sollten als Antwort zu Ideenentwürfen führen.

Natur und Wohnen

Natur und Bebauung vermischen scheinbar ohne Ordnung zu einem Ganzen, in dem immer mehr neue Wohnsiedlungen entstehen. Ist dieses Phänomen umkehrbar? Wie verhindert man, daß Vororte sich ausdehnen wie die Tentakeln einer Riesenkrake? Können urbane Verdichtung, gemeinschaftlich genutzte Räume, Natur und das Bedürfnis der Menschen nach immer stärker individualisierten Wohnformen in Einklang gebracht werden?

Mobilität und Erreichbarkeit der Wohngebiete

In Städten mit ihren weit verstreuten Nutzungen und der entsprechenden Mobilität erhebt sich die zentrale Frage nach der Erreichbarkeit der Wohngebiete. Mit welcher Logik beziehungsweise welcher Raumordnung kann es gelingen, die Verkehrsnetze besser in den Dienst der städtischen Verkehrsanbindungen zu stellen, als sie weiterhin nur als Bedingungsfaktoren für die Zerteilung von Räumen zu akzeptieren?

Induktiver Städtebau

Wie verbindet man abstrakte Räume der Mobilität mit den physischen, spürbaren der Wohngebiete? Wie induziert man neue Arten der Formalisierung von Städten?

Neue Wohnformen

Wie soll Raum in unmittelbarer Nähe, ja in direktem Kontakt mit den Wohngebieten gestaltet werden? Aber was bedeutet schon "wohnen" in der Stadt von heute? Heißt das, ein Einfamilienhaus in einem Stadtrandwohngebiet sein eigen zu nennen? Individuell über mehr Raum zu verfügen? Oder bedeutet es, zur Miete im Geschoßwohnungsbau in unmittelbarer Nähe zu den städtischen Dienstleistungsangeboten zu leben? Oder gar im Kontakt mit der Natur leben? Wo findet man vor der Tür der eigenen Wohnung animierte, gemeinschaftlich genutzte Räume?

Nutzungsintensivierung

Welche Vorhaben eignen sich dazu, um die Wohngebiete herum urbanes Leben zu generieren? Geht es darum, multifunktionale Pole zu kreieren, ein Mosaik verschiedener, vielseitiger und pluralistischer Projekte anzudenken, oder sollte man eher die vom Kontext vorgegebenen Entwicklungspotentiale in ihrer sozio-ökonomischen Unterschiedlichkeit entwickeln?

Komplexität bewältigen

Auf dem Prüfstand steht die Eignung eines Entwurfes, mit der er die vielen Parameter urbaner Komplexität integriert und diese bewältigt: zahlreiche Beteiligte, Mischung aus privaten und öffentlichen Beteiligten, mangelnde Planungssicherheit, Nutzungsänderungen, die den städtebaulich-architektonischen Raum beeinflussen, der sich daher auch als Verfahren in Bewegung verstehen muß, als ein ständiges Kommen und Gehen von ganzheitlichen Entwicklungsvorstellungen, vielfältige Formvorschriften und zeitlich gestreckte Umsetzungen von Ideen. Wie müssen Entwürfe aussehen, die stark genug sind, auch über einen langen Zeitraum noch Chancen auf Realisierung zu haben, und die gleichzeitig die immer wieder neu ansetzende Verhandlung zwischen städtebaulicher Form, Entwicklungsplanung des konkreten Entwurfs und architektonische Formgebung zulassen.

Wettbewerbsstandorte und ihre situativen Kontexte

65 europäische Städte beteiligen sich **mit unterschiedlicher Kultur und Stadtgeschichte**, indem sie Wettbewerbsstandorte mit spezifischen situativen Kontexten vorschlagen, die verändert werden sollen. Diese Standorte können sich **an jedem beliebigen Ort dieser Städte befinden**, vorausgesetzt, sie wurden entweder in jüngster Zeit vernachlässigt, weil es keine diesbezüglichen Entwicklungskonzepte gab, oder sie leiden unter der Abwertung ihrer Funktionalität und ihres Images. **Alle müssen indes in unmittelbarer Nähe zu einem vorhandenen Verkehrsnetz des ÖPNV liegen beziehungsweise Gegenstand einer Modernisierungsplanung für ein solches Netz sein, mit dem der Standort verkehrstechnisch besser angebunden werden soll.** Dabei handelt es sich um unterschiedliche Verkehrsnetze: Schnellstraßen für den motorisierten Individualverkehr (Autobahnen, Ringstraßen, Zufahrtsstraßen in die Innenstädte) und/oder Systeme des ÖPNV (Metro, Eisen- und Straßenbahnen) mit einer Haltestelle am Standort beziehungsweise in unmittelbarer Nähe. Die Wettbewerbsteilnehmer konnten mit ihrer Planung an der jeweiligen Schnittstelle zwischen Verkehrsnetz (Verkehrswegeführung oder Standort selbst usw.) und dem eigentlichen, zu planenden Wohngebiet ansetzen. Mit einer Fläche von mindestens **0,5 und höchstens 3 Hektar müssen diese Standorte allerdings integrativer Bestandteil einer breiter angelegten Entwicklungsstrategie in Verbindung** mit der Modernisierung der Infrastruktureinrichtungen sein, zu der ebenfalls Vorschläge von den Wettbewerbsteilnehmern erwartet wurden.

Städtebaulich-architektonischer Ideenwettbewerb

Das 5. EUROPAN-Wettbewerbsverfahren wandte sich an **alle jungen europäischen Architekten und Stadtplaner, die unter 40 Jahre alt sind.** Es ist als Ideenwettbewerb mit dem Ziel zukünftiger Realisierungen zum Thema „Neue Landschaften städtischen Wohnens - Mobilität und Nähe angelegt.
So wie die vorherigen EUROPAN-Wettbewerbsverfahren ist auch EUROPAN 5 eine europäische Föderation. Die nationalen Organisationen organisieren und managen die 13 städtebaulich-architektonischen Wettbewerbe in den EUROPAN-Mitgliedsländern, die zeitgleich zu einem gemeinsamen Thema mit gleichen Zielsetzungen ausgeschrieben werden. Reglement und Bewertungsmodus sind für all diese Wettbewerbe dieselben.
Die auf europäischer Ebene offenen Wettbewerbe sind anonym, die Teilnehmer können sich in dem Land ihrer Wahl einschreiben und ihre Entwürfe einreichen. Aus den 65 zur Disposition stehenden Wettbewerbsstandorten konnten die Teilnehmer maximal zwei Standorte zur Bearbeitung auswählen, die in unterschiedlichen Ländern liegen mußten.
Jeder Entwurf mußte zwei Komponenten enthalten: **Ein strategisches Stadtentwicklungskonzept**, das in thematischem Zusammenhang mit der Wettbewerbsproblematik, den städtebaulichen Anforderungen und der thematischen Ausrichtung stehen mußte sowie einen **Architekturentwurf** mit u.a. der Planung von Wohnungen auf einem vorgegebenen Areal des Wettbewerbsstandorts, anhand dessen der konzeptionelle Wert der beteiligten Teams ermessen werden konnte.

Beurteilung

In den acht Ländern Belgien, Frankreich, Großbritannien, Italien, Niederlande, Kroatien, Portugal und Spanien bewertete ein Preisgericht (mit neun Preisrichtern, davon drei Ausländer, und ohne die Vertreter der Wettbewerbsstandorte) die Ideenkonzepte und die Architekturentwürfe für seine nationalen Wettbewerbsstandorte.
Vier nationale Preisgerichte bewerteten die zu ihren nationalen Wettbewerbsstandorten und zusätzlich die zu den Standorten ihrer Partnerländer eingereichten Entwürfe. Hierbei handelte es sich um die folgenden Länder mit ihren jeweiligen Partnerländern: **Deutschland mit Polen (Gubin), Finnland mit Estland (Tallinn), Griechenland mit Zypern (Patos), die Schweiz mit Österreich (Graz).** In diesen Fällen wurde das neunköpfige Preisgericht jeweils um ein Mitglied aus dem Partnerland erweitert.
Ein weiteres Preisgericht bewertete schließlich die zu den vier in Mitteleuropa gelegenen Wettbewerbsstandorten (Sofia in Bulgarien; Budapest in Ungarn; Timisoara in Rumänien; Kosice in der Slowakei) eingereichten Entwürfe. Dieses Preisgericht setzte sich aus je einem Experten dieser vier Länder sowie Experten aus den beiden Sponsorenländern, Frankreich und die Schweiz, zusammen.
Unter Beibehaltung der nationalen Bewertungen floß ein gewichtiges, innovatives Element in das Bewertungsverfahren neu ein: **die Debatte der Preisgerichte auf europäischer Ebene.** Daher trafen sich die 13 Preisgerichte einmal, um eine Vorauswahl unter den Einreichungen zu treffen, die ihrer Ansicht nach Interessantes zur Themenstellung des Wettbewerbs beitrugen. Bei dieser ersten Runde kamen **287 Einreichungen in die engere Auswahl.**
Der wissenschaftliche Beirat des EUROPAN-Wettbewerbs, der sich aus europäischen Fachleuten zusammensetzte, kam **anschließend zusammen und verglich, ordnete und analysierte** - mit Hilfe ehemaliger Preisträger aus dem 3. und 4. EUROPAN-Wettbewerbsverfahren - **die 287 Entwürfe aus der Vorauswahl in Bezug auf die wichtigsten Themen des Wettbewerbsverfahrens:** Bezug mit den Verkehrsnetzen, mit der Natur und Stadtentwicklungsmanagement in den jeweiligen Einreichungen.
Im Februar 1999 wurde ein großes Europäisches Forum in Paris abgehalten, zu dem sich die Mitglieder der 13 Preisgerichte und die Vertreter der 65 Städte trafen, die jeweils Wettbewerbsstandorte vorgeschlagen hatten. Eine vertiefende Debatte fand statt, bei der die Ideenentwürfe der vorab ausgewählten Projekte und die Bewertungskriterien der einzelnen Preisgerichte erörtert wurden, die mit den politischen und technischen Aspekten all derjenigen konfrontiert wurden, die nicht an den Beratungen der Preisgerichte teilgenommen hatten. Ziel war es, **die Ansichten zu den eingereichten Ideenentwürfen auf europäischer Ebene einander anzunähern** und die Preisgerichte durch die Konfrontation untereinander aber auch mit den Beteiligten vor Ort dazu zu bewegen, ihre Beurteilungsmodalitäten zu erweitern.
Im Anschluß an das Forum kamen die nationalen Preisgerichte ein weiteres Mal zusammen, um die von ihnen vorab ausgewählten Einreichungen erneut auf der Grundlage der europäischen Debatte zu begutachten und **die Preisträger und Ankäufe festzulegen.**
Insgesamt wurden 113 Teams ausgezeichnet, es wurden 50 Preise und 63 Ankäufe vergeben, 40% der Auszeichnungen wurden für ausländische Beiträge vergeben. Neben den verteilten Preisen werden die Teams bei der Ausstellung und Veröffentlichung ihrer Entwürfe durch den Organisator unterstützt, damit sie mit Studien zu Stadtentwicklungskonzepten und/oder der Realisierung ihrer Entwürfe beauftragt werden, womit sie ihre Ideen in einem operativen Kontext realisieren können.

Veröffentlichung und europäische Auswertung

Der europäische Ergebniskatalog soll das Wettbewerbsverfahren reflektieren. Neben der Darstellung pro Land - **der Einreichungen der 50 Preisträger, 63 Ankäufe, 48 Lobende Erwähnungen** und der 113 ausgezeichneten Teams dokumentiert die Veröffentlichung auch das europäische, analytische Verfahren, das zwischen den beiden Sitzungen der Preisgerichte ansetzte. Nach der Vorstellung der Mitglieder der nationalen Preisgerichte präsentieren die sechs europäischen Experten des wissenschaftlichen EUROPAN-Beirats ihre **vergleichenden Analysen der 287 in die Vorauswahl gekommenen Einreichungen.**
Bernard Reichen erläutert den Bezug zwischen den Themenstellungen des Wettbewerbs und den urbanen Veränderungen der europäischen Städte. Marcel Smets und Alexandro Tombazis entwickeln zwei Ansichten zum Bezug der Wettbewerbsbeiträge zu Natur und Ökologie. Han Meyer und Pascal Amphoux zeigen auf, wie die Projekte jeweils auf die Frage der Schnittstelle von Verkehrsnetzen und Architektur antworteten. Nuno Portas erläutert schließlich die Qualitäten eines städtebaulich-architektonischen Entwurfs der die Prozesse, denen er bei seiner anschließenden Realisierung unterworfen sein wird, schon als interaktiven Bestandteil der Planung integriert.
Zu diesen Analysen kommt noch die Vorstellung der 287 vorausgewählten Projekte als Anhang auf einer CD-ROM, dank derer - über die ausgezeichneten Teams hinaus - die gesamte Bandbreite des Wettbewerbs mit seinen dynamischen und repräsentativen Einreichungen angemessen als Beitrag zur Debatte über die europäische Stadt bewertet werden kann. Diese CD-ROM ist als Ergänzung zum Ergebniskatalog konzipiert und dokumentiert auch noch zirka 40 Einreichungen aus EUROPAN 2,3 & 4-Verfahren, die zur Zeit realisiert werden. Diese Dokumentation ermöglicht das Verständnis für die Bewertung eines Projekts vom Ideenentwurf während des EUROPAN-Wettbewerbs bis hin zur städtebaulichen und architektonischen Konkretisierung und der damit verbundenen Verhandlung mit den Beteiligten vor Ort.

europan 5   **standortkarte**

Belgique/België/Belgien	1	La Louvière s.67	2	Namur s.72				
Deutschland	3	Essen s.77	4	Geesthacht s.83	5	Gotha s.86	6	München s.90
	7	Schwabach s.95	8	Weissenfels s.97	9	Guben•Gubin s.102		
Ellás	10	Athinai-Agia Anargiri s.107	11	Athinai-Amaroussion s.111	12	Thessaloniki-Chalastra s.115	13	Thessaloniki-Polichni s.117
España	14	Almería s.121	15	Baracaldo s.126	16	Cartagena s.131	17	Ceuta s.134
	18	Paterna	19	Tolosa s.139	20	Tudela		
France	21	Brest s.142	22	Chessy s.146	23	Jeumont s.148	24	Mulhouse s.151
	25	Reims s.154	26	Villetaneuse s.158				
Hrvatska	27	Rovinj s.163	28	Vukovar s.168				
Italia	29	Ancona s.173	30	Catania s.177	31	Collegno s.181	32	Palermo p 185
	33	Roma s.189	34	Savona s.193	35	Torino s.196		
Nederland	36	Almere s.201	37	Amsterdam s.207	38	Haarlemmermeer s.211	39	Rotterdam s.216
Portugal	40	Lisboa-Chelas s.221	41	Loures-Sacavém s.225	42	Vila Nova de Gaia s.228		
Suisse/Svizzera/Schweiz	43	Aarau s.234	44	Bern Ausserholligen s.236	45	Biel/Bienne s.240	46	Genève s.244
	47	Lenzburg s.248	48	Massagno s.252	49	Zug s.254	50	Zürich-Affoltern s.256
Suomi-Finland	51	Rovaniemi s.261	52	Turku s.265	53	Vantaa s.270		
United Kingdom	54	Dartford s.275	55	Nottingham s.277	56	Sheffield s.281		
Partnerländer	57	**Bălgarija** Sofia s.287	58	**Eesti** Tallinn s.289	59	**Kypros** Pafos-Anavargos s.292	60	**Magyarország** Budapest s.294
	61	**Österreich** Graz s.297	62	**România** Timisoara s.301	63	**Slovensko** Košice s.304		

Nationale Preisgerichte

Belgique/België/Belgien

Verwaltung
Ghislain Geron, Ingenieur-Architekt, Generalinspektor bei der Generaldirektion für Regionale Entwicklung, Wohnungsbau und Denkmalschutz der Region Wallonien

Bauherren
Jean Michel Degraeve, Architekt, Direktor der Regionalen Wallonischen Wohnungsbaugesellschaft
Michel Ote, Ingenieur, Leiter der Abteilung Stadtplanung von Liège

Inländische Architekten
Jean Barthelemy, Ingenieur, Professor an der Polytechnischen Universität von Mons

Ausländische Architekten
Jean Dethier, Kurator des Pompidou Centers, France
Michel Ruffieux, Direktor für Stadtplanung und Wohnungsbau von Genf, Suisse/Svizzera/Schweiz
Jean-François Bodin, France

Persönlichkeiten
Paul Danblon, Journalist, emeritierter Generaldirektor der Königlich Wallonischen Oper, Belgique/België/Belgien
Jacqueline Miller, Professor für urbane Soziologie an der Freien Universität Brüssel, Belgique/België/Belgien

Stellvertreter
Elisabeth Iglesias, Preisträgerin bei EUROPAN 3 in Charleroi, Architektin, Argentinien•Belgique/België/Belgien

Deutschland • Polska

Verwaltung
Peter Fröhlich, Bundesministerium für Verkehr, Bauen und Wohnen, Bonn/Berlin

Bauherren
Dr. Irene Wiese-von Ofen, Präsidentin der Internationalen Föderation für Wohnungsbau und Planung, Den Haag, Nederland
Eckhard Rieper, Architekt, Kempten

Inländische Architekten
Prof. Dr. Thomas Jocher
Prof. Wolfgang Stabenow

Ausländische Architekten
Finn Geipel, France
Francine Houben, Nederland

Persönlichkeiten
Prof. Manfred Kovatsch, Architekt, München, Deutschland
Brigitte Schmelzer, Landschaftsarchitektin, München, Deutschland

Stellvertreter
Andreas Hild, Architekt, München, Deutschland

Nationale Preisgerichte

Ellás • Kypros

Verwaltung
Theanno Georgiadou, Architekt, Leiter der Organisation für die Langfristige Entwicklung von Thessaloniki

Bauherren
Stefanos Fouskas-Marinos, Bürgermeister von Iona-Volos
Petros Petrakopoulos, Architekt, Vertreter der Griechischen Gesellschaft für Entwurf/Planung (S.E.G.M.)

Inländische Architekten
Mary Mavridou

Ausländische Architekten
Rodolphe Luscher, Suisse/Svizzera/Schweiz
Tim Heide, Deutschland

Persönlichkeiten
Dimitris Karidis, Planungsarchitekt, Professor am Nationalen Polytechnikum von Athen, Ellás
Nikos Dessilas, Architekt, ehemaliger Präsident der Technikerkammer von Griechenland, Ellás

Zypern Vertreter
Socratis Stratis

Stellvertreter
Panayiotis Dentsoras, Architekt, Ellás
Aris Papadopoulos, Architekt, Ellás

España

Verwaltung
Gerardo Mingo, stellvertretender Generaldirektor für Architektur im Ministerium für öffentliche Arbeiten, Architekt

Inländische Architekten
Elias Torres
Luis Martinez Santamaría, Preisträger bei EUROPAN 4 in Palma de Mallorca
Ricardo Sánchez Lampreave, Preisträger bei EUROPAN 1 in Madrid, Co-Direktor der Architekturzeitschrift "Bau" und Architekt
Carlos Ferrán Alfaro, Architekt und Stadtplaner

Ausländische Architekten
Gonzalo Byrne, Portugal
David Chipperfield, United Kingdom

Persönlichkeiten
Klas Tham, Architekt, Sverige
Carlos Sambricio, Professor für Architekturgeschichte, Fachbereich Architektur in Madrid, España

Nationale Preisgerichte

France

Verwaltung
Pierre-René Lemas, Generaldirektor für Stadtplanung, Wohnen und Bauen, Ministerium für Wohnungswesen

Bauherren
Dominique Dhervillez, Direktor für Stadtplanung von Montreuil
Jacques Gozard, Direktor von SEMASEP

Inländische Architekten
Philippe Madec, Professor am Fachbereich Architektur in Versailles

Ausländische Architekten
Eduardo Leira, España
Xaveer De Geyter, Belgique/België/Belgien

Persönlichkeiten
Hannelore Kossel, Landschaftsarchitektin, Deutschland
Daniel Pinson, Architekt, Professor am Regionalen Planungsinstitut, Aix-en-Provence, France

Stellvertreter
Pietro Cremonini, Ankauf bei EUROPAN 1 in Reims, Architekt, Dozent am Fachbereich Architektur in Paris-La Villette, France
Gilles Reichardt, Ankauf bei EUROPAN 3 in Pierre-Bénite, Architekt, Architekturberater des Rates für die Ardennen, France

Hrvatska

Verwaltung
Matija Salaj, Ministerium für Planung, Bauen und Wohnen, Architektin, Zagreb

Bauherren
Zlatko Karač, Professor am Fachbereich Architektur an der Universität Zagreb
Sonja Jurković, Architektin, Professorin am Fachbereich Architektur an der Universität Zagreb

Inländische Architekten
Nenad Fabijanić, Professor am Fachbereich Architektur an der Universität Zagreb

Ausländische Architekten
Marco Venturi, Professor am Universitätsinstitut für Architektur in Venedig, Italia
Alejandro Zaera Polo, Professor am Berlage Institut Amsterdam, Nederland
Maarten Stuijs, Professor am Fachbereich Architektur von Rotterdam, Nederland

Persönlichkeiten
Ivo Maroević, Kunsthistoriker, Professor an der philosophischen Fakultät der Universität Zagreb, Hrvatska
Vedran Mimica, Architekt, Professor am Berlage Institut Amsterdam, Nederland

Stellvertreter
Helena Njirić, Preisträgerin bei EUROPAN 3 in Den Bosch und Preisträgerin bei EUROPAN 4 in Glasgow, Architektin, Hrvatska

Nationale Preisgerichte

Italia

Verwaltung
Paolo Rosa, Ministerium für öffentliche Arbeiten

Bauherren
François Moully, Direktor für Entwurf bei Decaux Enterprise, France
Almerico De Angelis, Architekt, Redakteur bei der Zeitschrift Modo

Inländische Architekten
Paolo Costanzo
Massimo Bilò
Prof. Paolo Avarello

Ausländische Architekten
Prof. Felice Fanuele, France
Pierre Micheloni, France

Persönlichkeiten
Walter Ganapini, Präsident der Nationalen Organisation zum Schutz des Wohnungsbaus, Italia
Massimo Lodetti, Präsident der Organisation des Produzierenden Gewerbes von Palermo, Italia

Stellvertreter
Giuseppe Guerrera, Architekt, Italia
Fabrizio Mangoni, Architekt, Italia

Nederland

Verwaltung
Bert van Meggelen, Direktor von "Rotterdam 2001", Rotterdam

Bauherren
Mariet Schoenmakers, Stadtplanerin bei MAB groep b.v. Den Haag
Marietje van Rossen, Bürgermeisterin von Hellevoetsluis

Inländische Architekten
Carel Weeber, Präsident der Niederländischen Gesellschaft für Architektur (BNA)
Bert Dirrix

Ausländische Architekten
Gerard Maccreanor, Preisträger bei EUROPAN 2 in Zaanstad, United Kingdom
Joan Busquets, España

Persönlichkeiten
Marcel Smets, Architekt, Stadtplaner, Professor an der Katholischen Universität von Louvain, Belgique/België/Belgien

Stellvertreter
Carel de Reus, Direktor und Leiter der Projectonwikkeling b.v. Hilversum, Nederland

Nationale Preisgerichte

Portugal

Verwaltung
Nuno Teotónio Perreira, Architekt, ernannt vom Nationalen Institut für Wohnungsbau

Bauherren
Guilherme Vilaverde, Vertreter des Nationalen Verbandes der Wohnungsbauvereinigungen
Manuel Correia Fernandes, ernannt vom Präsidenten der Gemeinde Matosinhos, Architekt

Inländische Architekten
João Luís Carrilho da Graça

Ausländische Architekten
Bernard Reichen, France
Francisco Torres, España
Dick van Gameren, Ankauf bei EUROPAN 2 in Nijmegen, Nederland

Persönlichkeiten
Isabel Guerra, Mitarbeiterin der Forschungsabteilung am ISCTE (Höheres Wissenschaftliches Institut für Arbeit und Unternehmen), Portugal
António Reis Cabrita, Mitarbeiter der Forschungsabteilung am LNEC (Nationales Labor für Bauingenieurswesen), Portugal

Stellvertreter
Maria Manuela Godinho, Architektin, Portugal
Pedro Ramalho, Architekt, Portugal
Nuno Mateus, Architekt, Portugal

Suisse/Svizzera/Schweiz • Österreich

Verwaltung
Feri Khanlari, Bundesressort für Finanzen, stellvertretender Direktor des Koordinationszentrums für Bauwesen, Bern

Bauherren
Vincent Albers, Präsident des geschäftsführenden Ausschusses der Hardtturm Immobilien AG, Zürich
Hans Rudolf Blöchlinger, Leiter von Helvetia-Patria Insurance Real Estate, Basel

Inländische Architekten
Françoise Archambault Barthassat, Genève
Tomaso Zanoni, Zürich

Ausländische Architekten
Fernando Ramos, Barcelona, España
Cristina Storelli, Hannover/Bellinzona, Deutschland

Persönlichkeiten
François Ascher, Professor am Französischen Institut für Städteplanung, Paris, France
Jean-Bernard Racine, Professor für Geographie an der Universität von Lausanne, Suisse/Svizzera/Schweiz

Österreichischer Vertreter
Dietmar Steiner, Direktor des Architekturzentrums Wien

Stellvertreter
Cécile Brisac, Preisträger bei EUROPAN 4 in Dietikon, Architekt, France
Philippe Rüegg, Architekt, Planer, zuständig für Bauvorgänge der Stadt Genf, Suisse/Svizzera/Schweiz

Nationale Preisgerichte

Suomi-Finland • Eesti

Verwaltung
Jouni J. Särkijärvi, Generaldirektor im Umweltministerium, Architekt, Vorsitzender

Bauherren
Elli Maalismaa, Architekt, Stadt Oulu
Erkki Pätiälä, stellvertretender Bürgermeister der Stadt Espoo

Inländische Architekten
Mikko Heikkinen

Ausländische Architekten
Dominique Perrault, France
Gerd Wingårdh, Sverige

Persönlichkeiten
Risto Hietanen, Journalist bei der Zeitung Vantaan sanomat, Suomi-Finland
Brita Koskiaho, Professorin an der Universität von Tampere, Suomi-Finland

Estnischer Vertreter
Veljo Kaasik, Architekt, Professor an der Kunstakademie von Estland

Stellvertreter
Karin Krokfors, Preisträgerin bei EUROPAN 3 in Le Havre
Asko Takala, Preisträger bei EUROPAN 4 in Linköping, Architekt, Suomi-Finland
Karola Sahi, anerkennende Erwähnung bei EUROPAN 4 in Tampere, Architektin, Suomi-Finland

United Kingdom

Verwaltung
Fred Manson, Direktor für Sanierung & Umwelt, Stadtrat von Southwark, Amt des Stadtrates

Bauherren
Deyan Sudic, Direktor von Glasgow 1999, Architektur- & Designstadt Großbritanniens, Großbritannien
Dickon Robinson, Direktor für Entwicklung & Technik, Peabody Trust

Inländische Architekten
Juliet Bidgood
Neave Brown

Ausländische Architekten
Roy Bijhouwer, Stadtplaner, Nederland
Kristian Gullichsen, Suomi-Finland

Persönlichkeiten
Guy Battle, Umweltingenieur, United Kingdom
Roger Connah, Architekturkritiker, Sverige

Stellvertreter
Julian Lewis, Preisträger bei EUROPAN 3 in Marl, Architekt, United Kingdom
Diana Periton, Architektin, United Kingdom

Nationale Preisgerichte

Bălgarija • Magyarország • România • Slovensko

Bulgarien (Bălgarija), Ungarn (Magyarország), Rumänien (România) und die Slowakische Republik (Slovensko) bilden gemeinsam mit Frankreich, Griechenland und der Schweiz eine einzelne, separate Jury. Die Struktur ist dieselbe wie bei den oben genannten Jurys, wobei jeweils mindestens ein Vertreter von jedem der sieben Länder teilnimmt.

Sandu Alexandru, Rektor des Instituts Ian Mincu, Bucarest, România
Judith Halmagyi, Architektin, Budapest, Magyarország
Martin Drahovsky, Vizepräsident der Architektengesellschaft, Slovensko
Jean-Jacques Terrin, Architekt, Direktor von "Programmer-Concevoir" bei Planung, Bau und Architektur, France
Thibaud Babled, Architekt, Preisträger bei EUROPAN 3, France

Jacques Blumer, Architekt, Atelier 5, Schweiz/Svizzera/Schweiz
Antoine Ris, Architekt, Preisträger bei EUROPAN 3, Suisse/Svizzera/Schweiz
Ilian Nokolov, Architekt, Sofia, Bălgarija
Didier Rebois, Architekt, Direktor am Fachbereich Architektur in Clermont-Ferrand, Generalsekretär von EUROPAN Europa

Ergebnisse/Analysen

18 **Europäische Stadt und städtebaulich- architektonischer Maßstab**
Thematiken des 5 EUROPAN - Wettbewerbsverfahrens

Gespräch zwischen **Didier Rebois**, EUROPAN- Generalsekretär und **Bernard Reichen**, Architekt und Stadtplaner, France

26 **Interpretation der Landschaft**

Marcel Smets,
Architekt, Professor an der Katholischen Universität Louvain, Belgique/België/ Belgien

35 **Urbane Ökologie**
Stadt, Natur und Dichte

Alexandros Tombazis,
Architekt, Ellás

42 **Antrieb, Beweglichkeit, Emotion**
Zu einer morphogenetischen Konzeption urbaner Mobilität

Pascal Amphoux,
Geograph am Forschungsinstitut für bebaute Umwelt (Institut de Recherche sur Environnement construit IREC), Polytechnische Universität von Lausanne, Suisse/Svizzera/Schweiz

53 **Mobilität & Nähe**
ein Thema, 66 unterschiedliche Standorte

Han Meyer,
Architekt, Professor an der Universität von Delft, Nederland

60 **Entwurf als Prozess**

Nuno Portas,
Architekt und Stadtplaner, Professor an der Universität von Porto, Portugal.

Europäische Stadt und städtebaulich-architektonischer Maßstab
Thematiken des 5. EUROPAN-Wettbewerbsverfahrens

Gespräch zwischen **Didier Rebois**, EUROPAN-Generalsekretär
und **Bernard Reichen**, Architekt und Stadtplaner, France

Didier Rebois Die Entwicklung der europäischen Städte in den vergangenen fünfzig Jahren führte zum Flächenverbrauch großer Stadtrandareale, auf denen neue Zonen und Infrastrukturen entstanden. Die Stadtrandgebiete entwickelten sich entlang der Verkehrswege und auf der Grundlage bestehender Bebauungen. Dazwischen blieben kaum oder gar nicht genutzte Räume übrig. Das 5. EUROPAN-Wettbewerbsverfahren befaßt sich mit dem Problem wie sich urbane Dynamik entfaltet. Besonderes Augenmerk gilt dabei den Verkehrsströmen. Läßt sich heutzutage beobachten, daß sich im Zusammenhang mit der Frage nach Mobilität neue Formen der Stadtentwicklung erschließen lassen?

Bernard Reichen Mobilität entwickelt sich und taucht nicht etwa spontan aus dem Nichts auf. Nach dem II. Weltkrieg kam es aufgrund des Automobils, der Raumaufteilung in Nutzungszonen und all der anderen städtebaulichen Orientierungen zu einer Verstärkung der Mobilität. Was heute abläuft, ist zweifellos ein umgekehrtes Phänomen: jetzt, wo Mobilität sich entwickelt hat und Realität geworden ist, bringt sie neue Polaritäten hervor oder ermöglicht die Schaffung solcher. Während Stadtentwicklung in der Vergangenheit in der Logik der Bildung von Inseln erfolgte, was ja zur Bildung der modernen Metropolen beitrug, geht es jetzt darum, diese Areale umzuformen und unter Berücksichtigung dieser neuen Praktiken, Konzentrationspunkte zu schaffen.

D.R. Da sich Städte aus Veränderungen und Bewegungen heraus entwickeln, bewirkt Geschwindigkeit tiefgreifende Veränderungen in ihrem Funktionieren aber auch ihrer Konzeption. Geschwindigkeit sorgt für Diskontinuitäten, Zwischenräume oder urbane "Lücken". Müssen diese geschloßen werden? Kann man aus Vororten Kleinstädte machen? Soll man verlorengegangene Kontinuitäten wieder neu schaffen? - Wie läßt sich der Übergang von der "Insellogik" zu einer Logik neuer Polaritäten strukturieren?

B.R. Die erste Logik der Stadtentwicklung ist eine Produktlogik. Dank der einfachen Fortbewegung findet man überall Infrastruktureinrichtungen, die die bestehenden städtischen Verkehrswegenetze nur noch mehr konkretisieren. In einer Stadt beginnt man immer mit der Ansiedlung von Infrastrukturen, die nicht unbedingt immer der "Insellogik" folgen, denn sie können durchaus urbane Polarität schaffen wie zum Beispiel ein Krankenhaus oder ein Einkaufszentrum, um so die Verkehrswege zu strukturieren. In anderen Fällen kann man bestehende, nachbarschaftsnahe Räume auch mit neuen Orten kreuzen, die ihrerseits das Ergebnis einer die Mobilität berücksichtigenden Stadterneuerung sind. Anstatt einer "Insellogik" zu folgen wird eine Stadtentwicklung verfolgt, die auf das Bestehende zurückgreift. Das geschieht überall in Europa immer häufiger: Polaritäten werden geschaffen in einem linearen, auf neuen Transportmitteln des ÖPNV in Kombination mit dem alten auf Straßenbahn basierenden System. Mobilität verlangt eo ipso für ihre Verwirklichung nach neuen Mitteln, und da überschneiden sich Verkehrswegenetze, Transportmittel und die Orte selbst.

D.R. Gerade diese Überschneidung, Überlappung der Verkehrswegenetze und urbanen Pole war ja das Auswahlkriterien für die Standorte des 5. EUROPAN-Wettbewerbsverfahrens. Ist man sich aber sicher, an jeder dieser Schnittstellen neue Konzentrationspunkte schaffen zu können? Erleben wir nicht gerade eine Auflösung urbaner Verkehrsströme und somit eine diffuse Verteilung urbaner Dienstleistungen? Kann man von Mikrozentralitäten sprechen? Wo liegt, die kritische Größe in bezug auf Programm beziehungsweise urbaner Dynamik um von Zentralität zu sprechen? Hat das noch etwas mit dem Begriff vom Stadtzentrum zu tun, an das man in den historischen Altstädten mit ihren verdichteten Lebensräumen und symbolträchtigen Nutzungen zwangsläufig denkt?

B.R. Der Zentralitätsbegriff hat eine Erweiterung erfahren. Da haben wir das historische Stadtzentrum, eine generalistische Zentralität, die im Laufe der Zeit entstanden ist. Anderswo in den Städten gibt es urbane Polarisierung, oft in thematischen Kontexten wie zum Beispiel die modernen Infrastruktureinrichtungen: Sportstadien, Gesundheitswesen, Bildungsstätten usw. Sie sind zielgruppenspezifisch und reichen vom Universitätscampus bis zum Krankenhaus-Komplex. Die historische Zentralität wird immer bleiben, was sie ist;

sie wird heutzutage als irreversibel betrachtet, da man keine Möglichkeit sieht, Kontinuität ausgehend von einem sich ausdehnenden Altstadtkern zu schaffen.

D.R. Wenn Mobilität der Auslöser neuer urbaner Systeme ist, wie kann man dann – programmatisch und räumlich betrachtet – diese Polyzentralität ausgehend von den Verkehrswegenetzen strukturieren? Und wie sorgt man dafür, daß die Verkehrsachsen selbst strukturierende Funktion erlangen? Kann man wirklich öffentlichen Raum schaffen? Oder sind wir unwiderruflich einer Logik überwiegend privater Räume verfallen wie in den Vereinigten Staaten?

B.R. Mobilität ist wie ein Staffellauf: Zuerst schafft man die Mobilität, anschließend die erforderlichen technischen Mittel, die Verkehrswegenetze, mit denen noch mehr Mobilität entsteht usw. ... Das ist nicht mehr umkehrbar, und der mobile Mensch ist eine Erfindung dieses Jahrhunderts. In einer ersten Phase wurde so die Verbindung zwischen den in Opposition zueinander stehenden Zentren und Stadträndern möglich, wobei letztere auf die Stadtkerne angewiesen sind. Die Stadt in der Form konzentrischer Kreise war die Regel. Da dieses System aufgrund der rapiden Stadterweiterung in der Nachkriegszeit durchbrochen wurde, entwickelte es sich mehr schlecht als recht weiter. In den Zwischenräumen alter Stadtkerne und naturräumlicher Umgebung entstanden neue Städte. Es bahnt sich aber eine Neuentwicklung in der Stadterweiterung insofern an, als der Maßstab der Metropolen durch ein lineares Verkehrswegenetz konkretisiert wird. So gelingt es, die Politik der Polyzentralität – wenn auch auf der Basis des Pendelverkehrs – zu verwirklichen. Dabei handelt es sich um Pendelverkehr mit langen Frequenzen, insbesondere bei den flächengreifenden Transportmitteln des ÖPNV, die in den Städten einen 300 Meter-Rhythmus bedingen, denn das ist die Entfernung zwischen zwei Haltestellen. Um diese Haltestellen herum gelingt es durch modernisierte Nutzungen, neue Systeme mit urbaner Entwicklungsdynamik zu schaffen. Davon ausgehend ist Stadtentwicklung nicht länger exakte Wissenschaft mit eigener Logik und der ihr inhärenten Technikausrichtung. Sie ist vielmehr eine Wissenschaft, die sich aus dem rhythmisch sich verändernden Pendelverkehr ergibt, der für immer mehr Dynamik in der Lebenspraxis sorgt. Die bedeutenden Modernisierungen städtischer Lebensformen werden sich auf den Bezug zwischen Arbeit und Freizeit auswirken, wobei Mobilität selbst zunehmend unter den Einfluß moderner Informationstechnologien gerät.

D.R. Diese neue Reflexion der Nutzungen und ihrer Verteilung in den Städten bringt uns auch auf die Neubetrachtung der Räume für Fortbewegung und Nähe. Die in diesem Katalog dokumentierten Ergebnisse des 5. EUROPAN-Wettbewerbsverfahrens belegen das. Indes muß man sich verdeutlichen, daß es verschiedene Arten von Stadterneuerung gibt, je nachdem an welchem Verkehrswegenetz man sich orientiert. Bei einem System des ÖPNV mit der angesprochenen linearen Ausrichtung, das durch die Anordnung der Haltestellen

Mobilität und Nähe, D. Wissounig (A); Graz (A).

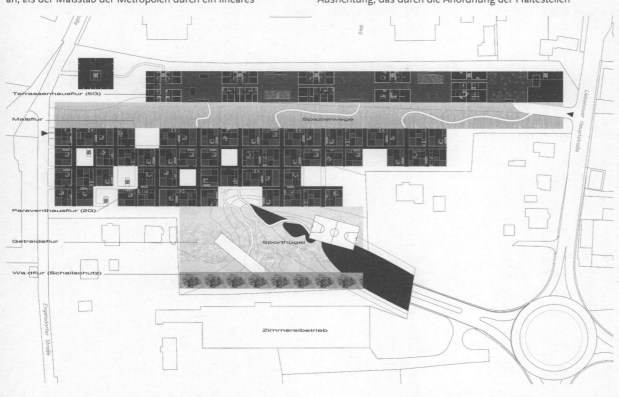

Europäische Stadt und städtebaulich-architektonischer Maßstab

Bernard Reichen

die Umstrukturierung der Städte prägt, ist Stadterneuerung etwas gänzlich anderes, als wenn es sich um ein Straßennetz für den Autoverkehr handelt, der tendenziell zerschneidet und sogenannte Tunneleffekte generiert.

B.R. Autos strukturieren per Definition nicht, weil sie ja überall hinfahren können. Strukturierend wirkt da allenfalls das intermodale System, also die Kreuzungen zwischen den Verkehrswegen der verschiedenen Systeme wie ÖPNV, Autoverkehr, Radwege etc. Das heißt, daß bestimmte Punkte strategische Bedeutung erlangen, die nicht als Pforten zu verstehen sind, sondern als Zonen des Tausches, des Wechsels, wo man von einem System auf das andere umsteigt. Zu diesen Punkten zählen sicher die Parkplätze der P+R-Systeme außerhalb der historischen Stadtkerne, die vor dem Autoverkehr bewahrt werden sollen und wo man auf die öffentlichen Verkehrsmittel umsteigt, um ins Zentrum zu gelangen. Das wirkt sich auf die praktische Stadtentwicklung aus, da diese Räume zugleich auch für Freizeit- und Gewerbefunktionen genutzt werden. Durch die Kreuzung von linearen Straßenbahnlinien und intermodalen Kreuzungen erhält man eine Art urbanes Maschengitter, das sich geradezu anbietet für die Schaffung neuer Konzentrationspunkte bei gleichzeitiger Verschränkung von Infrastruktureinrichtungen und naturräumlicher Umgebung. Nun muß einem aber klar sein, daß der Autoverkehr niemals in dem Umfang abnehmen wird, wie das ÖPNV-Angebot quantitativ zunimmt. Zwar bringt der ÖPNV all denen mehr Mobilität, die bis dato eher seßhaft waren, aber er verändert das Verhältnis der Menschen zu ihrem Auto kaum, das - weil es individuell ist - Hauptverkehrsmittel bleiben wird. Aber auch der Autoverkehr wird sich von selbst verändern, und wenn man diese Veränderung beschleunigen will, dann gibt es hierfür verschiedene Handlungsoptionen. Man kann sich an den Sachzwängen, am Pkw selbst orientieren, zum Beispiel hinsichtlich der Luftqualität, der Begrenzung der Umweltschädlichkeit, oder aber man setzt auf Abschreckung durch Verkehrsberuhigung. Man kann sich auch auf die Kosten des Autoverkehrs konzentrieren, zum Beispiel die Parkgebühren erhöhen, womit man ebenfalls regulierend auf den Autoverkehr einwirken kann. Das ist das englische Beispiel oder das der großen italienischen Städte, die zeigen, daß, sobald man keinen Parkplatz mehr findet, man sich etwas anderes einfallen

lassen muß, als das Auto zu benutzen. Und da werden die intermodalen Systeme bevorzugt. Die letzte Handlungsoption ist die Psychologie. Denn sobald eine Stadt über ein flächendeckendes, komplexes System des ÖPNV mit der Folge der Mobilitätssteigerung verfügt, kann man die Nutzung des Pkw in verschiedenen Bereichen mit Fug und Recht verbieten, wobei dem Bürger ein solches Verbot selbstredend erläutert werden muß.

D.R. All diese Fragestellungen zu der Art und Weise, wie zeitgenössische Stadtentwicklung abläuft, beziehen sich auf nicht-architektonische Ebenen (Umweltschutz, Verkehr) oder auf sehr breit angelegte Planungsebenen. Wie kann man die Reflexionen besser artikulieren, die sich aus dem 5. EUROPAN-Wettbewerb mit seiner Konzentration auf kleinere Situationen für die Entwicklung unserer Städte ergaben: 10 Hektar Planungsgelände, höchstens 3 Hektar Areal für den architektonischen Entwurf, was wir den Maßstab für den städtebaulich-architektonischen Entwurf nennen, der sich präzise zwischen dem ganzheitlichen Stadtentwicklungskonzept und der kleinteiligen Objektplanung ansiedelt. Wie kann man diese Gesamtsicht der urbanen Dynamik artikulieren, die sich an dem städtebaulich-architektonischen Entwurf orientiert? Gibt es einen Kausalzusammenhang zwischen ganzheitlichem Stadtentwicklungskonzept und diesen mittelgroßen städtebaulich-architektonischen Projekten? Oder gibt es im Gegenteil Eigenständigkeit auf dieser Ebene?

B.R. Je nach städtebaulicher und architektonischer Praxis in den verschiedenen europäischen Ländern fällt die Antwort unterschiedlich aus. Aber man muß das Problem des Planungsmaßstabs vor allem in Verbindung mit dem des Entscheidungsmaßstabs und den neuen Zusammenhängen sehen, in denen Stadterneuerung heutzutage verhandelt wird. Die Stadt wird mehr und mehr von denen gestaltet, die in ihr wohnen. Das soll nicht heißen, daß die Bewohner die Entwicklungskonzepte selbst entwerfen, sondern daß immer mehr Interessengruppen im Zusammenhang mit urbanen Veränderungen entstehen, die so stark sind, daß sie Entscheidungen beeinflussen und an der urbanen Dynamik teilhaben können. De facto stehen wir heute vor einem zweifachen Maßstab: einerseits der die Entwicklungsgebiete

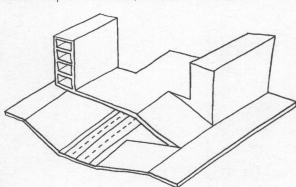

Urbanes Maschengitter,
U. Primas (CH),
E. Ravensbergen (NL),
V. Didelon (F), M-N. Adolph (CH);
Biel/Bienne (CH).

reflektierende Planungsmaßstab und andererseits der Maßstab für die kleinteiligen Projekte, bei denen der Bürger ein Wörtchen mitzureden hat. Einerseits basiert Planung auf den Kriterien für städtisches Wachstum in einem auf objektiven, geo-ökonomischen und politischen Daten basierenden Wettbewerbsverhältnis der europäischen Städte untereinander, die aktiv sind und schnelle Entwicklungen in den Industriestädten ermöglichen. Das erklärt auch so radikale Veränderungen wie in Berlin oder Bilbao. Andererseits geht es darum, die Stadt in einer Logik der Nähe mit einem Minimum an Anbindung der Bevölkerung durch diese Interessengruppen zu entwickeln. So ist der Mikro-Maßstab im großen und ganzen durch entsprechende Planungswerkzeuge und statistische Methoden abgedeckt. Außerdem ist er der Topos der Diskussion und des Experiments, das darin besteht, eine urbane Anordnung so zu organisieren, daß die großen epochalen Themen berücksichtigt werden: nämlich die Nachfrage der Bewohner hinsichtlich ihrer Lebensbedingungen, die Sicherheit, all die Daten im Zusammenhang mit den Lebenswirklichkeiten, die mit den verschiedenen Knotenpunkten und urbanen Situationen verbunden sind. Er kommt letztendlich wieder zur Entwicklung der Stadt als Ganzem zurück, besteht indes aus fein graduierten Eigenständigkeiten. Die im Rahmen des 5. EUROPAN-Wettbewerbsverfahrens vorgeschlagenen urbanen Situationen entsprechen diesem Maßstab, der ja mit einer bestimmten Handlungsweise korrespondiert, die ihrerseits den Topos des Experiments und der Diskussion darstellt.

D.R. Der tatsächliche Maßstab und der Umfang der Probleme sind dabei zwei völlig unterschiedliche Dinge. Was die Situation von EUROPAN kennzeichnet, ist nicht die Größe des Maßstabes, sondern es geht um die Art der daraus resultierenden Probleme. Außerdem geht es um die Tatsache, daß die Lösungen der Wettbewerbsteilnehmer diese Probleme durchaus aufgreifen, und zwar in bezug auf ein konkretes Projekt, das in Form von greifbaren Ideen und Räumen formalisiert wird.

B.R. Die EUROPAN Standorte sind eher bedeutend in bezug auf die aufgeworfene Fragestellung als in bezug auf ihre tatsächliche Größe. Es ist ein wenig wie beim Fotojournalismus. Oft wird ein einziges Bild benutzt, um Fragen aufzuwerfen, die sehr viel tiefgreifender sind. Was EUROPAN 5 anbetrifft, so handelt es sich um Zielstandorte, die jeweils ein besonderes Problem zu bewältigen haben. Obwohl es geographisch begrenzte Räume sind, bilden sie ganz klare urbane Schnittstellen mit den für diese Gebiete spezifischen Problemen. Es sind temporäre, nicht stabilisierte Standorte, die sich in einer Übergangsphase befinden, da sie bis zu einem gewissen Grad vernachlässigt oder aufgegeben wurden.

D.R. Man könnte auch von einem Experimentiermaßstab oder strategischen Maßstab sprechen, und zwar nicht in bezug auf die urbane Situation, sondern hinsichtlich der prämierten EUROPAN 5 Projekte. Die ausgewählten Projekte formulieren Hypothesen, die die Transformation dieser Standorte von einem neuen Standpunkt für die Beziehung zwischen Stadt/Netzwerke/Natur interpretieren. Sie enthalten innovative programmatische Vorschläge, räumliche Mechanismen oder Überlegungen zu städtebaulichem Management.

B.R. Die Herausforderung ist dabei, die Komplexität zu berücksichtigen, und zwar indem die Zukunft dieser Standorte in bezug auf vielschichtige Parameter diskutiert wird, die sowohl soziale als auch wirtschaftliche und räumliche Anliegen beinhalten. Dies muß in einem kontrollierbaren Maßstab erfolgen. Das heißt, die prämierten Projekte können als Prototypen angesehen werden, die eine Diskussion über

Dichte um einen Bahnhof, J. Peeters (B) F. Smits (B); La Louvière (B).

Europäische Stadt und städtebaulich-architektonischer Maßstab — Bernard Reichen

Transformationsprozesse eröffnen. In diesem Zusammenhang ist es interessant, daß alle prämierten Projekte eine "Modellierung" auf Basis einer rigiden Form im Rahmen einer starren Blockplanung ablehnen, wie dies in der Moderne der Fall war. Das Anliegen von EUROPAN ist einerseits ein urbaner, entwicklungsfähiger Prototyp, und andererseits das Nachdenken über einen Weg, der den Bewohnern einen lebendigen, organischen Urbanismus eröffnet und ihnen kein vorgefertigtes Modell vorsetzt. Was entstehen soll, ist ein Ideenprojekt, das zu einem realisierbaren Projekt werden könnte und dabei einer Logik folgt, die individuelle Interessen in eine allgemeine Vision einschließt. Die derzeitige Politik versucht zum Beispiel, das zu realisieren, was europäische Städte immer gekennzeichnet hat, das heißt, eine soziale Mischung in einem Klima der Sicherheit und des sozialen Austausches, was sowohl eine positive als auch zufriedenstellende Situation schafft.

D.R. Das stimmt, die Komplexität eines städtebaulich-architektonischen Projektes ergibt sich nicht so sehr aus seiner formalen Komplexität, sondern aus der Fähigkeit, eine einfache Formulierung für komplexe Probleme zu finden. Eine soziale Mischung (d.h. eine Mischung der Bewohner) sollte nicht mit einer funktionalen Mischung (Mischung von Nutzungen) verwechselt werden.

B.R. Eine soziale Mischung entsteht durch die Schaffung öffentlicher Räume oder Gebäude, die nicht nur nachbarschaftlich zentriert, sondern für alle zugänglich sind und die von allen gerne genutzt werden. Dies bedeutet, daß diese Räume so geplant werden müssen, daß sich aufgrund der urbanen Attraktivität dort unterschiedliche Leute treffen. Dies sollte nicht verwechselt werden mit eher zielgruppenorientierten Orten, wo sich Menschen treffen, die etwas gemeinsam haben. Diese Orte sind, was Marketing, Produkt und Management anbetrifft, wesentlich einfacher zu schaffen. Tatsächlich ist eines der Hauptprinzipien der europäischen Stadt, aus dieser Produktlogik auszubrechen oder diese wenigstens in einem größeren Rahmen von Urbanität und Bewohnen einzubinden.

D.R. Aber ist es dann nicht ein Paradoxon, daß EUROPAN stets Wohnbauten als wesentliches, wenn nicht einziges Element seiner Nutzungsprogramme vorsieht? Gibt es nicht in den europäischen Städten ein immer größeres Verlangen, in Wohnbezirken im amerikanischen Stil zu wohnen, das heißt in Wohnvierteln, die geschützt sind, auf sehr geschlossenen Gemeinschaften basieren und daher auch nicht öffentlich sind? Ist nicht der Weg aus diesem Dilemma, sich die Stadt als ein Puzzle vorzustellen, das aus verschiedenen Teilen besteht, die gemeinsame Verbindungen/Schnittstellen haben, jedoch unterschiedlichen Logiken folgen? Das Ergebnis könnten Wohnquartiere, sichere Räume sein, wo sich nachbarschaftliche Räume und auch die Natur in unmittelbarer Nähe befinden, die jedoch auch in der Nähe zu urbanen Räumen liegen, wo Intensität und soziale Mischung stattfindet.

B.R. Zuerst einmal muß man sich von der Vorstellung einer Einteilung in Zonen verabschieden, ein Prinzip, das die moderne Stadt in der Vergangenheit geprägt und zur Bildung funktionalen Ghettos geführt hat. Heutzutage möchte niemand mehr diese Art urbaner Realität. Auf der anderen Seite möchte auch niemand zu einer Komplexität der Funktionen zurückkehren, wie dies im Prototyp der historischen Stadt der Fall war. Tatsächlich beinhaltet Multifunktionalität über neue Formen räumlicher Organisation in bezug auf Arbeit, Einkaufen und Freizeit nachzudenken, damit diese menschlichen Bedürfnisse in urbane Einrichtungen umgesetzt werden können. Was das Einkaufen anbetrifft, so sind zum Beispiel neue Hypothesen entstanden. Dies führt dazu, daß Einkaufszentren wieder mit

Gärten, F. Couvert (F), G. Terver (F), X. Beddock (F); Lenzburg (CH).

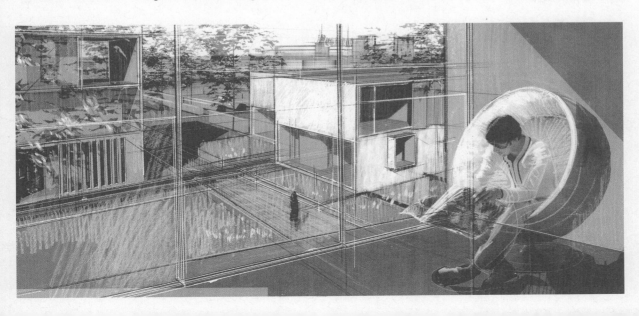

den Stadtzentren versöhnt oder sogar in diese integriert werden, obwohl sie vor 30 oder 40 Jahren als vorstädtische Monolithen empfunden wurden. Wir sollten nicht länger über die Suche nach funktionalen Mischungen sprechen, wenn wir dabei an die zonale Unterteilung der historischen Stadt denken. Thema sollten vielmehr moderne Nutzungen sein, denn letztendlich sind es die Bewohner, die die Stadt formen. Mobilität bedeutet, daß es verschiedene evolutionäre Faktoren gibt, auf die man sich verlassen kann und auf deren Grundlage eine ganze Reihe von 'Interventionen' durch urbane und kommerzielle Produkte stattfinden. Dahinter steht die Idee, daß die Versöhnung zwischen Stadt und Bewohnern dadurch geschieht, daß Funktionen in identifizierte und abgegrenzte urbane Strukturen eingefügt werden. Dieses Ziel wird von den meisten verfolgt.

Eigentlich geht es darum, die urbanen Themen aufzugreifen, die in den Projekten entwickelt werden und die sich auf unterschiedliche Themen und entscheidungsrelevante Systeme beziehen. Soziale Mischung ist nicht unbedingt ein fundamentales Bedürfnis der Bevölkerung. Es handelt sich eher um eine politische Forderung aufgrund der Folgen langfristiger sozialer Abgrenzung, und somit um eine präventive Logik. Lebensformen haben sich als Ergebnis der Verwendung neuer Technologien und der Entwicklung von Konsumgütern herausgebildet. Beim Gemeinschaftsgefühl, einem weiteren Kriterium, geht es darum, inwieweit die Bewohner in der Lage sind, Themen, wie zum Beispiel Wohlbefinden, Ökologie, Individualisierung, kollektive Verbindungen durch neue Aktivitäten etc. zusammenzubringen. Der technologische Aspekt, der gesellschaftlich-organisatorische Aspekt und das Verfolgen von Ideen sind drei Interessenschwerpunkte, die nicht den gleichen Ursprung haben und die nicht den gleichen Bedürfnissen entspringen. Nichtsdestotrotz können sie im "experimentellen" Maßstab insgesamt berücksichtigt werden, der bei städtebaulich-architektonischen Unternehmungen wie EUROPAN übersichtlich bleibt.

D.R. Einer der Werte, der für die Bewohner von Städten, und insbesondere von großen Städten besonders wichtig ist, ist die Natur. Unter dem Druck ökologischer Bewegungen und Bürgerinitiativen wird dies von Politikern und Bauherren als Thema aufgenommen. Die gesamte Beziehung zwischen Stadt/Natur wird somit eingehend hinterfragt. Historisch gesehen wurde die Stadt gegen die Natur geschaffen, als ein kompaktes Gebilde, das bewußt unterschiedlich zum Land war. Die Stadt mit ihren Annehmlichkeiten ließ die Vorstellung einer künstlichen Natur entstehen, die sich der Mensch nach seinen Bedürfnissen geschaffen hatte. Die Industrialisierung war eine Verneinung der Natur, und das moderne Denken hat dieses Bild positiv belegt. Es scheint, daß sich heutzutage eine neue Wahrnehmung der Beziehung Stadt/Natur durchsetzt. Es findet nicht länger eine Opposition oder Kolonisation der einen Seite durch die andere statt, sondern eine Integration, wenn nicht gar eine Symbiose. Dies führt zu einer neuen Darstellungsweise der Stadt.

B.R. Es gab eine Zeit, in der Wachstum und Energieverbrauch nicht miteinander in Zusammenhang gebracht wurden, wobei eine Wachstumssteigerung von einem Prozent einen erhöhten Energieverbrauch von 15 Prozent nach sich zieht. Diese stürmische Entwicklung ist nun zu einem Ende gekommen, und die Ökologie hat Eingang in die Politik gefunden. Dieses ökologische Bewußtsein ergibt sich weltweit aus dem Bedürfnis, die Auswirkungen von Wissenschaft, Atomindustrie, Ozon, etc. zu kontrollieren. Es handelt sich hier um eine sowohl globale als auch moralische Ökologie. Daraus, wie die Menschen ihre Beziehung zur Natur und zur Umwelt leben, ergeben sich weitere ökologische Herangehensweisen. In diesem Bereich hat ein Wandel in Europa stattgefunden, einem Kontinent, der zwar

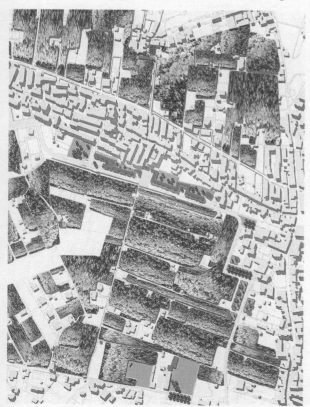

Stadt kontra Natur, E. Palazzo (I), B. Pelucca (CH); Palermo (I).

Europäische Stadt und städtebaulich-architektonischer Maßstab — Bernard Reichen

über einen absolut einzigartigen natürlichen Reichtum verfügt, es herrscht jedoch ein Bewußtsein, daß es durchaus territoriale Grenzen gibt. Daher rührt das Bedürfnis, der Natur mehr Raum zu geben, besonders bei den Bewohnern von Städten, die dort, wo sie leben, kaum Zugang zur Natur haben. In bezug auf Europa ist ein interessanter Aspekt, und die EUROPAN 5 Ergebnisse haben dies klar gezeigt, daß es eine Bandbreite unterschiedlicher Beziehungen zur Natur gibt, die je nach Land und Region gemäß den verschiedenen räumlichen Gegebenheiten differieren. Es existiert eine "Garten"-Natur, die wir in den Niederlanden finden, und die als grüne Reserven zum Nutzen der gesamten Stadt gesehen wird. Es gibt die Vorstellung von Natur als Quelle von Reichtum und als Anbaufläche, eine sehr französische "rurale" Vision, in der mittelgroße Städte als Servicezentren für ländliche Gebiete betrachtet werden. Und es gibt eine "Vorzeige"-Natur, ein Schweizer Konzept, das auf drei verschiedenen Ebenen basiert. Die "Blumenstadt", d.h. häusliche Natur und nachbarschaftlicher Raum mit den entsprechenden Merkmalen; "landwirtschaftlich genutzte Flächen" mit Weinanbau und Almen; und letztendlich die "ferne Landschaft", die Berge im Hintergrund.

D.R. Aber diese Darstellungsweisen haben auch einen Einfluß auf die Gestaltung der zeitgenössischen Stadt.

B.R. Ja, das stimmt. Sie haben Auswirkungen auf städtebaulicher Ebene, und hier insbesondere in bezug auf Wahrnehmung und Dichte. In Frankreich beinhaltet der Gegensatz Stadt/Land weiterhin die Suche nach physischen, urbanen Kontinuitäten, die typisch für die französische Städteplanung sind. Andererseits versucht man in den Niederlanden, ein Verhältnis Stadt/Natur herzustellen, bei dem beide als künstliche Elemente gesehen werden, die nicht zueinander im Gegensatz stehen. Ähnlich könnte der Schweizer Minimalismus erklärt werden: die Idee einer Landschaft, enthüllt durch Architektur, ein in der Natur inszeniertes Objekt.

D.R. Sind diese europäischen Sichtweisen der Natur tatsächlich von Land zu Land so unterschiedlich? Führt ein Austausch zwischen den Ländern nicht zu einer Integration verschiedener Kulturen?

B.R. Natürlich gibt es zwischen den Ländern bestimmte Vermischungen der kulturellen Darstellungen der Natur. Einerseits findet architektonische Produktion im Einklang mit "Schulen" oder aktuellen Denkansätzen statt, die aus einem bestimmten Land stammen, jedoch im multinationalen Kontext aufgenommen werden. Auf der anderen Seite, und EUROPAN ist dafür ein Werkzeug, gibt es im europäischen Maßstab immer mehr Austausch, der zu Akkulturationsphänomenen führt, die fragmentierte und diversifizierte "Welten" schaffen, ohne daß sie in irgendeiner Weise zu einer Homogenisierung von Herangehensweisen führen. Diese Welten richten sich nicht nach Grenzen, sondern sie entwickeln sich entlang der Einflußlinien, die alle zusammen die europäische Stadt formen.

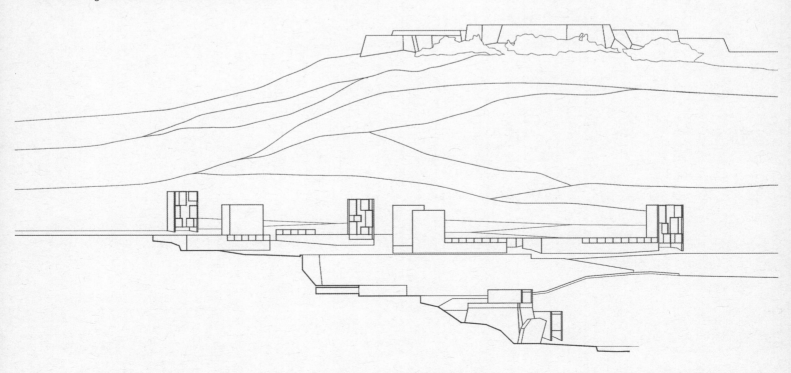

Der Berg als Landschaft, J. Morales Sanchez (E), J. Gonzalez Mariscal (E); Ceuta (E).

Interpretation der Landschaft

Marcel Smets, Architekt, Professor an der Katholischen
Universität Louvain, Belgique/België/Belgien

Eine Reihe unterschiedlicher Interpretationen

Das zentrale Thema von EUROPAN 5 mit seiner inhaltlichen Orientierung auf "Neue Landschaften urbanen Wohnens" gibt einen Hinweis darauf, wie wichtig es ist, in heutige städtebauliche Planungen die Landschaft miteinzubeziehen. Im Hinblick auf den globalisierten, isotopischen Raum, der unsere heutige Welt ist, könnte man sagen, daß allein die Landschaft die Besonderheit eines Ortes ausmacht. Nichtsdestotrotz zeigt sich, daß dies nicht immer zutrifft. Oft wird die Bebauung von Landschaft zu einem Allzweckmodell, wodurch sich wiederholende Konturen entstehen und die Vegetation eher als Hintergrund oder ergänzender Raum dient, und zwar vor allem mit dem Ziel, die entworfenen Gebäude hervorzuheben oder auszubalancieren. In diesem Fall wird die Landschaft auf einen leeren Raum reduziert, die bebaute Masse wird ausgeglichen und zum integralen Bestandteil eines strikten Entwurfes, ohne jede Verbindung mit dem Charakter des Ortes.

Ohne Zweifel kann man sich einer Landschaft auf viele verschiedene Arten annähern. Was die EUROPAN 5 Projekte anbetrifft, gibt es dabei drei Hauptkategorien, die sich durch eine gegensätzliche Wahrnehmung der vorhandenen Standorte unterscheiden.

In der ersten Kategorie von Projekten wird die Landschaft als eigenständiger Wert wahrgenommen. Die vorgeschlagene Intervention beabsichtigt, von ihrer sinnbildlichen Form zu profitieren. Es wird versucht, die Merkmale des natürlichen Dekors zu unterstreichen, indem starke Punkte verbunden oder die entworfenen Gebäude so positioniert werden, daß die Weite der Landschaft ausgenutzt wird.

In der zweiten Kategorie wird die Landschaft auf eine künstliche Art und Weise konstruiert. Sie ist Teil des Gesamtentwurfs, der die Gestaltung des offenen Raumes den Notwendigkeiten der sie umgebenden Gebäude unterwirft. In dieser Projektfamilie wird die Landschaft auf die Funktion des schönen Hintergrundes oder eine strukturelle Qualität reduziert. Ihre tatsächliche Zuschreibung und Ausarbeitung bleibt in den meisten Fällen abstrakt. Mitunter zielen die entworfenen Bauten aus sich heraus darauf ab, eine "monumentalisierte" Landschaft zu schaffen. In anderen Fällen wird die künstliche Landschaft als vereinigendes Element gestaltet. Es wird ein homogener Teppich gebildet, der es ermöglicht, die Gebäude durcheinander gewürfelt anzuordnen, ohne daß dabei die geringste gegenseitige Beziehung entsteht. Meistens wird die Landschaft zu kleinen Plätzen oder kollektiven Gärten domestiziert, die eine notwendige Erweiterung der Wohnräume und der unmittelbaren Umgebung bilden.

Die letzte Kategorie unterscheidet sich deutlich. Es wird die Fähigkeit der Landschaft, die Form der Planung zu strukturieren, anerkannt. In diesem Sinne wird nicht ein Projekt definiert, sondern eine Strategie ausgearbeitet, in der die eigentlichen Bedingungen eines Ortes zu einer Aggregationslogik führen. Im Gegensatz zur ersten Projektfamilie wird hier die Landschaft nicht nur in ihrer Weite oder Schönheit betrachtet. Sie wird vielmehr im Hinblick auf die eigentlichen Qualitäten des Grundstückes analysiert, das heißt Bewässerung, Zugänglichkeit und alle anderen konstituierenden Elemente, von denen die Begründung einer urbanen oder landwirtschaftlichen Funktion abhängt.

Die Betonung der fundamentalen Form

Die Topographie mancher extrem hügliger Standorte ist so markant, daß es schwierig ist, sie außer acht zu lassen. Dies ist insbesondere in Almeria (E), Ceuta (E) und Vila Nova de Gaia (P) der Fall, wo das Vorhandensein steiler Abhänge die Zugänglichkeit und die Gestaltung der Wohnbauten beeinflußt.

Aufgrund dieser Einschränkung ergab sich die vorgeschlagene Aggregation ausnahmslos aus der Besonderheit des Ortes.

Die folgende Auswahl von Projekten zeigt, mit welchen Mitteln die Wettbewerbsteilnehmer den Einfluß der natürlichen Konfiguration betont haben. Im ersten Beispiel, dem Projekt des Teams A. Cano Pintos (E) • J. Abarca Corrales (E)[1] für den Standort Almeria (E) sind die Häuser in die unregelmäßigen, natürlichen Terrassen des Hügels eingebettet. Da die Gebäude die gleiche Höhe haben, reflektiert diese Streuung gruppierter Volumen die dem Ort eigene Unregelmäßigkeit. Wie eine Schneedecke oder Staubschicht gibt die vorgesehene Streuung in vollkommen verständlicher Weise die ausgefallene Einzigartigkeit der gebirgigen Landschaft wieder.

Das Projekt von M. Gausa (E)[2] für den Standort Ceuta (E) nimmt das um den Golf verlaufende Geländeniveau auf. Der Bau von Versorgungsstraßen entlang dieses gleichbleibenden Niveaus erzeugt eine Struktur aus aufeinanderfolgenden Flächen, die durch die Bänder der entworfenen Gebäude geschaffen werden. Sie präsentieren sich als große, in den Berg eingeschnittene Balkone mit Blick auf das Meer.

Für den Standort Villa Nova de Gaia (P) folgt der Entwurf von M. Shambayati (CND)[3] einer weniger üblichen Vorgehensweise. Sichtbar inspiriert durch das Guggenheim Museum in Bilbao ist ein größerer Bau geplant, der wie eine Decke über den zerklüfteten Boden der Klippe geworfen ist. Die außergewöhnliche Form dieses Gebäudes paraphrasiert nicht nur die Unebenheit des Geländes, es hebt sich auch vom Abhang ab und macht so die Omnipräsenz des Naturspektakels, von dem es umgeben ist, sichtbar.

Das Projekt des Teams M. Dillon (IRL) • L. Clark (GB) • I. Sandi (ROM) • D. Andrews (GB) • F. Henderson (GB)[4] für den Standort Sheffield (GB) schließlich zeigt, daß eine Bearbeitung der Form des Geländes nicht unbedingt eine dramatische Niveauveränderung nach sich zieht. Indem akribische Sorgfalt auf die Präsentation interessanter Aussichtspunkte gelegt wird, gelingt es den Architekten, ihren Entwurf in den vorherrschenden Charakter der üblichen Wohnbauten einzubinden, zur gleichen Zeit aber das einzige Element hervorzuheben, durch das sich dieses vorstädtische Wohnbauprojekt von der Normalität abheben kann: die Ruhe der Natur inmitten der fließenden Landschaft.

Landschaft als Ausdehnung

Hier sind es Perspektiven und Panoramen, die den Aufbau der Entwürfe inspirieren. Die Landschaft ist nicht durch die Intensität ihrer besonderen Form gekennzeichnet, sondern durch ihre bloße Ausdehnung. Um diese Szenographie zu verdeutlichen, konzentriert sich die Anordnung der Gebäude in den meisten Fällen um die Ränder. Wo eine Übereinstimmung stattfindet, werden durch diese Positionierung zwei wichtige Ziele erreicht: das Panorama öffnet sich und die Oberfläche der Landschaft bleibt intakt. Durch die Gestaltung einer Frontseite wird der spätere Eingriff in den nicht besetzten Raum vorweggenommen und den Bewohnern ein unverbaubarer Blick in den freien Raum garantiert.

Dieser Ansatz wird besonders deutlich in dem Entwurf des Teams E. Palazzo (I) • B. Pelucca (CH)[5] für den Standort Palermo (I). Die lineare Erweiterung entlang der früher in die Felder führenden Straße wird nun vervollständigt und bietet über die gesamte Länge einen leicht erhöhten Aussichtspunkt.

2

4

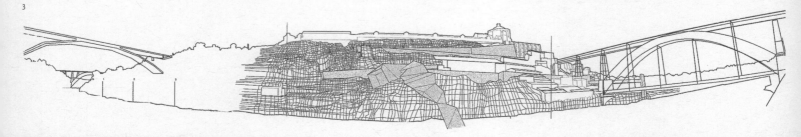

3

Die Wohngebäude an den Rändern des Standortes öffnen sich vollständig in die unverbaute Landschaft. Es entsteht eine klare Ähnlichkeit mit einer Küste. Ganz offensichtlich berücksichtigt der Eingriff die Erhaltung der Felder als eine elementare Bedingung für den Urbanisierungsprozeß.

Der Entwurf des Teams A. Mandara (I) • F. Calzolaio (I)[6] für den Standort Turku (SF) zeigt, daß die Idee der Bebauung der Ränder nicht automatisch zu einem zweigeteilten Entwurf führt. In diesem Fall fungiert das Ufer des Sees als eine Art Filter. Wasser und Land vermischen sich miteinander in einer Streuung angeordneter Gebäude, die die Kontur des Sees markieren und gleichzeitig hinter der Straße, die zu den neuen Erweiterungen führt, das Gefühl von Distanz und ungeheurer Größe erzeugen. Der Ausblick bleibt nicht länger denen vorbehalten, die an den Rändern leben, er ist durch einen kleinen Spaziergang für jedermann zugänglich. Indem die Ränder auf eine so umsichtige Art und Weise freigehalten werden, eröffnen die Planer das großartige Panorama der gesamten Stadt.

Das finnische Projekt ist eine gute Veranschaulichung für eine Intervention, die in erster Linie die bereits vorhandenen Elemente hervorheben soll. Tatsächlich ist die Weite der Landschaft oft vorhanden, ohne daß wir sie richtig zur Kenntnis nehmen. Dieses Beispiel, bei dem Gebäudegruppen hinzugefügt werden, die diese Weite unterstreichen, selbst wenn sie mit dem Standort selber nicht wirklich in Berührung kommen, vertieft diese Wahrnehmung. Der Komplex "Omega", ein Entwurf des Teams S. Nijenhuis (NL) • A. Vos (NL)[7] für den Standort Almere (NL) steht wie ein anmutiges und zeitloses Objekt auf den niederländischen Poldern. Die Landschaft, deren Kontinuität plötzlich betont zu sein scheint, wird lediglich gestreift. Über die besondere Lage zwischen der zentralen Avenue und dem Bahndamm greift die vorgeschlagene Lösung auf einen Maßstab zurück, der die Erweiterung des gesamten Stadtviertels umfaßt.

Die Künstlichkeit der monumentalisierten Landschaft
Diese Herangehensweise unterscheidet sich von der vorhergehenden dadurch, daß eine neue Landschaft kreiert wird. Sie beschränkt sich nicht darauf, einzurahmen oder hervorzuheben, was bereits vorhanden ist, sondern versucht, das für den Ort charakteristische Erscheinungsbild zu verstärken, indem der vorherrschende Eindruck der Szenographie dramatisiert wird. Das grundlegende Ziel, die Klärung der Bedeutung des Ortes, wird durch die Akzentuierung ausgewählter Merkmale erreicht. Dies führt zu einer Art Inszenierung des Ortes und transformiert die elementaren Eigenschaften in ein extravagantes Dekor. Wie bei einer Karikatur trägt diese Herangehensweise zur Verdeutlichung der Physiognomie des entworfenen Objektes bei, ändert jedoch nicht seinen Geist.

Der mit einem Preis ausgezeichnete Entwurf von Gijs Raggers (NL)[8] für den Standort Haarlemmermeer (NL) veranschaulicht diese Monumentalisierungsstrategie. Der Entwurf sieht die Errichtung von zwölf gedrungenen Gebäuden

7

6
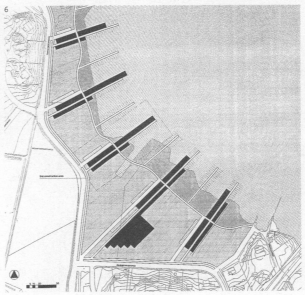

8
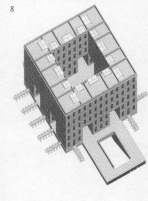

vor, die in regelmäßigen Intervallen entlang eines riesigen leeren Randgebietes, das im Erweiterungsplan von Hoofddorp als strukturierendes Element aufscheint, angeordnet sind. Jedes dieser Gebäude manifestiert sich als solider Turm, der sich durch das leicht angehobene Fundament und die Anordnung in Form einer zeitgenössischen Festung in der Mitte eines künstlich geschaffenen Sees vom natürlichen Untergrund abhebt. Die Wiederholung dieser Gebäude vermittelt unzweifelhaft ein Gefühl für die gigantische Dimension dieses Ortes. Die kerkerähnlichen Massen reihen sich auf und erstrecken sich entlang der Leere wie vertäute Poller, die entlang ausgedehnter Hafendocks verlaufen. Ihre Präsenz betont die Weite und Regelmäßigkeit des Standortes. Sie transformieren jedoch die einsame Endlosigkeit dieser flachen Landschaft in eine aufgeregte Folge überdimensionierter Leuchttürme und formen so das Erscheinungsbild des endlosen Feldes in eine Allee um, die mit phantastischen Statuen dekoriert ist.

Der Entwurf des Teams A. Reiber (B) • S. Hof (B) • O. Perier (B)[9] für denselben Standort arbeitet mit einer ähnlichen Manipulation, indem entlang eines weiten Bandes zwischen dem Kanal und der Straße nach Hoofddorp ein paralleler Deich errichtet wird. Die Architekten integrieren in diese asymmetrische Erhöhung eine Reihe modulierter Häuser, so daß eine Gesamtform entsteht, die an die Dämme erinnert, die für die ländlichen Gegenden der Niederlande so typisch sind. In diesem Fall folgt die Monumentalisierung einer klaren Analogie. Das Augenmerk wird auf die Besonderheit der niederländischen Polder gelenkt, indem eine ihrer stereotypen Komponenten hervorgehoben wird. Vor dem Hintergrund der entblößten Flächen des Standortes ruft die Inszenierung des Deiches ein imaginäres Dekor ins Leben und nimmt die eigentliche Großartigkeit der niederländischen Landschaft auf.

Eines der herausragendsten Beispiele für diese Tendenz, die Landschaft zu dramatisieren, ist das Projekt von A. Juárez Chicote (E)[10] für den Standort Baracaldo (E). Ein verlassenes Industriegelände wird zu beiden Seiten einer Straßenbahnlinie, die durch den Standort führt, systematisch ausgeschachtet. Das ausgedehnte Plateau zwischen Fluß und Stadterweiterungen wird so zu einer Vertiefung, die die urbane Grenze mit einer starken Geste markiert und sowohl einen visuellen als auch einen symbolischen Kontakt zwischen dem Fluß Galindo und den Außenbezirken von Baracaldo herstellt. Es ist nicht so sehr die Architektur der multifunktionalen Gebäude, die rund um den Bahnhof der in Kürze entstehenden U-Bahnlinie plaziert werden, oder der Wohngebäude, die sorgfältig um diesen künstlichen Krater gebettet werden, sondern es ist die Form dieses weiten, eindrucksvollen Amphitheaters, die die künftige Bedeutung dieses Ortes betont. Indem die Beziehungen zwischen den wichtigsten strukturierenden Elementen des Standortes verändert werden, wird auch die Position dieses ungewöhnliches Ortes in ihrem Bezug zum umgebenden Land verändert. Es erscheint plötzlich legitim, einen größeren Gebäudekomplex zu schaffen. Die von den Architekten geplante Agglomeration wird mit einem Turm akzentuiert, damit der Ort im weiten Panorama Bilbaos ausgemacht werden kann.

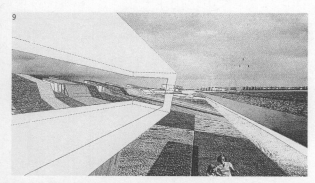

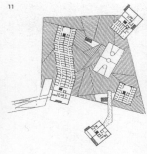

Die Unbestimmtheit der verbindenden Schicht

Eine Vielzahl von Wettbewerbsteilnehmern vertraut auf die Fähigkeit der Landschaft, die unterschiedlichsten Arten von Architektur miteinander verbinden zu können. Sie stützen sich dabei auf das Prinzip, daß die vereinigende Wirkung, die durch den Zusammenhalt einer uniformen Vegetation entsteht, die Fragmentierung der heutigen Städte kompensieren kann. Sie gehen davon aus, daß die Natur wie eine verbindende Schicht wirkt. Sie soll die Rolle eines nivellierenden Mechanismus einnehmen, der sich auf die Wahrnehmung des Ganzen so nachhaltig auswirkt, daß die im Zentrum entstehenden Unvereinbarkeiten verschwinden. Das Modell der Tannenbepflanzung, das zum Beispiel Häuser unterschiedlicher Art im Bild einer bewaldeten, ländlichen Stadt zusammenbringt, scheint die Effizienz dieser Formel, die immer öfter angewandt wird, zu bestätigen. Einige Wettbewerbsteilnehmer vergrößern diesen Effekt, der in spezifischen Situationen erreicht werden kann, zu einem generalisierten Aktionsmittel. Ein Beispiel dafür ist das polemisierende Projekt des Teams M. Reniers (NL) • P. Groot (NL)[11] für den Standort Amsterdam (NL), in dem ein Schilfrohrbett zur Entschuldigung wird, um sich des vorhandenen Stadtbezirkes zu entledigen und den Anforderungen des Immobilienmarktes nach einer Auswahl exklusiver Wohnungen zu entsprechen. Im Gegensatz hierzu wird in dem Entwurf des Teams C. Kern (D) • T. Repper (D)[12] für den Standort Budapest (H) das Wohngebiet, das durch eine Verschmelzung der vorhandenen Gebäude entsteht, überall mit Birken bepflanzt, in der Hoffnung, so einen geschlossenen Bereich zurückzugewinnen, in dem die Errichtung von Wohngebäuden lediglich eine untergeordnete Rolle spielt.

In außergewöhnlicher Weise zeigt sich die Dominanz einer Bepflanzung im Vergleich zur Errichtung urbaner Landschaften in dem Projekt des Teams C. Tiry (F) • V. Descharrières (F) • S. Guth (F) • S. Duchardt (F) • C. Devizzi (I)[13] für den Standort Reims (F). Es sind zwei unterschiedliche Stadterweiterungsgebiete geplant, deren Gesamteindruck vollständig von dem grünen Hintergrund, in den sie eingebettet sind, geprägt wird. Das Projekt demonstriert zur gleichen Zeit, daß dieses Modell eine ausgedehnte Landschaft erfordert, deren fortlaufende Ausdehnung nur hin und wieder unterbrochen ist. Seine Effizienz in bezug auf urbane Zwischenräume ist keineswegs sicher, und die Vernachlässigung der speziellen Pflege der Bepflanzung oder des bepflanzten Waldlandes läßt vermuten, daß es sich um eine sehr einfache Lösung handelt. Da keine konkrete Idee zur Umsetzung vorhanden ist, könnte die Idee der verbindenden Schicht zu einer Negierung der tatsächlichen Vorzüge der Landschaft führen.

Der Entwurf des Teams C. Roth (D) • A-J. Bernhardt (D) • M. Tillessen (D) • S. Friedburg (D)[14] für den Standort Mulhouse (F) geht äußerst sensibel mit diesem Thema um. Um das Problem des temporären Parkens in Verbindung mit dem Automuseum zu lösen, sieht der Entwurf eine große Fläche vor, die diese Funktion erfüllen kann, wobei die Materialisierung des Geländes eine fortlaufende Folge verschiedener Nutzungen erlaubt. So bleibt der zusammenhaltende Effekt des Bodenbelages erhalten, und gleichzeitig wird eine Bandbreite anderer Nutzungen ermöglicht.

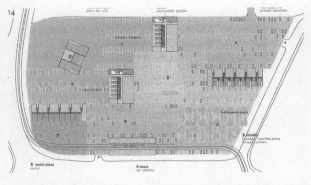

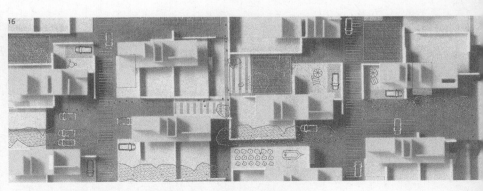

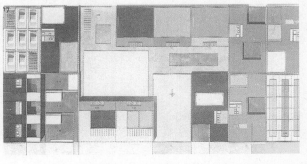

Das heimische Schachbrett

Der deutlichste Trend in diesem Architekturwettbewerb zeigt sich in der Domestizierung der Natur. Die Landschaft wird unbeirrt in Parks, kleine Plätze oder baumbesäumte Wege transformiert, und das Verhältnis zwischen offenen und bebauten Flächen wird umgekehrt. Die Einbeziehung der Landschaft wird so zu einem integralen Bestandteil urbaner Entwicklung. Nicht nur die großen für private Gärten bestimmten Flächen, sondern sogar der öffentliche Raum wird mit den Gebäuden verbunden. Jede Vorstellung über die Dimension der Landschaft geht verloren. Die Landschaft wird in kleine Einheiten aufgeteilt und im Einklang mit den sie umgebenden Strukturen ausbalanciert.

Zu diesem Thema gibt es viele Varianten. Eine weitverbreitete Tendenz in diesem EUROPAN Wettbewerb zeigt sich allgemein in der Vorliebe für dichte, flache Wohngebäude. Innerhalb der konzentrierten Struktur der Häuser, die in geraden oder versetzten Reihen angeordnet oder mit Innenhöfen ausgestattet sind, entstehen Öffnungen in variablen Dimensionen, die sich wie eine Patchwork-Decke zusammenfügen. Dies ist insbesondere der Fall bei den Entwürfen des Teams K. Beutler (D) • M. Ilg (D)[15] für den Standort Schwabach (D) oder des Teams N. Privileggio (I) • M. Secchi (I)[16] für den Standort Rovinj (CRO). Bei den ersten werden die offenen Räume in kleinen Plätzen zusammengefügt. Bei den zweiten bilden die Alleen zwischen den Häusern und an den umzäunten Gärten ein miteinander verbundenes System von Fußgängerwegen. Ein anderer Ansatz ist die Idee eines Teppichs, der entlang der zentralen Zone der Haarlemmermeer Stadterweiterung (NL) ausgerollt wird, der in dem Entwurf des Teams J. Hommert (D) • H. Krech (D)[17] deutlich zum Ausdruck kommt. Die Straßen und kleinen Plätze werden als leere Flächen eines Dominospiels präsentiert.

Oft entsteht durch die Abwechslung von bebauten und unbebauten Räumen eine Aneinanderreihung von Streifen. In Anlehnung an die Typologie der Maisonettewohnungen, die eine über der anderen mit Innenhöfen und Terrassen angeordnet sind, gelingt es den Architekten, ihre parallelen Reihen mit zwei unterschiedlichen Tiefen zu gestalten. So wird es möglich, die Stirnseiten so auszurichten, daß sie jeweils mit unbebauten Räumen alternieren. Diese Lösung zeigt sich noch einmal in dem Entwurf des Teams B. Ernst (CH) • E. Niklaus (CH) • U. Fausch (CH) • H. Henz (CH)[18] für Aarau (CH) und in dem Entwurf des Teams F. Couvert (F) • G. Terver (F) • X. Beddock (F)[19] für Lenzburg (CH). Die durch die geplante Stadterweiterung entstandenen Lücken verstärken jeweils die Wahrnehmung von Öffnung und Richtung. In dem Entwurf des Teams M. Foitzik (D) • P. Krebs (D) • M. Herz (D) • H.-J. Achterberg (D)[20]

für Reims (F) werden die Streifen zu Bändern erweitert. Die Breite der Räume vergrößert sich im Verhältnis zur Ausdehnung der Fläche der verbundenen Gebäude. Der Entwurf des Teams P. Harden (F) • G. Rolland (F)[21] für den gleichen Standort zeigt, wie der Wechsel zwischen bebauten und unbebauten Räumen auf ausgefeilte Art und Weise erfolgen kann. Die Finesse der Streifen dimensioniert die Öffnungen, die zu tatsächlichen Mündungen in den umliegenden Landschaftsraum transformiert werden.

Um die Kompaktheit der entworfenen Struktur auszugleichen, haben viele Wettbewerbsteilnehmer eine oder mehrere Erweiterungen ihres Standortes vorgesehen. Diese haben die Funktion großer Bewässerungskanäle, die aus dem fortlaufenden Strom der Wohnbauzuflüsse gespeist werden, die wiederum die Nebenflüsse bilden. In dem Projekt des Teams R. Orts (B) • V. Pierret (B) • G. Lecomte (B) • E. Pirotte (B)[22] für Reims (F) ist diese Erweiterungszone nicht mehr als ein Stück offenes Land innerhalb des verwandten Rasters. Im Gegensatz dazu nutzt H. Fischer (D)[23] für seinen Entwurf in Essen (D) ein altes Industriegebäude, um innerhalb einer Öffnung ein zentrales Gebäude zu schaffen, das auf die umgebenden Wälder hinausgeht. Für Rovinj (CRO) schließlich schlägt das Team S. Bradic (CRO) • I. Nizic (CRO)[24] Öffnungen vor, die das gesamte Viertel strukturieren. Dies dient sowohl der Bestimmung der Position der geplanten Enklaven, als auch der Verbreiterung des Ausblickes auf das Meer und der Öffnung einer Schneise in das Grün der Hügel.

Eine durch die Struktur der Landschaft bedingte Planung

Die meisten Teilnehmer des EUROPAN 5 Wettbewerbs betrachten die Landschaft als ein Dekor, eine formale Präsenz, eine Textur oder einen sinnbildlichen Wert, der ihnen dabei hilft, ihren Entwurf zu definieren. Aus diesem Grunde ist der Einfluß der Landschaft auf die Art der Planung nur sehr indirekt. Er wird durch die Interpretation des Architekten gefiltert, der sich auf der Grundlage der eigenen persönlichen Einschätzung für eine Lösung entscheidet. So wird die Konditionierung, die die Landschaft auf die Planung der Umgebung ausüben kann, durch die Wahrnehmung der Qualitäten, die der Architekt dem Ort zuschreibt, beeinflußt.

Diese Entscheidung ist jedoch nicht immer einfach nachzuvollziehen, die Gründe bleiben im Verborgenen und führen bestenfalls zur Ausarbeitung eines wohlüberlegten Fragments. Normalerweise entsteht dabei keine generelle Strategie, die auf einer Analyse der Beschaffenheit des Geländes beruht.

Die folgenden Beiträge zeichnen sich durch die Vorstellung aus, Landschaft als ein System von Formen zu verstehen. Anstatt ihren Entwurf als eine fertiggestellte Arbeit zu begreifen, versuchen diese Architekten eine rationale Grundlage zu schaffen, auf der die zukünftige Art der Nutzung bestimmt werden kann. Um dies zu erreichen, weisen sie der Landschaft die Rolle eines strukturierenden Rahmens zu,

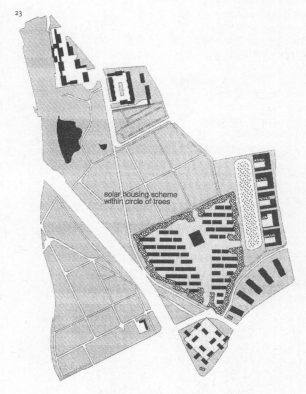
23

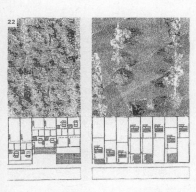
22

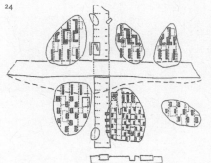
24

wobei die für die gewünschte Planung notwendigen Bedingungen einbezogen werden. Ein so entstandener Entwurf beinhaltet eine evolutionäre Strategie. Die projektierte Umwelt wird in Phasen aufgebaut, sie wird gestaltet, indem formulierte Kriterien angesetzt werden, ohne daß das Endergebnis definiert ist.
Ein gutes Beispiel für dieses Art evolutionärer Konzepte ist der Entwurf des Teams J. Van Erven Dorens (NL) • M. Koster (NL)[25] für Almere (NL), in dem die Flächen für individuelle Gärten in die Struktur der Gemeinschaftseinrichtungen am Fuße der ökologischen Hochhäuser integriert sind. Eine ähnliche Herangehensweise zeigt sich in dem Entwurf des Teams J. Lonsdale (GB) • M. Van Den Oever (NL)[26] für Amsterdam (NL). Hier wird auf der Grundlage aufeinanderfolgender Phasen eine Bodendekontaminierung des Amsterdamer Standortes geplant, wodurch ein Modell nachhaltiger Entwicklung entsteht. Durch diese rationale Herangehensweise können die Planer eine logische Folge der Bebauung der Parzellen festlegen. Es kann jedoch auch Land zurückbehalten werden, das, bis es dekontaminiert ist, als spontaner Grünbereich dient. Im Anschluß können die notwendigen Alleen und Wege festgelegt werden, damit die verschiedenen, nützlichen Bepflanzungen etc. definiert werden können. In diesem Fall beruht das gesamte Planungsschema nicht auf einem willkürlichen Konzept, sondern erkennbar auf den Anforderungen, die sich aus dem "natürlichen" Zustand des Standortes ergeben.
Der Entwurf von M. Spaan (NL)[27] für Haarlemmermeer (NL) schließlich zeigt in beispielhafter Art und Weise dieses Vertrauen in die strukturierende Kraft der Landschaft. Er schränkt sich nicht auf den Standort Hoofddorp ein, er schlägt für alle den Standort umgebenden archetypischen Situationen eine Entwicklungsstrategie vor, die auf den charakteristischen Eigenschaften der Landschaft basiert. Der Planer beläßt es nicht bei der Suche nach Konfigurationen von Stadt oder Land in bezug auf die Besonderheiten des vorhandenen Standortes. Sein Entwurf wird dort eloquent, wo er sich entscheidet, strukturelle Veränderungen an der territorialen Formation vorzunehmen. Mit kleinen Eingriffen, wie zum Beispiel mit einer Straße, deren Anbindung zweitrangig ist, einer Vertiefung oder einer Erhöhung, gelingt es ihm, die grundlegenden Bedingungen der urbanen Entstehungsgeschichte zu verändern. Auf diese Art und Weise legt er die erforderlichen Mechanismen fest, um die spontane Entwicklung dieser Region neu zu gestalten, die durch vorschriftsmäßige, jedoch willkürliche Planung zerstört ist.

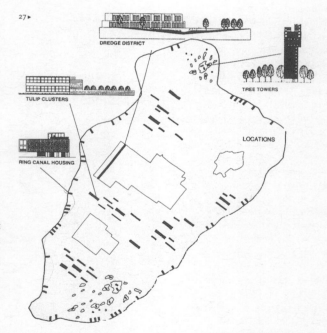

27 ▶

25

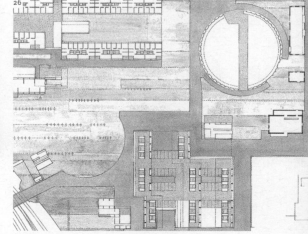

26

Urbane Ökologie
Stadt, Natur und Dichte

Alexandros Tombazis, Architekt, Ellás

Eine ökologische und nachhaltige Herangehensweise an architektonische Planung beinhaltet sehr viel mehr, als lediglich sensibel und sorgsam mit der Natur umzugehen. In erster Linie geht es um das Verständnis, daß auf diesem Planeten alles miteinander in Verbindung steht und Teil eines ausgeklügelten Netzwerkes geschlossener Systeme ist. In früheren Zeiten spielte dies keine so große Rolle, da alle Phänomene kleiner dimensioniert waren. Heutzutage ist alles global, Ressourcen sind nicht länger unbegrenzt, und Konsequenzen zeigen sich oft erst dann, wenn es vielleicht schon zu spät ist, darauf zu reagieren.

Bioklimatische Planung gibt es zwar schon seit geraumer Zeit, leicer ist es jedoch noch ein langer Weg, bis sie weltweit von Architekten und anderen Planern als integraler Bestandteil der Entwurfsplanung akzeptiert und nicht nur als Mcdeerscheinung angesehen wird, die mit all den anderen "Ismen", die kommen und gehen, wieder von der Bildfläche verschwinden wird.

Ich möchte mit einer Zusammenfassung des heutigen Entwicklungsstandes beginnen. Bis zu der von der Moderne geprägten Zeit waren bioklimatische Ansätze eher in der volkstümlichen Bauweise als in der "offiziellen" Architektur zu finden. Dies galt jedoch nicht für Bauten, in denen natürliches Licht wichtig war, wie zum Beispiel das Pantheon in Rom oder die großen gotischen Kathedralen, um nur zwei Bespiele anzuführen. Über die Jahrhunderte wurden Themen in bezug auf Standort und klimatische Bedingungen keine besondere Beachtung geschenkt, sie flossen lediglich als gegebene Tatsachen in andere Überlegungen ein, wobei die folgenden Faktoren wichtig waren: Ein nur langsames Voranschreiten der Evolution ermöglichte durch Versuche und Irrtümer zu lernen, und die vorhandenen begrenzten Ressourcen und Mittel mußten bestmöglich eingesetzt werden, wobei der regionale Charakter der Bauweise und Materialien zu berücksichtigen ist. Die Entwicklung von Glas und Stahl als Industrieprodukt stellte die erste radikale Änderung dieser Gegebenheiten dar, was im 19. Jahrhundert seinen Ausdruck in der Errichtung hoher und schöner Glasgebäude fand.

In seinen späteren Arbeiten kam Le Corbusier unter anderem zu der Erkenntnis, daß Schatten und natürliche Ventilation von besonderer Wichtigkeit sind, wenn auch eher von einem willkürlichen und in erster Linie ästhetischen Gesichtspunkt aus gesehen. Die Pionierarbeit der Brüder Olgyay und die Vorgehensweise von CRS (Caudill, Rowlett, Scott) stellten klimatische Themen in einen viel systematischeren und wissenschaftlicheren Kontext. Die Mainstream-Architektur war jedoch weit davon entfernt, Interesse an diesem Thema zu zeigen. Die Verfügbarkeit billiger Energien, die Entwicklung ausgefeilter, mechanischer Systeme sowie neue Arten von Glas brachten Bauten hervor, die immer abhängiger von Versorgungsleistungen wurden und die, unabhängig vom Standort, ein zunehmend standardisiertes Erscheinungsbild boten.

Wie wir alle wissen, war es die erste Ölkrise in den frühen 70er Jahren, die den Planern (oder, um genauer zu sein, den Spezialisten) ein böses Erwachen bescherte. Da ein Großteil der Bautätigkeit in den nördlichen Klimazonen stattfand, wurde zuerst allgemein versucht, die Heizkosten für Gebäude zu senken, wobei anfänglich das Hauptaugenmerk auf aktive und später, ab Mitte der 70er Jahre, auf passive Systeme gelegt wurde.

In den letzten 25 Jahren ist die Weltbevölkerung von ca. 3,8 auf ca. 5,8 Milliarden Menschen angestiegen, von denen derzeit 20% mehr als 80% der gesamten Energie verbrauchen, was natürlich auch einen entsprechend hohen Grad an Umweltverschmutzung zur Folge hat. Ca. 50% der verbrauchten Energie werden für die Errichtung und Versorgung von Gebäuden eingesetzt. Unsere Generation hat nun ebenso viel gebaut wie alle vorhergehenden Generationen zusammen, und plötzlich wird uns schmerzlich bewußt, daß es in Verbindung mit dem immer höheren Anstieg der Kontamination insbesondere in der Dritten Welt über kurz oder lang sowieso zu spät sein ist, sich überhaupt Gedanken zu machen, wenn wir weiterhin Raubbau an unseren nicht erneuerbaren Ressourcen betreiben und unsere Umwelt immer mehr belasten.

M. Dillon (IRL), L. Clark (GB), I. Sandi (RO), D. Andrews (GB), F. Henderson (GB); Sheffield (GB)

Zu gleicher Zeit ist uns bewußt geworden, daß es sich hierbei um ein vielschichtiges Problem äußerst sensibler Balancen handelt und nicht nur um Energieverbrauch und Produktion von Verschmutzung und Abfall, und daß das Ökosystem, in dem wir leben, seine Grenzen hat. Schließlich müssen wir einsehen, und die Geschichte hat uns dies auch gezeigt, daß neue Erfindungen, wie zum Beispiel die Atomenergie, auch nicht der Stein des Weisen sind, wenn wir die Entsorgung der Abfallprodukte, die aus der Nutzung dieser Energie entstehen, nicht in den Griff bekommen. Vom ethischen Standpunkt aus gesehen, müssen wir akzeptieren, daß wir mit dem Erbe unserer Vorfahren nicht weiter so umgehen und die Zukunft unserer Kinder nicht mit dieser Hypothek belasten können.

Sicher ist es nur natürlich, daß sich der architektonische Entwurf in den vergangenen Jahren langsam verändert hat und in seinem Ansatz holistischer geworden ist, wobei versucht wird, die folgenden Themen zu berücksichtigen:
- Erreichen einer nachhaltigen Entwicklung
- Raubbau an nicht erneuerbaren Ressourcen und Materialien
- Analyse der Lebensdauer von Gebäuden
- Gesamtauswirkungen von Gebäuden auf die Umwelt
- Reduzierung des Energieverbrauchs und
- menschliche Gesundheit und menschliches Wohlbefinden

Mittlerweile ist es den Architekten bewußt geworden, daß diese Aspekte jetzt und auch in Zukunft von Wichtigkeit sein werden und somit auch nicht länger zum Randthema einer Minderheit interessierter Einzelpersonen gemacht werden können. Immer öfter kommt es vor, daß diese Themen ganze Ausgaben von Hochglanz-Architekturzeitungen füllen oder im Mittelpunkt von wichtigen Architekturkonferenzen stehen.

Für mich können die kritischen Punkte in den folgenden Fragen zusammengefaßt werden:

Ist bioklimatische Planung, oder wie auch immer wir es nennen, eine Option, die wir annehmen oder ablehnen können, ein Fachgebiet, das den Spezialisten oder Aufgeklärten überlassen bleibt, während die tatsächliche Architektur etwas anderes ist, das wichtiger und nobler ist und das jene ausführen, die von technischen Dingen nichts verstehen oder sich nicht darum kümmern? Ist klima- und standortsensible Planung eine technische Frage? Haben wir den Zenit bereits erreicht, oder handelt es sich lediglich um eine Modeerscheinung, die morgen wieder verschwunden sein wird? Findet hier eine Wiederholung der "Solararchitektur" statt, die unter dieser unglücklichen Bezeichnung nach der ersten Ölkrise einen gewissen Einfluß erlangte, um kurz darauf wieder von der Bildfläche zu verschwinden? Dies ist zumindest im Bewußtsein der Allgemeinheit und auch was die Finanzierung durch staatliche Stellen anbetrifft der Fall, da es immer noch keine kosteneffektiven Lösungen gibt. Es scheint, als ob nicht nur das Thema sondern sogar die Sonne selbst plötzlich vom Erdboden verschwunden sei.

Ich bin der Meinung, daß es eine Reihe von Gründen gibt, daß der Mainstream-Architekt sich nicht dazu entschließen konnte zu akzeptieren, daß bioklimatische Themen ein wichtiger Parameter seiner Planungen und Entwürfe sein könnten.

Ich bin fest davon überzeugt, daß es einer der grundlegenden Fehler ist, die wir bei unserer Herangehensweise an architektonische Entwürfe begehen, daß wir allzu oft glauben, daß es sich bei diesen Themen um rein technische Themen handelt, d.h. einen Zusatz zur architektonischen Kreativität, der am besten Fachberatern und Ingenieuren zur Bearbeitung überlassen wird. Diese Haltung führt zu dem falschen Eindruck, daß der Architekt alle Entscheidungen so treffen kann wie er möchte und daß die Ingenieure in einer späteren Phase Fehler ausbessern, indem sie mechanische Lösungen hinzufügen. Ich vergleiche dies mit der Einnahme von hohen Dosen eines Medikamentes oder der Durchführung eines chirurgischen Eingriffs, wenn man sich der Angelegenheit genauso gut auch auf dem Wege der präventiven Medizin und durch positives Denken nähern könnte. Für mich ist es zwar einerseits wichtig, sich um die Umwelt, unseren Planeten Erde, zu sorgen und Energie zu sparen. Genauso wichtig ist mir aber auch, daß die Themen Nachhaltigkeit und bioklimatische Planung dem Architekten die Möglichkeit eines holistischen

T. Koskenniemi-Makinen (SF); Turku (SF)

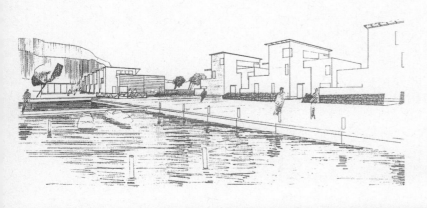

Ansatzes für einen komplexen und rein architektonischen Entwurf bieten. Die Kreativität wird von diesen Themen nicht eingeschränkt. Im Gegenteil, sie sollten der Grundstein eines Entwurfes sein, da sie anderenfalls eher zu Stolpersteinen werden, und dies mit allen dazugehörigen Konsequenzen.

Ein architektonischer Entwurf beinhaltet einen vielschichtigen und komplexen Prozeß. Es gibt hier viele Aspekte besonderer Art, die von Spezialisten bearbeitet werden müssen und die sich von Fall zu Fall unterscheiden. Es gibt jedoch einige grundlegende Faktoren, wie zum Beispiel die, über die wir hier sprechen, die immer und überall zu berücksichtigen sind. Es handelt sich hierbei um Themen, die auch in der Zukunft nicht an Bedeutung verlieren werden, unabhängig davon, ob wir uns an den Polen oder am Äquator befinden. Die Themen selbst bleiben dabei zwar die gleichen, sie unterscheiden sich jedoch, was Intensität und Inhalt anbetrifft. Auf den Punkt gebracht: Es gibt kein einziges Gebäude, das nicht solar ist! Es gibt jedoch einige, die clever und andere, die dumm sind.

All dies sind Probleme, die ein Architekt bewältigen muß und die er nicht den Spezialisten zur Lösung überlassen kann. Letztendlich sollte er als Generalist viel besser dazu in der Lage sein, Dinge aufzugreifen und zu bewerten, die jeweiligen Grundlagen oder Unterschiede zu verstehen und dann diese Erfahrungen in seiner Arbeit umzusetzen.

Ich denke, daß es ein richtiger Ansatz ist, diese Themen in ihren tatsächlichen und angemessenen Kontext zu stellen. Das bedeutet, daß diese Themen einerseits **auf sehr abstrakte Art die eigentliche Entwurfsarbeit betreffen**, aber andererseits auch technische Themen von lebenswichtiger Bedeutung für das Überleben unseres Planeten sind. Es sind Themen versteckter innerer Schönheit, die direkt und grundsätzlich in die Entwurfsplanung einfließen sollten. Dabei sollten sie die Gestaltung nicht nur stilistisch oder oberflächlich im Sinne von Zusätzen beeinflussen, sondern sich mit der grundlegenden Fragestellung "bauen oder nicht bauen" auseinandersetzen und die Voraussetzungen für die formale Entwicklung eines Gebäudes sein. Hier geht es sowohl um Logik als auch um Sensitivität, und letztendlich sind Architekten ja auch stolz darauf, daß sie versuchen, Angelegenheiten des Verstandes und des Empfindens miteinander zu verbinden!

Um die Wichtigkeit des Gesagten zu unterstreichen und um ein klein wenig zu provozieren, lassen Sie uns annehmen, daß der Tag gekommen ist, an dem die Generierung von Elektrizität aus Fotozellen kosteneffektiv geworden und das Verfahren günstig und ohne negative Auswirkungen auf die Umwelt ist. Würde das bedeuten, daß der Architekt frei ist in seinem Entwurfsprozeß? Sollte er nun alle anderen Überlegungen außer Acht lassen, nur weil dies jetzt möglich ist? Und wenn er dies täte, wäre das Endergebnis zufriedenstellender? Sicherlich nicht.

Eine weitere Schwierigkeit besteht darin, daß viele der Themen im Zusammenhang mit einem bioklimatischen Ansatz eines architektonischen Entwurfs unsichtbare Komponenten beinhalten, so zum Beispiel das Vorhandensein der Zeit und ihre Beziehung zum Rhythmus der Natur; oder die Bewegung der Luft innerhalb eines Raumes, die durch die Gesetze der Physik bestimmt wird; oder das Licht und die Tatsache seiner bloßen Existenz, die wir nur allzu oft vergessen oder einfach außer acht lassen. Architekten sind geschult, ihre Augen zu benutzen, und zwar in einem Maße, daß die potentielle Bewertung der Architektur durch andere Sinne überlagert wird. Es gibt bei einem architektonischen Entwurf unzählige **versteckte Dimensionen**, die wir oft vernachlässigen, was die Architektur sicherlich um einiges ärmer macht. Einige dieser Dimensionen sind: die **Luft**, die uns den Raum spüren läßt;

C. Bannister (GB), B. Dunsire (GB);
Sheffield (GB)

E. Emmen (NL); Amsterdam (NL)

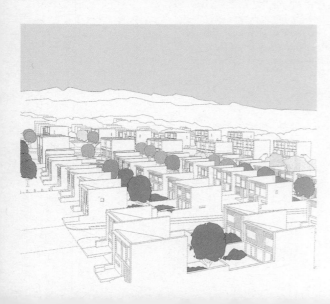

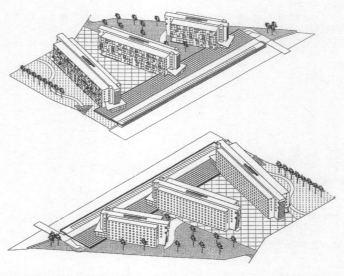

Urbane Ökologie — Alexandros Tombazis

die **Zeit**, die Sequenzen schafft und Gebäude an Klima und Natur bindet; das **Licht**, das den Raum formt; der **Klang**, der Volumen schafft; und der **Geruch**, der uns auf die unmittelbarste Art und Weise anspricht.

Die Zeit, die auch als vierte Dimension des architektonischen Raumes bezeichnet wird, ist bedeutend, da jedes Objekt nur in der Zeit existieren kann. Der Begriff von Zeit verleiht einem Objekt Leben und setzt es in Beziehung zu periodischen (voraussehbaren) oder unregelmäßigen Wiederholungen. Zeit bezieht sich auf jahres- und tageszeitliche Muster und somit auch auf das Klima und das Verhalten eines Gebäudes oder darauf, wie es geplant sein sollte, um mit der Natur zusammenzuwirken und nicht zu ihr im Gegensatz zu stehen. Darüber hinaus bezieht sich die Zeit auf die dynamische Natur eines Gebäudes, und zwar im Gegensatz zu dem statischen Bild, das wir ihm gegeben haben.

Die Luft ist ein zweites unsichtbares, jedoch wichtiges Element. Wir schaffen einen Raum und geben vor, daß er leer ist, außer acht lassend, daß er sowohl von Luft umgeben als auch mit Luft gefüllt ist. Luft ist jedoch aufgrund der Luftbewegung, die entweder durch Unterschiede der Temperatur oder des Luftdrucks entsteht, äußerst präsent und lebendig. Deshalb sollten sich alle Formen, Unterteilungen, Höhen, Ausrichtungen sowie die Größe und Positionierung von Öffnungen der Gebäude auf die Luftbewegung beziehen.

Das Licht, und insbesondere das Tageslicht, ist das dritte wichtige Element. Architektur kann nur mit Licht existieren, und seitdem es gelungen ist, natürliches Licht durch künstliches zu ersetzen, sind viele Gebäude und viele architektonische Entwürfe ärmer geworden. Es ist keine Übertreibung zu behaupten, daß der tatsächliche Formgeber nicht der Architekt sondern das Licht ist und daß der Architekt diese Form nur modelliert.

Ich glaube fest daran, daß ein Architekt während des Entwurfsprozesses Spaziergänge durch die Pläne und Abschnitte des von ihm zu Papier oder auf den Bildschirm Gebrachten unternehmen sollte, wobei er sich dabei jedesmal vorstellen sollte, wie das von ihm Geplante durch Zeit, Luft und Licht beeinflußt wird. Solch eine Vorgehensweise würde dem ungeübten Auge vieles enthüllen und könnte somit das Endergebnis dahingehend beeinflussen, daß es komplexer und vollständiger wird.

Oft nähern wir uns dem Entwurf eines Gebäudes mit einer statischen Herangehensweise, so als ob ein Gebäude in einem Zustand ständiger Stabilität existierte. Wir berechnen entsprechende Komponenten, Versorgungsleistungen und Größen, um die unterschiedlichen Bedingungen zu erfüllen, die in der Bauordnung festgelegt sind. Dies ist ein engstirniger und unzulänglicher Ansatz. Statt dessen sollten wir eine dynamische Herangehensweise wählen und das Gebäude als **lebendigen Organismus** betrachten, der so lebendig wie ein menschliches Wesen ist. Ein Gebäude spürt Kälte oder Hitze und sollte daher auch in der Lage sein, Kleidung an- oder abzulegen; es sollte sich der Sonne oder dem Wind aussetzen oder sich davor schützen können, es sollte die Möglichkeit haben, zu atmen und zu schwitzen, und es sollte eine Stimme haben, um uns zu sagen, wie es sich fühlt.

N. Jovanoviv (CRO), M. Cerne (SLO); Vantaa (SF)

F.-X. Egger (D); Guben (D) • Gubin (PL)

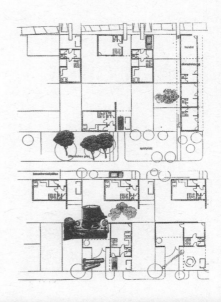

Für alle umweltfreundlichen oder bioklimatischen Gebäude ist die Außenhaut von besonderer Bedeutung. Wir entwickeln jedoch die Haut unserer Gebäude immer noch auf viel zu konventionelle Art und Weise, die hauptsächlich von oberflächlichen, ästhetischen Aspekten bestimmt wird. Wir müssen noch viel von der Haut anderer Lebewesen lernen, wie zum Beispiel der Haut der Pflanzen, der Früchte, der Tiere und insbesondere der des Menschen. Wir sollten aus solchen Vergleichen lernen und dann die Haut unserer Gebäude auf weitaus innovativere und angemessenere Art und Weise gestalten.

Viel zu oft betrachten wir unsere Gebäude als positive und endliche Objekte, die sich in einem Kontext **negativer** Räumlichkeit bewegen, das heißt, sie stehen viel zu oft zu wenig in Beziehung zu ihrer natürlichen oder zu der von Menschen geschaffenen Umwelt. Wir sollten jedoch die Gebäude als Überreste eines **positiven**, äußeren Raumes betrachten. Auf diese Art und Weise werden wir unsere Gebäude in Beziehung mit und als Ergebnis ihrer Umgebung gestalten. Letztendlich ist die Hülle eines Gebäudes genauso die Hülle des äußeren Raumes, zu dem es gehört.

In letzter Zeit ist ein Thema wieder ins Bewußtsein gerückt, über das eigentlich schon lange diskutiert wird, nämlich das der Dichte. Wenn die Wichtigkeit einer angemessenen Dichte des urbanen Gewebes und eine unterschiedliche Landnutzung berücksichtigt werden, ist es möglich, eine Nachhaltigkeit herzustellen. Ich glaube nicht, daß dieses Thema hier im Detail behandelt werden muß. Es ist wahrscheinlich ausreichend, noch einmal in Erinnerung zu rufen, wie wichtig die Dichte für die Aufrechterhaltung verschiedener urbaner Kommunikationsnetzwerke ist, die nicht bestehen könnten, wenn die Dichte zu gering ist.

Bei Durchsicht der verschiedenen Wettbewerbsbeiträge hat es mich nicht überrascht, daß sich nur wenige tatsächlich mit diesen Themen beschäftigen. Diese Beiträge wiederum betonen eher die Beziehung zwischen Gebäuden und Natur, oder sie behandeln das Thema, indem sie Vegetation oder andere natürliche Elemente in das urbane Gewebe einfügen, oder sie zeichnen lediglich hübsche Diagramme, wie das Sonnenlicht in das Gebäude einfällt. Damit möchte ich natürlich in keiner Weise sagen, daß dies nicht wichtig ist. Ich möchte lediglich betonen, daß dies nur eine partielle und

P. Kareoja (SF); Tallinn (EE)

mitunter vereinfachte Sicht des Gesamtproblems ist, was ich versucht habe, in diesem kurzen Essay aufzuzeigen.

Auf der anderen Seite bin ich der Meinung, daß wir bereits einiges gelernt haben. Die Dinge verändern sich mit zunehmender Geschwindigkeit. Immer mehr Architekten oder Fachbereiche befassen sich mit genau diesen Themen. Wir müssen nur, sagen wir einmal, zehn oder fünfzehn Jahre zurückblicken, um den Unterschied wahrzunehmen. Zum Schluß möchte ich daher noch zwei mäßigende Aspekte anführen. Zuerst einmal sollten wir nicht fanatisch sein; wir sollen nicht dahin gelangen zu glauben, daß dies die einzig wichtigen Themen sind. Sie sind nur ein Teil des gesamten architektonischen Schaffensprozesses, selbst wenn sie per Definition immer und überall existent sind, unabhängig davon, auf welchem Breitengrad wir uns befinden. Zweitens sollten wir uns der Gefahr bewußt sein, daß es jetzt, da diese Themen Mode geworden sind - was vor einigen Jahren noch nicht der Fall war -, immer mehr Beispiele gibt, die als ökologisch verkauft werden, obwohl sie eigentlich weder mit Ökologie noch mit Nachhaltigkeit etwas zu tun haben. Und, es sei noch einmal wiederholt: Das visuelle Bild ist bestimmend.

R. Frey (D), N. Bormann (D), N. Dasdelen (T), J. Chiu (USA); Guben (D) • Gubin (PL)

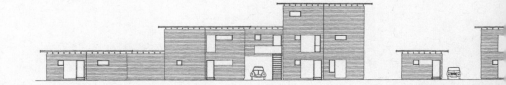

Antrieb, Beweglichkeit, Emotion
Zu einer morphogenetischen Konzeption urbaner Mobilität

Pascal Amphoux, Geograph am Forschungsinstitut für bebaute Umwelt (Institut de Recherche sur Environnement construit IREC), Polytechnische Universität von Lausanne, Suisse/Svizzera/Schweiz

Die Mobilität der Menschen, Güter und Informationen ist seit jeher von der zu überwindenden Distanz zwischen zwei Punkten bestimmt. Die zunehmende Geschwindigkeit der Fortbewegung, verkürzte Lagerzeiten und die Unmittelbarkeit übertragener Nachrichten stellen diesen Zusammenhang allerdings heutzutage in Frage und führen neue Determinanten ein: der erlebte Raum wird größer, gleichzeitig aber diskontinuierlicher, die Transportzeiten verkürzen sich auf den Langstrecken, werden aber auf Kurzstrecken länger, Sozialbindungen lösen sich, dafür werden viel mehr andere und unterschiedlichere eingegangen. Kurz: der Zusammenhang zwischen Mobilität und Nähe wird komplexer und wird zukünftig wohl im Plural gedacht werden müssen. So läßt sich eine der den Städten und Teilnehmern am 5. EUROPAN-Wettbewerbsverfahren vorgeschlagenen Arbeitshypothesen zusammenfassen.

Anstatt eine allgemeine Bilanz aller zu dieser Problemstellung eingereichten Entwürfe zu unternehmen, will diese Studie auf der Basis einer sich auf wenige eingereichte Arbeiten beschränkenden Analyse einige, sich abzeichnende Denkansätze untersuchen [1]. Getreu der Themenstellung des Wettbewerbs soll also nicht so sehr versucht werden, neue Tendenzen zeitgenössischer Architektur festzuschreiben, indem man die Fülle der Einreichungen klassifiziert, einordnet und in festgefügten Kategorien verallgemeinert; sondern es geht vielmehr darum, einige von ihnen zu mobilisieren, indem man sie der Klassifizierung entzieht, sie abtrennt und die Singularität der von ihnen vorgeschlagenen Vorgehensweise heraushebt. Mit anderen Worten: Gegenstand dieser Studie ist keinesfalls die Festlegung des EUROPAN-Feldes, sondern das Aufzeigen von Fluchtlinien. Nicht Architekturformen sollen analysiert, sondern Formgebungsprozesse identifiziert werden. Nicht die Debatte über die formale Konzeption des architektonischen Objekts soll genährt, sondern die Frage nach einer sich abzeichnenden morphogenetischen Konzeption urbaner Dynamik gestellt werden.

Drei methodische Annäherungen an Mobilität werden voneinander nach Merkmalen von Fortbewegung, Beweglichkeit und Emotion unterschieden. Für jeden einzelnen Ansatz werden vier morphogenetische Grundsätze und Gründe für deren Anordnung genannt, eingeordnet und anhand von Einzelentwürfen illustriert. Dabei erhebe ich keinen Anspruch auf Vollständigkeit, aber vielleicht um so mehr jene Spuren zukünftiger Mobilität architektonischer Reflexion nachzuzeichnen.

Antrieb
Bei diesem Wort werden räumliche, technische und funktionale Dimensionen der Mobilität konnotiert. Der Begriff stammt aus dem Bedeutungsfeld der Mechanik des XIX. Jahrhunderts und bezeichnet die Gesamtheit aller Funktionen, die die Bewegungen von belebten - natürlichen oder künstlichen - Organismen generieren. So spricht man vom Antrieb von Körpern oder von Maschinen und umgekehrt, was unter Umständen erklärt, daß eins wie das andere die zwei wohl mächtigsten metaphorischen Register der Stadtentwicklung sind. Denn es erstaunt keinesfalls, daß der Antrieb die zumeist privilegierte Dimension von Stadtentwicklung durch Transport darstellt, eine Disziplin funktionalistischer Tradition, die in der Regel dazu neigt, den Mobilitätsbegriff auf die Probleme der technischen Bewältigung von Fortbewegungen, des Verkehrs an sich und des Verkehrsaufkommens zu reduzieren.

Vom erkenntnistheoretischen Standpunkt aus setzt eine solche Reduktion immer den **Primärbezug zum Raum** voraus: Raum als Trägerelement von Fortbewegung, die in gewisser Hinsicht Stabilität stört beziehungsweise Beständigkeit bedroht. Aus dieser Perspektive wird Bewegung zu einem Symbol für Entropie und Unordnung und reiht sich ein in jene philosophische Tradition, dergemäß Mobilität in all ihren Ausprägungen als physische, psychologische, soziologische oder politische Mobilität gleichbedeutend ist mit Fall, Niedergang, Agitation, Aufruhr oder Zerfall [2]. Im Transportbereich verursachen Motoren Lärm, Autos verschmutzen die Umwelt, die entsprechenden Infrastrukturen verbrauchen Fläche. Daher ist eine erste Vorstellung von Mobilität als teuflisch und stigmatisierend zu betrachten, die nur allzu gern zu rückschrittlichen und konservativen Einstellungen führt: Es genügt, das Auto abzuschaffen, zur Stadt und zum sozialen Miteinander vergangener Zeiten zurückzufinden usw. Mobilität wird auf dieser Primärebene implizit etwas, wogegen man kämpfen muß.

Die Antworten der Funktionalisten auf diese Problematik sind bekannt und bedingen die Systematisierung zweier technischer Verfahrenskonstituenten, die mehr und mehr nach Universalität drängen. Kanalisierung und eigener Standort: einerseits Richtungsgebung und Begradigung des Flusses, andererseits Trennung der Verkehrssysteme mit dem Ziel der Schaffung reiner Räume, der Flurbereinigung. Nun sind die Grenzen und die negativen Auswirkungen dieser Konstituenten ja bekannt: Funktionale Raumtrennung geht nicht ohne soziale Segregation, und große Infrastrukturen zerteilen Raum zwangsläufig, schaffen oft unüberbrückbare Schneisen im urbanen Geflecht. Wie also kann man dieses Paradoxon bewältigen? Wie trennen und verbinden zugleich? Wie kategorisieren und zugleich Kategorien vermischen? Oder noch anders: Wie sich für und zugleich gegen etwas entscheiden?

Geht man einmal über das funktionalistische Dogma hinaus, ohne indes seine Effizienz zu leugnen, dann ermöglichen die im Folgenden von uns herausgearbeiteten morphogenetischen Grundsätze die Benennung der Auswege, die einige der eingereichten Arbeiten mit ihren Antworten eröffnen.

Der erste Grundsatz ist der der **Verdeckung**. Die Projektanforderungen verlaufen in einigen Fällen derart konträr zu den objektiven Gegebenheiten der vorgegebenen Umgebung, daß jeder Entwurf nur versuchen kann, die Präsenz der Infrastruktur physisch zu verdecken. Das materielle Werkzeug hierzu ist der **Vorhang**, der dank seiner veränderbarer Dichte bis hin zur totalen Maskierung der unerwünschten Trassenführung gehen kann.

[1] Die Auswahl der zirka zwanzig eingereichten Arbeiten erfolgte aufgrund einer thematischen Vorauswahl, die dem wissenschaftlichen Beirat während des in Ivry im Februar 1999 abgehaltenen Forums der Städte und Preisgerichte von einem sich aus ehemaligen EUROPAN-Preisträgern zusammensetzenden Fachausschuß vorgeschlagen worden war. Sie ist das Ergebnis der systematischen Analyse der 300 europäischen, in der zweiten Wettbewerbsphase in die engere Auswahl gekommenen Einreichungen. Diese Auswahl läßt das Endergebnis des Wettbewerbs demnach unberücksichtigt und erfolgt unabhängig davon, ob diese Einreichungen preisgekrönt wurden oder nicht. Diesem Text liegt das Interesse zugrunde, sich abzeichnende morphogenetische Grundsätze zu extrapolieren und nicht etwa in die Güte der Einreichungen zu beurteilen.

[2] Das bedeutet Verlust der Ausgewogenheit in einem physischen System, Auffälligkeit und Pathologie des Verhaltens in der Psychologie, "Sozialbewegungen", Streik, Aufstand oder Revolte in der Politik.

Dieser Grundsatz besteht also in der Umkehrung des gewöhnlichen Bezugs zwischen Umwelt und Verkehrsführung: diese zerstört jene, jene löscht diese in Zukunft aus, ummantelt sie und - gleich Phagozyten - macht sie unschädlich. Das ist der Fall in E. Piskerniks (A)[1] Entwurf für Loures-Sacavém (P). Wir befinden uns in einem nördlichen Vorort von Lissabon: ein extrem verschmutztes Flußufer, eine Ansammlung alter Lagerhäuser, eine militärische Befestigungsanlage, ein neuer Bahnhof, die Nationalstraße 10, ein Verkehrsknotenpunkt mit der Zufahrtsrampe auf die Brücke über den Tranjao. Zielvorgabe ist die Schaffung neuer Zentralität mit urbanem Charakter in diesem zerrissenen Sektor. Der Vorschlag besteht darin, durch die Rekonstruktion einer künstlichen, das Gefälle der Hänge nutzenden Topographie die Schnellstraße sozusagen zu absorbieren: Man führt über sie hinweg, unter ihr durch, man lehnt sich mit öffentlichen Räumen an, man verwandelt sie sozusagen in Bebauung, sie wird nach und nach entweder eingepackt, erhöht oder unterirdisch begraben. Aber die aktive Verdeckung der Funktion negiert eo ipso noch nicht die Existenz des Verkehrswegs, der ja die Geometrie der vier an ihn angrenzenden Räume determiniert (den Platz der Republik, steinig im Westen, bepflanzt im Osten, ein Wohngebiet im Südwesten und Versorgungseinrichtungen im Südosten). Man sieht die Streckenführung nicht, zumindest nicht in ihrer gewöhnlichen Erscheinungsform, aber sie generiert Struktur und Funktion des gesamten Quartiers. Mit Verdeckung verzichtet man nicht auf den Verkehrsweg, sie ist ein Mittel der Identifikation ex negativo.

Der zweite Grundsatz: die **Dissoziation**. Zahlreiche Vorschläge für destrukturierte Umgebungen setzen auf die Aufwertung von Kreuzungen, Verkehrsknotenpunkten und / oder Bahnhöfen zu lebendigen, potentiell an ästhetischen Erfahrungen reichen, öffentlichen Räumen. Die in vielen Entwürfen immer wiederkehrende Lösung liegt also in der Dissoziation verschiedener Ebenen, wobei immer wieder auf das besondere topologische Motiv der Schichten **(Straten)** zurückgegriffen wird: Metaphern als Sediment, wo die Technik darin besteht, einzelne Schichten für Verkehr, öffentliche Räume oder private Räume übereinander zu lagern, wobei die Ausgestaltung der Übergänge zwischen den einzelnen Schichten je nach Kontext sehr unterschiedlich ausfällt. In Brest (F), wo es darum ging, die Rolle der Bezüge zwischen den die östliche Stadteingangssituation kennzeichnenden großen Verkehrsachsen, dem intermodularen Bahnhof für Eisen- und Straßenbahn, den öffentlichen Räumen und Wohngebieten, Gewerbe- und Versorgungseinrichtungen neu zu definieren, besteht der Entwurf von G. Le Goff (F)[2] präzise in der Abtrennung einer unteren Ebene für Verkehr, Überquerungen und Schnellstraßen von einer oberen Ebene, die für das Quartiersleben, das Getümmel und die Zusammenkunft der Menschen gedacht ist: unten ist der Autofahrer gefangen und in eine ovale Geometrie eines riesigen Verkehrsknotenpunkt evakuiert, oben herrscht die oktogonale Geometrie eines licht- und luftdurchfluteten, begrünten Raums, in den sich Ambiente und unterschiedlichste Nutzungen ineinander verschränken (Fußgängerzone, Gewerbe, Dienstleistungen, Straßenbahn, Busse und Anbindung der Quartiere). Dissoziation ist also nicht streng funktional, sie unterscheidet eher unterschiedliche Bezüge zur Welt und zur Stadt. Es gibt keine Dissoziation der "Verkehrsfunktion" von anderen Funktionen, man unterscheidet nur Funktion und Nutzung, die reine Verkehrsebene ("auto-mobil") von der des sozialen und menschlichen Miteinander (was man als "hetero-mobil" bezeichnen könnte). Mit anderen Worten: man geht von einer klassischen, funktionalistischen Problematik der Nutzungstrennung zu einer neofunktionalistischen der Dissoziation von monofunktionalen Verkehrsräumen zu multifunktionalen über: Die Räume sind den Mobilitäten von Nutzung und der Durchmischung sozialen Austauschs gewidmet.

Der dritte Grundsatz ist der der **Distribution**. Dissoziation setzte einen konfusen Ist-Zustand voraus, der eigentlich miteinander unvereinbare Funktionen und wichtige Nutzungen miteinander vermengt. Distribution setzt dagegen weniger konfliktträchtige Ausgangssituationen voraus, in denen es plausibel erscheint, neue Kontexte durch die Gewährleistung umfassender und leistungsfähiger Transportsysteme zu schaffen. Aber der Grundsatz der Distribution erreicht nur dann seinen vollständigen morphogenetischen Wert, wenn er auch strategisch voll umfänglich genutzt wird: die Vertriebsachse ist nicht nur Transportachse (Zugangswege müssen im übrigen hierfür reserviert sein), sie bietet auch die Möglichkeit, sich Zeit zu lassen

und **Sedimentierung** zu beobachten: wie sich geplant oder spontan Projekte entwickeln, die Maschen sich kurz-, mittel- oder langfristig füllen. Das gilt für die Einreichung des Teams von G. Bussien (CH) • V. Manzoni (CH) • N. Chong (CH)[3], in Genève (CH), das dank seines Schemas archetypisch für diese Einstellung erscheint: Die Stadt verlangte die Schaffung eines "Stücks Stadt" auf einem ehemaligen Bahngelände. Der Entwurf sieht eine Ebene vor, die durch eine Versorgungsachse geteilt wird. Diese klare Streckenfahrung verschränkt verschiedene Fortbewegungsmöglichkeiten miteinander (eine leichte U-Bahn-Struktur, Straßenbahn, Fußgängerzonen, Pkw), die ihrerseits den Zugang zu typologisch und maßstäblich unterschiedlichen Räumen ermöglichen (Region, Stadt, Quartier, Wohnung). Diese Fortbewegungsmatrix begrenzt das erschlossene Terrain und teilt es in Bebauungsblöcke ein, die ihrerseits noch als Reserve für die unterschiedlichsten Funktionen öffentlicher Räume vorgehalten werden können (Sport, Parkanlagen, Erholungsgebiete). Dergestalt erreicht man, daß die sich nach und nach bildenden Quartiere auf jeder einzelnen Entwicklungsstufe gut funktionieren, unabhängig von der Dauer der jeweiligen Entwicklungsschübe und der Anzahl der tatsächlich bebauten Blöcke... Die Frage nach der Distribution der Fortbewegungen im Raum wird abgelöst von der Frage nach der Sedimentierung von Veränderungen im Raum. Der morphogenetische Grundsatz der Distribution läßt uns aus der funktionalistischen Logik der Gebietserschließung zu einer strategischen Logik der Quartiersverdichtung übergehen.

Der Grundsatz der **Differenzierung** schließlich erweist sich in seiner Relevanz auf extensiven und undifferenzierten Arealen, deren Nutzungen als Verkehrsfläche, Parkplatz, Autobahnkreuze oder multimodale Fläche große Gebiete über lange Zeiträume ungenutzt lassen: Auf wie vielen Autobahnen herrscht nachts gähnende Leere, wie viele Parkplätze stehen tagelang leer... Hier ist das Motiv das der **Partition**, ein Wort, das zugleich Verteilung von miteinander in Verbindung stehenden Untereinheiten als auch die zeitliche Koordinierung verschiedener Aktivitäten konnotiert: Die Partitur ("Partition" ist im Frz. ein Homonym und bedeutet sowohl Aufteilung als auch die Solo- bzw. Orchesterpartitur. Anm. d. Übers.) ist das Dokument, dank dessen man ganz allein zusammenspielen kann, hier: die Art der räumlichen Aufteilung, die unterschiedliche Nutzungen gleichzeitig und im Zusammenspiel oder aber einander abwechselnd ermöglicht. Das wohl emblematischste aller Projekte für diese Orientierung stammt von dem Team von C. Roth (D) • A.-J. Bernhardt (D) • M. Tillessen (D) • S. Friedburg (D)[4] für Mulhouse (F), die das Thema "Parkplatz" im Hinblick auf Nutzungsfrequenzen, Oberflächengestaltung und alternative Nutzungsoptionen durchdeklinieren. Der "primäre Parkplatz" ist stets öffentlich, seine Oberfläche hart versiegelt, sein Sinn und Zweck grundsätzlich nur das Abstellen von Fahrzeugen, abgesehen einmal von gelegentlich dort stattfindenden Märkten. "Sekundärparkplätze" sind "gemeinschaftlich", ihre Oberfläche halb durchlässig, sie ähneln eher städtischen Platzanlagen und bieten sich für Sportveranstaltungen oder gelegentliches Parken an, für den Fall, daß die "Primärparkplätze" überfüllt sind. "Tertiärparkplätze" schließlich sind halbprivat, als Gartenanlagen gestaltet, die Autos parken in Buchten unter Bäumen, und der Rasen bietet sich fürs Picknick an. Abgesehen von der Frage, wie realistisch eine solch emblematisierende Vorgehensweise ist, bietet der Entwurf den Vorzug, daß er die Frage nach der Mobilität als Reflexion über das Immobile stellt (was passiert, wenn ein Fahrzeug nicht fährt?) und die Monofunktionalität der Parkplätze hinterfragt (was geschieht, wenn dort keine Autos parken?). Die Differenzierung der Teile bedeutet hier nicht Isolierung der Sub-Räume und auch nicht funktionale Hyperspezialisierung; sie wirft die Frage nach der möglichen Synchronisierung von Zwischen- oder Hybridnutzungen der Parkplätze auf.

Verdeckung, Dissoziation, Distribution und Differenzierung, diese vier Grundsätze oktroyieren keine Form, bestimmen allerdings ein Verfahren der Formgebung, das auf jeweils vier verschiedene Motive für die Identifizierung der Umgebung rekurriert: den Vorhang, die Schicht, das Sediment und die Aufteilung. Wir schlagen vor, einen solchen Ansatz als "**morphodetritisch**" insofern zu qualifizieren, als jedes Prinzip auf der neuerlichen Zusammenfügung "detritischer", also zertrümmerter Materialien, den Fragmenten der durch die mehr oder minder beliebige Entwicklung entstandenen Verkehrsinfrastrukturen zerschnittenen, zerbrochenen und zerrissenen Areale beruht. Die entsprechende Vorgehensweise kann neofunktionalistisch genannt werden insofern, als die Form nicht länger von der Funktion bestimmt, indes aber von ihr induziert wird: in allen vier Fällen bedingen

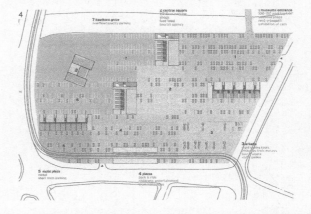

die Sachzwänge des Antriebs und die der vorhandenen Infrastrukturen die architektonische Herausforderung oder die vorgeschlagene Form der Stadtentwicklung.

Emotion
Das Wort konnotiert die zeitliche, gefühlsmäßige und ästhetische Dimension des Antriebs. Etymologisch herzuleiten vom Lateinischen *motio* (Bewegung, Unruhe, Schauer) bezeichnet Emotion die Gesamtheit *aller spürbaren Auswirkungen,* die unsere Gefühle beziehungsweise unser Unterbewußtes berühren und sozusagen die "seelischen Regungen" erzeugen. Stadt, so sagen die Phänomenologen, existiert nur, wenn man sie träumt, sie sich vorstellt, sich einbildet. Mobilität in einem anderen Sinne muß mit dieser Schöpfungsdimension in Verbindung gesehen werden.

Vom erkenntnistheoretischen Standpunkt setzt eine solche Anbindung einen **primären Zeitbezug** voraus: Emotion entsteht im zeitlichen Ablauf. Und diesmal begründet die Bewegung den Raum. Sie bietet ihn der Betrachtung und Wahrnehmung dar; das bestätigen heutzutage die Strömungen der Ökologie der Wahrnehmung. Von diesem Standpunkt aus gesehen ist Bewegung nicht länger Symbol für Entropie und Unordnung; sie wird zum *Symbol für Evolution und Ordnung* in der Welt und reiht sich - ganz im Gegensatz zu der vorab zitierten - in eine philosophische Tradition ein, für die Mobilität Synonym für Ausgewogenheit, Dynamik und Schöpfung [3] ist. Daher rührt eine andere Vorstellung von Mobilität, diesmal euphorisch und aufwertend, der sich die modern ausgerichteten, fortschrittlichen Ideologien verbunden fühlen: Fortbewegung, Geschwindigkeit, das Flüchtige, die Ästhetik der Bewegung werden positiv bewertet, sie sind Ausdruck moderner, zukünftiger Lebensart usw. Da wird nicht mehr gegen urbane Mobilität gekämpft, man treibt sie auf die Spitze, stellt sie zuweilen sogar zur Schau.

Die formalistischen Antworten auf diese Problemstellung sind bekannt und begründen zwei den Apologeten der Moderne liebgewordene, klassische Regeln: *der großeWurf* (Wohntürme oder -riegel) und *Schaffung von Distanz* (großflächige "Deckel" oder die innerstädtischen Landschaftsräume). Dem Reisenden bietet man die Architektur als Gegenstand seiner Betrachtung und Signal, dem Anwohner die "Grünflächen" und den Ausblick auf die Verkehrswege. Aber man kennt die Grenzen dieser Typologie ja auch: verlorengegangene Bindung an die Scholle, Abstraktion der Form und exzessive Raumgestaltung gingen ja bisweilen soweit, daß die gemeinschaftliche Nutzung privater Räume und der ganz normale Umgang mit den öffentlichen Räumen untersagt wurden. Das Objekt ist ausgestellt, seine Nutzung aber von Amts wegen eingestellt. Wie soll man dieses erneute Paradoxon bewältigen? Wie können das Objekt und seine Nutzung zugleich offen ausgestellt sein? Wie im Überschwang Mobilität praktizieren, ohne sie in abstrakten Formen festzulegen? Und wie kann es mit Vorschlägen, die die formalistischen Dogmen moderner Architektur hinter sich lassen, gelingen, der internationalen Formsprache der Architektur, den immer homogeneren, uniformen und stereotypen Räumen zu neuem, andersartigem Ausdruck zu verhelfen?

Vier Grundsätze und Motive lassen auf dieser zweiten Ebene der Befragung ebenso viele Antworten und Orientierungen erkennen. Der Grundsatz der landschaftlichen Verselbständigung läuft zuerst einmal darauf hinaus, den verkehrstechnisch oder für den ÖPNV genutzten beziehungsweise städtebaulich noch nicht formal festgelegten Zwischen-Räumen eine Eigenidentität zuzuerkennen. Wie das? Nun, durch die Planung dessen, was ich den "**Oberflächen-Support**" nennen möchte (nicht ohne Bezug zu der Bewegung der Maler der 70er Jahre), um zu unterstreichen, daß die Tatsache, daß diese Areale nicht so sehr wegen ihrer Geometrie zählen (die die Schlichtheit elementarer Grundmuster oder die Komplexität eines einzelnen Puzzleteilchens haben kann), sondern wegen ihrer Prägnanz und inhärenten Fähigkeit, sich zu behaupten oder gar zu verselbständigen: die Form des Supports muß sich zugunsten der lebendigen Materie der Oberfläche zurücknehmen. In einigen Fällen läßt sich eine solche Oberfläche schon im vorhandenen Geflecht erkennen, in anderen setzt man sie zwischen bestehende, bisher voneinander getrennte Quartiere ein, in wiederum anderen ist sie rigide und orthogonal, anderenorts in flexibler Wellenbewegung, man kann sie in der Tiefe anordnen oder im Gegenteil hervorheben, aber in allen Fällen macht man sie schlichtweg zum Support für die unterschiedlichsten, öffentlichen Aktivitäten, den virtuellen Raum zukünftigen Austauschs, den Topos unbegrenzter Möglichkeiten. Der Entwurf von M. Nicolas (F) • Y. Chemineau (F)[5]

[3] Beispiele: Das Gleichgewicht in der Physik ist dynamisch, der flexible Geist kreativ, die belebte Stadt lebendig. Man begreift, daß Unbeweglichkeit diesmal ein todbringender Impuls ist, eine Psittakose oder sozialpolitisch ein Hinweis auf Stagnation.

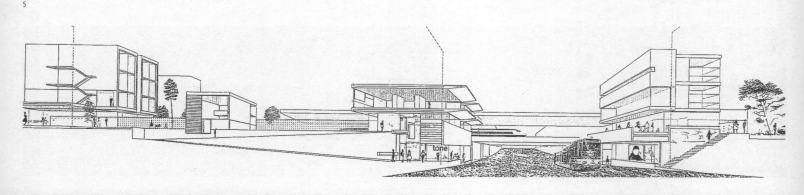

5

in Villetaneuse (F) sagt das beinahe schon in seinem Titel "Übergang, Platte, Landschaft": Er besteht aus der Überbauung eines Eisenbahngeländes mit einem Deckel, dessen abwechslungsreiche, streifenartige Gestaltung eine große Projektflexibilität und differenzierte Nutzungen zuläßt. Rasenstreifen, durch die sich die Straßenbahn ihren Weg bahnt, eine Platzanlage mit Panoramablick oberhalb des Bahnhofs, von wo aus das Publikum über das Gelände flaniert, eine Reihe von halbüberdachten Promenaden zwischen Gartenanlagen und urbanen Blöcken, deren dimensionale Gestaltung "Wandel" zum Programm hat. Weit entfernt von der Ästhetik der Deckelplatte (die hie und da natürlich aufgenommen werden kann), erlaubt das Prinzip der Verselbständigung solcher "Oberflächen-Supports" die Wiedereinführung von Begriffen, die den landschaftsorientierten Ansätzen von Fortbewegung und Mobilität (Ausblicke, Geräusche, Materialien, variierendes Ambiente und maßstäbliche Bezüge) in ihrer ureigenen Konzeption als großmaßstäbliche Zwischen-Räume und nicht nur zu verwertende Flächen zur Geltung verhelfen.

Der Grundsatz der **Monumentalisierung** besteht in der Aufwertung der Vision von architektonischen Großobjekten durch entsprechende technische Inszenierungen wie Perspektive, Beleuchtung, Annäherungswinkel usw., zumeist in Verbindung mit deutlicher Hervorhebung. Gebäude erscheinen als regelrecht abgehobene, bodenlose **Objekte**. Dieses Prinzip reiht sich in die klassisch modernistische, formale Tradition ein, die sich allerdings nicht immer offen zur Schau trägt. Allerdings gibt es Kontexte, in denen ihre Inszenierung durchaus ein gewisse Legitimation genießt: hier darf man vor allem auf die schmalen, an allen Seiten von Kommunikationswegen eingegrenzten Areale oder auf die Situationen verweisen, in denen die unmittelbare Nähe von Schnellstraßen so unabweisbar stark ist, daß es bloße Illusion wäre, sich dagegen schützen zu wollen, indem man ihnen einfach die kalte Schulter zeigt. Das gilt für die Enklave von Ausserholligen am westlichen Stadteingang von Bern-Ausserholligen (CH), wo die Planung schon den Bau von Wohnhochhäusern und einem öffentlichen Raum vorsah. Mit seiner von "Begehren und Ausrichtung" sprechenden "Vision" spielt das Team von R. Holm (DK) • T. Ostergaard (DK)[6], mit zwei Effekten der visuellen Wahrnehmung: zum einen die Anordnung von vier monumentalen Objekten am Parzellenrand, das heißt unmittelbar angrenzend an die Verkehrswege, und zum anderen ihre Hervorhebung auf dem hügeligen Grundstück, die noch durch die Aushöhlung der Platte zu ihren Füßen akzentuiert wird. Der Grundsatz der Monumentalisierung ist "morphokinetisch" und beruht auf keiner dogmatischen Unterwerfung unter die ästhetische Tradition der modernen Form, sondern eher auf der Ästhetik des Erscheinens und Verschwindens von Objekten in der Landschaft.

Der **Grundsatz der Indexierung** an dritter Stelle treibt die Logik visueller Effekte noch weiter. Die Geschwindigkeit beziehungsweise die Art und Weise der Fortbewegung bedingen die Indexierung des Maßstabs beziehungsweise der Typologie des bebauten Raumes: nicht allein der monumentale Maßstab verweist auf hohe Geschwindigkeiten. Ein ganzer Gradient von Geschwindigkeiten reflektiert einen Gradienten von Maßstäben in Folge. Das Werkzeug für eine solche Indexierung könnte man den "**Dromotyp**" nennen: Ein bestimmter Architekturtypus ist Indiz und Index für hohe Geschwindigkeit, die er offenbart und zugleich dokumentiert. Ein spürbares Beispiel für dieses Vorgehen erschien unter dem Titel "Induzierte Landschaften" des Teamentwurfs von D. Mokrane (F) • A. Defyn (F) • P.-E. Boucher (F)[7], für den erweiterten Wettbewerbsstandort in Mulhouse (F): fünf Referenzgeschwindigkeiten werden darin unterschieden, die nicht nur auf die Hierarchisierung der Verkehrswege sondern auch auf die mehr oder minder deutliche Differenzierung des jeweiligen Ambiente und der Typologien des Bebauungsplans verweisen. Der Entwurf von P. Esch (D)[8] für Massagno (I) geht soweit,

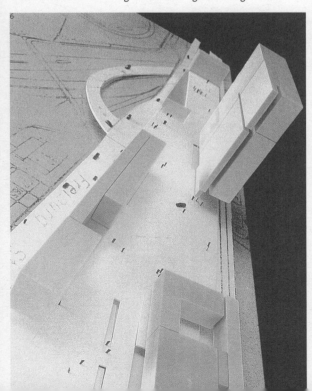

die umgekehrte Festlegung vorzuschlagen, indem er behauptet, das Verhalten des Autofahrers durch die Beherrschung der Interaktion zwischen diesem und seiner persönlichen Wahrnehmung der Bebauung beherrschen zu können, also zwischen der Geschwindigkeit, mit der man sich einer Kreuzung nähert, und der Breite der Bebauung derselben (hier in der Tradition einer postmodernen Ästhetik) [4]. Aber das interessanteste Projekt in dieser Rubrik ist zweifelsohne das von M. Spaan (NL)[9] für die Polder der Randstadt in Haarlemmermeer (NL): den vier verschiedenen Fortbewegungsarten, abgeleitet aus den sich kreuzenden Autobahnen (motorways), dem Ringkanal (ring canal), den Zubringern (polder roads) und den angebundenen Agglomerationen werden vier Organisationstypen für die Bebauung und die filigran geplante Landschaft zugeordnet; dies nicht nur unter architektonischen Gesichtspunkten, sondern auch im Hinblick auf langfristige Entwicklungs- und Strukturierungsstrategien für das Gelände: die Türme inmitten hochwachsender Bäumen (tree towers), drei Typen von Bebauung entlang des Kanals (ring canal housing), eine Neuinterpretation der traditionellen Bauerngehöfte mit Innenhöfen (tulip clusters) und das Prinzip der Freilegung und Neubebauung mit der Möglichkeit einer topologischen Bewältigung der Bebauung entlang einer strukturierenden Achse (dredge district). Der Grundsatz der Indexierung beschränkt sich demnach nicht allein auf das reziproke Spiel von Geschwindigkeit und Gebäudehöhe; es handelt sich vielmehr um einen intimeren Bezug, den man zwischen den Fortbewegungsarten und der architektonischen Typologie herzustellen sucht. Von der der Generation der 70er Jahre liebgewordenen Typo-Morphologie geht man also über zur "Dromotypologie", in der der Bezug zwischen Form und Landschaft auf die Bewegung verweist und nicht länger auf die statische Situation.

Der **Grundsatz der Symbolisierung** löst sich schließlich von dem Indizienzusammenhang zur Geschwindigkeit und transponiert Bewegung in semantische Register sowie auf die Ebene unterschiedlicher Realitäten. Zweifelsohne scheinen die Embleme der Geschwindigkeit und die starken Symbole der Modernität, die in bestimmten Architekturformen referentiell zum Ausdruck kommen (Parkhaus, Motel, Flughafen, Wohnturm usw.), sich eine gewisse Aura zu bewahren, zu der die jungen Architekten zurückfinden. Aber als Handlungsprinzip auf dem Areal selbst muß Symbolisierung als ein Prozeß der Repräsentation des Begriffs der Bewegung in ihren unterschiedlichen Formen verstanden werden. Fortbewegung der Anwohner, die Zelle "Wohnung" wird transportfähig; Lebensstile entwickeln sich, das Haus nimmt neue Formen an, wird größer oder verkleinert sich je nach Lebenszyklus; sozio-ökonomische Fluktuation in einer Region, ja die Architektur selbst muß fluktuieren können. So geschieht es im Entwurf "City-Domino" von G. Pulcini (I)[10] für den Wettbewerbsstandort Jeumont (F) in einer sehr stark vom wirtschaftlichen Niedergang geprägten Region. Fortbewegung wird hier wörtlich genommen, da der Entwurf zum Großteil auf der Umnutzung eines großen Umschlagbahnhofs mit "Häusern auf Rädern" basiert, der den Stadtkern vom Flächen Sambre trennt. Die Eisenbahnliegenschaften verwandeln sich dergestalt in eine Plattform für mobile und entwicklungsfähige Bauten, die zusammengesetzt, zerlegt und erneut nach Maßgabe der wirtschaftlichen Nachfrage beziehungsweise der Konjunktur wieder zusammengebaut und so ihr Aussehen nach den Erfordernissen der jahreszeitlich bedingten Nutzungen verändern können: Winterfront (Südseite), Fassade zur offenen Landschaft für den Sommer (Nordseite). Aber die Symbolisierung ist eine zweifache: denn zur physischen Mobilität der "urbanen Dominosteine" gesellt sich die Mobilität und Anpassungsfähigkeit der Projekte, an deren Planung die Anwohner beteiligt sein müssen: der Pseudowagon kann als Wohnheim für Studenten oder Bahnangestellte dienen, aber auch als Gewerbeeinheit, Bürofläche, offene Szenerie, Teil einer öffentlichen Parkanlage, Bühne für Auftritte von Schulklassen oder für andere Kulturveranstaltungen. Diese rollenden Objekte sind keine "Dromotypen" mehr (ihre Form ist völlig unabhängig von ihrer Fortbewegung), aber der Bahnhof könnte ein "Typodrom" werden, insofern er sich in einen Ort des Aufeinandertreffens, des Sortierens und der Neuverteilung unterschiedlichster Nutzungen verwandeln kann. Der Grundsatz der Symbolisierung beschränkt

[4] Im ersten Fall besteht die Bedrohung in der Fokussierung der Fassadenschäden und -behandlung, im zweiten Fall darin, daß einer ästhetischen Willensbildung mißbräuchlich ein funktionaler Wert zugrunde gelegt wird.

sich also nicht auf die Symbolisierung der Bewegung: Er ist die Bewegung des Symbols schlechthin die Art und Weise, wie sich dieses in der Bewegung von einem Ziel zum anderen bildet (körperliche Fortbewegung, ästhetische Emotion oder gesellschaftliche Bewegung): in dem vorgenannten Beispiel symbolisiert das "rollende Haus" natürlich sowohl die augenblickliche, wirtschaftliche Instabilität der Region als auch die kollektive Erinnerung an die bewegte Vergangenheit dieses Grenzbahnhofs und die Entwicklungsperspektiven zukünftiger Projekte.

Verselbständigung, Monumentalisierung, Indexierung, Transposition: Diese vier Grundsätze, die die Morphogenese des Geländes bestimmen, beruhen auf vier Motiven der Neukomposition beziehungsweise Veränderung von Landschaft: Oberflächen-Support, abgehobene "bodenlose" Objekte, Dromotyp und Typodrome. Dieser Ansatz kann als "morphokinetischer" bezeichnet werden, insofern es um die Fortbewegung des wahrnehmenden Subjekts geht (oder des symbolisierenden Objekts), das in unterschiedlicher Graduierung die Bauoptionen, architektonischen Formen oder die Strategien für die Stadtentwicklung determiniert. Die Vorgehensweise als solche kann insofern als neoformalistisch apostrophiert werden, als die vordringliche Sorge der Architekten immer noch der "Trans-Formation" dient, das heißt der formalen Produktion eines Images beziehungsweise einer starken Landschaftsidentität: zweifelsohne wird Funktion nicht ausschließlich durch Form determiniert, aber sie wird explizit durch den Formgebungsprozeß induziert, der seinerseits als bestimmend konzipiert und repräsentiert wird.

Beweglichkeit
Das Wort konnotiert die erlebte und implizite soziale Dimension. Ursprünglich drückte es die Abhängigkeit in der Gewordenheit aus; die Begriffserweiterung meint heute Einflußzonen, also etwas allgemeiner formuliert: die Eigenart der Instabilität und Veränderlichkeit. Präziser gesagt, könnte man sie definieren als Gesamtheit aller inneren Bezüge, die einen gewissen Zusammenhalt voneinander isolierter Bewegungen gewährleistet. Ob es sich um eine Menge handelt, um eine Denkströmung oder Energieverbrauch: Beweglichkeit erscheint stets als Meta-Bewegung (als Bewegung einer Summe von Einzelbewegungen). Zu den physischen und psychischen Determinanten der Beweglichkeit und der Emotion (Funktionen und Affekte) gesellen sich die sozialen Determinanten der Beweglichkeit.

Vom erkenntnistheoretischen Standpunkt aus ist die Referenz für dieses dritte Register der Mobilität nicht länger der Raum für den Antrieb und auch nicht die Zeit der Emotion, sondern die **Aktion** [5]. Diese ist sicher abhängig vom situativen Kontext der Umstände, aber nur in der und durch die Aktion wird die Unterscheidung von Raum und Zeit möglich. Aus dieser Sicht wird Beweglichkeit zu einem *Symbol für die Differenz* (und zwar präzise für das, was den Unterschied gerade ausmacht). So reiht sie sich in eine dritte philosophische Tradition ein, für die Mobilität Synonym für Kreativität, für das neu Auftauchende, für Geburt, für Generationswechsel ist [6]. In diesem Sinne verdient die Bezeichnung "Bewegung" nur das, was wirklich Ereignisse, Brüche, Diskontinuitäten hervorbringt. Daher rührt eine dritte, strategische und mobilisierende Vorstellung von Mobilität, die zu Einstellungen führt, die als universalistisch und kontextbezogen bezeichnet werden: es gilt, Zwischenmodalitäten zu entwickeln, Fortbewegungsmaßstäbe zueinander in Beziehung zu setzen, Langsamkeit und Geschwindigkeit in ihrem Bezug zu einander zu durchdenken usw. Mobilität in diesem dritten Sinn ist etwas, mit dem man spielen muß. Eine Projektmodulation, die - ein letztes Mal - mit Hilfe von vier Grundsätzen spezifiziert werden soll.

Der **Grundsatz der hybriden Gestaltung** besteht in erster Linie in der Suche nach Modalitäten, dank derer es zu fruchtbaren Kreuzungen zwischen Komponenten kommen kann, die inkommensurablen Logiken angehören oder die auf radikal unterschiedliche Ordnungssysteme rekurrieren (Programmlogik

[5] Der normale Mensch, ob sozial handelnd oder einsamer Spaziergänger, ist eingebunden in die Beweglichkeit, die ihn mit der Welt verbindet und zu deren Mobilisierung er seinerseits wieder beiträgt.

[6] Mobilität setzt fürderhin weder die Einführung einer wie immer gearteten Ordnung in eine a priori chaotische Welt voraus noch der Unordnung in eine a priori geordnete Welt voraus: sie benennt nur den Übergang von Ordnung zu Unordnung. Was auf der Organisationsebene Funktionsstörung im System bedeutet, kann auf einer anderen Organisationsebene strukturierende Funktion haben und Ordnung stiften. Dabei ist Bewegung nicht länger die körperliche Fortbewegung im Raum, auch nicht spürbarer Effekt in der Zeit, sondern die kreative Geste des Neuen und Modalität für die Herstellung von Ordnung aus der Unordnung.

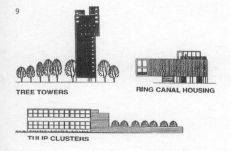

vs. Projektlogik, körperliche Fortbewegung vs. geistige Bewegung, räumliche Daten vs. soziale Daten ...). Ein solches Prinzip erfordert zuerst einmal, daß man den Gegensatz von Form und Inhalt aufgibt (man schafft aus zwei Formen nicht eine Hybridform durch die simple Vermählung der Stile oder einen neuen, vordergründigen Eklektizismus), um das inkarnieren zu können, was man mit Präzision **räumliche Konfigurationen** nennen muß, die im Gegenteil die fusionsartige Verschränkung von Form und Funktion belegen: Das Miteinander von Form und Nutzung kon-figuriert diese ja im sprichwörtlichen Sinne. Das RHT, Akronym für *Réseau Hybride Total* kann hier als Emblem dienen. E. Ingala (I)[11] plädiert in Brest (F) für die hybride Ausgestaltung der Systeme physischer Fortbewegung (in diesem Fall durch die Projektanforderungen und den Projektzusammenhang vorgegeben) und immaterielle Informations- und Kommunikationsnetze, die den in Zukunft allgemein gängigen Zugang zu den neuen Informationstechnologien bedingen werden: je virtueller die Kommunikation, desto spürbarer wird der Bedarf an materiellem Raum. Aber das Prinzip geht über das reine Plädoyer hinaus: Hier geht es darum, durch die Erfindung statischer und dynamischer architektonischer Formen Begegnungs- und klassische Projektkomponenten (Wohnung, Büro, Garten, intermodale Haltestellen, Märkte, Basketball-Hallen, Gewerbeeinheiten) mit mehr oder minder unbekannten Konfigurationen zu kreuzen, die sich als Metaphern der Informatiksprache in Netzwerken anbieten und topologische Kombinationsmöglichkeiten thematisieren: das Ausladende, die Verschachtelung, die Collage, das Abweichende, die Durchlässigkeit usw. Jedes einzelne dieser Konzepte kann in dem Umfang Instrument der Morphodynamik von Städten werden, in dem es nicht so sehr morphologische Typen als vielmehr potentielle Auswirkungen auf die Stadtentwicklung mit ihren materiellen und sozialen Dimensionen benennt (vgl. beispielsweise den Vorschlag von "*office markets*", eine Art rotierendes Büro für gelegentliche Zusammenkünfte der Fernarbeiter eines Stadtviertels) [7]. Räumliche, hybride Konfiguration wird nicht durch statische Geometrie, sondern durch dynamische Kraft charakterisiert, das heißt durch den Typ von materieller und immaterieller Veränderung, den zu generieren sie in der Lage ist [8].

Der **Grundsatz der Denivellierung** mag aufgrund seiner Bezeichnung an den der Dissoziation von Funktion / Nutzung der unterschiedlichen Schichten erinnern (vgl. "Antrieb" weiter oben), dabei geht es doch um genau das Umgekehrte: Die sozial-räumliche Organisation auf verschiedenen Ebenen bemüht sich um Assoziation, Verbindung und Verschränkung von Aktivitäten, Formen und Auswirkungen. Mehr als auf den Ebenen der Distribution im topologischen Sinne geht es hier um **Organisationsebenen** im systematischen Sinn, das heißt um Entitäten, die aufgrund der Bewegung und Zirkulation der Materie, Energie oder Information, und durch die sich überkreuzende Mobilität von Menschen, Gütern und Botschaften untereinander kommunizieren und so das System in einem dynamischen Gleichgewicht halten. So spielt das Team von L. Mischkulnig (CH) • D. Di Giacinto (I) • R. Lehmann (CH) • M. Aebischer (CH) • C. Marbach (CH)[12] in Bern-Ausserholligen (CH), mit diesen beiden Bildern. Einerseits bedingt ein architektonischer Gestaltungsentwurf einen Referenzplan, unterhalb dessen sich drei Wohnebenen ansiedeln; oberhalb erheben sich dagegen vier Objekte. Auf den unteren drei Ebenen befinden sich drei verschiedene Wohntypologien und zahlreiche Versorgungseinrichtungen, die um einen begrünten und natürlichen Innenhof gruppiert sind (wir befinden uns in einer introvertierten Welt der Geheimnisse des Wohnens, geschützt vor schädlichen Einflüssen von außen); oben vier große öffentliche, regionale und kommunale Behörden, die Signalwirkung für den mit hoher Geschwindigkeit Durchreisenden auf die umliegenden Infrastrukturen haben. Der dazwischen liegende, öffentliche Raum der Distribution, in dem sich die Wege der Fußgänger, Rad- und Autofahrer kreuzen, stellt die Verbindung zwischen beiden her. Aber andererseits unterscheidet der Entwurf auch drei Ebenen programmatischer Organisation, die dank der räumlichen Aufteilung einbezogen werden: die der geographischen, der virtuellen und der organisatorischen Mobilität; letztere stellt dank der Entstehung von Synergien das Bindeglied zwischen den beiden erstgenannten dar und vermischt die unterschiedlichsten Nutzungen miteinander (Nutzungscocktail). Durch den Übergang von einer organisatorischen Ebene auf die nächste - hier durch die Multiplikation der Übergangsmöglichkeiten und -modalitäten zwischen den drei Mobilitätsarten - strukturiert der Grundsatz der Denivellierung nicht nur im Hinblick auf die Raumaufteilung, sondern vor allem die soziale Beweglichkeit, die sich hier entfalten kann.

[7] Bei der Hybridität geht es nicht darum, alte Architektur beziehungsweise Lebensformen durch neue zu ersetzen, sondern dem Nutzer die ganze Bandbreite aller denkbaren, zukünftigen Optionen zu eröffnen, abhängig von den Umständen, synchronisiert oder auch nicht. Aus dieser Perspektive muß auch das Individuum selbst als Hybrid zwischen all den verschiedenen Figuren (Fernarbeiter, Anwohner, Spaziergänger, Träumer) definiert werden: als sozialer Akteur muß er selbst an den Knotenpunkt zahlreicher Netzwerke herangeführt werden und als Moment der Zusammenkunft beziehungsweise des Ruhepunktes all dieser Bewegungen repräsentiert sein.

[8] In einer theoretisch gehaltenen Sprache können räumliche Konfigurationen als dynamische und interaktive Formen beschrieben werden, die nur existieren, weil sie permanent neu und in dem metastasenartigen, reziproken Bezug von Raum und Nutzung (dynamische Stabilität als konfigurierter Ausdruck von Raum und Nutzung) geschaffen werden.

11

Antrieb, Beweglichkeit, Emotion   Pascal Amphoux

Der **Grundsatz der Kondensation** ermöglicht seinerseits die Qualifizierung der sozial-räumlichen Dynamik. Die "Arbeit an der Leere" ist Leitmotiv der Architektendebatte (erst Leer-Räume definieren, dann sie füllen). Aber der Diskurs über Kondensation ermöglicht eine größere Präzision. Man kann sagen, dieser räumliche Leerraum sei ein sozial prall gefüllter (voller Wege, die sich kreuzen, und voller Ereignisse beziehungsweise Eindrücke), der Teile in Bewegung anzieht (Personen, Fahrzeuge oder Gebäude). Er eigne sich für die Verdichtung des Austauschs, für die Anordnung eines isotropischen, besonderen Ortes und die Bereinigung beziehungsweise schlichtweg als ein Ort der Gestaltung [9]. Das Werkzeug der Kondensation ist das **strukturierende Vakuum**, auf das sich zahlreiche Entwürfe implizit oder explizit beziehen. Dies gilt vor allem für die Einreichung von J. Wauquiez (B) • J.-F. Bellemere (F) • J.-F. Laudinet • O. Chabaud (F) • V. Jay (F)[13], die für Villetaneuse (F) den progressiven Ausbau eines groß angelegten, öffentlichen Raums vorschlagen, der sich sukzessiv auf verschiedenen Ebenen aufbaut und zwar zwischen den voneinander getrennten Entitäten der Stadt und der Allende-Universität, um die Straßenbahn herum und oberhalb der Eisenbahnlinie. Dank seiner Rolle als Bindeglied für das Quartier, als Verbindung zwischen sehr unterschiedlichen Transportarten, die oberirdische und landschaftliche Gestaltung des Wegenetzes und der Spazierwege, die er ermöglicht, ist dieser öffentliche Raum zugleich als "Ort der Möglichkeiten" als auch als "Projektkondensator" konzipiert. So wird nicht die Form des neuen Zentrums auf die Örtlichkeit aufgepfropft, sondern vielmehr wird das Phänomen der Zentralität auf die Zeitschiene projiziert. Der Form des Vakuums ist keinesfalls nach einem bestimmten Modell festgelegt, sie bestimmt sich vielmehr selbst anhand der angrenzenden Infrastrukturen und Gebäude. Der Grundsatz der Kondensation besteht nicht nur darin, Konvergenz an einem vorwiegend von Strömungen, Personen und Transportarten gekennzeichneten Ort zu begründen; er verleitet zugleich auch zur Formgebung des Ortes selbst dergestalt, daß möglicherweise seine eigene Verdichtung entsteht.

Der **Grundsatz der Mediation** (in einigen Fällen möchte man gar von "Intermediation" sprechen) repräsentiert schließlich ein viertes Mittel zur Schaffung räumlicher Realitäten, wobei man hier eher von den Nutzungen als der architektonischen Form ausgeht: die intelligente Haut, Zwischenwand als Schnittstelle oder die **bewohnte Hülle** sind demnach Vorgehensweisen, die oft für die Lösung schwieriger Kontiguitätsprobleme zweier Räume, zweier Epochen oder zweier Funktionen erforderlich sind. Beispiel: Angesichts einer dreieckigen Industriebrache, die an allen Seiten von Eisenbahnlinien eingegrenzt wird, entwickelt der Entwurf von T.-C. Mangone (CH)[14] in Zürich-Affoltern (CH) ganz systematisch die Logik der bewohnten Hüllen und deren sukzessive Verschachtelung ineinander. Die Außengrenzen der Parzelle werden somit verdoppelt: die dichtere Begrünung der Hauptstraße, ein Parkhaus und ein Gebäude für Versorgungseinrichtungen haben die Funktion eines passiven Schallschutzes gegenüber der Bahnlinie. Die Außen-Räume sind Gegenstand einer umfassenden Neudefinition der Bodengestaltung und Funktionszuweisung, die - von außen nach innen - verschiedene Formen von Begrünung und nach und nach intimer werdender Nutzung erproben. Die drei vorhandenen Hallen werden dank ihrer Verhüllung durch die sie umgebenden Wohnungen völlig erhalten: der Innenraum der Hallen wird also zum öffentlichen Raum, der in der ersten Halle der Arbeit (Werkstätten, Büros, Telearbeit, neue Technologien), in der zweiten dem Kommerz (Handwerk, Gewerbeeinheiten ...) und in der dritten der Kultur (Café, Kino, Konzerte) gewidmet ist. Der Außenraum wird - sozusagen umgekehrt - zum privaten Wohnraum. Zwischen beiden entspinnt sich ein Netz privilegierter Bezüge zwischen Wohnen und Arbeiten, Wohnen und Kommerz, Wohnen und Kultur. Der Grundsatz der Mediation wird durch die bewohnte Hülle in Szene gesetzt und beschränkt sich keinesfalls auf die Rolle als Pufferzone: in der Umkehrung normaler, topologischer Bezüge von öffentlich und privat definiert er soziale Praxis, Nutzungen und die Art und Weise der bisher nicht gekannten Aneignung alter Bausubstanz neu. Durch die große Anzahl von Verbindungen und Bezügen zwischen den ineinander verschachtelten Nutzungen bietet er darüber hinaus ein größtmögliches Maß an Gleichzeitigkeit von Mobilität und Ruhe, eng miteinander verbundene Möglichkeiten, sich fortzubewegen oder zu verweilen, mit dem Äußeren zu kommunizieren oder sich am Ort festzuhalten.

[9] De facto bedeutet kondensieren die Verdichtung einer Flüssigkeit, zugleich Veränderung eines Aggregatzustandes (Übergang vom gasförmigen zum flüssigen Zustand durch Abkühlung beziehungsweise Kompression) und Bereinigung (ein Bericht).

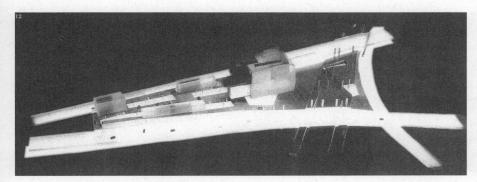

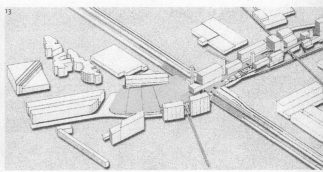

Hybride Gestaltung, Denivellierung, Kondensation, Mediation: Diese vier morphogenetischen Grundsätze beruhen hier auf vier strategischen Produktions- und Kreationsstrategien inmitten eines lebendigen und animierten Milieus: Sozial-räumliche Konfiguration, Organisationsebene, strukturierendes Vakuum und bewohnte Hülle. Diesen Ansatz würden wir morphodynamisch in dem Sinne nennen, als die architektonische, städtebauliche und / oder landschaftliche Formgebung vor allem durch die den Nutzungen inhärente Dynamik und deren Entwicklung generiert wird.

Mutation
Schlußfolgernd wird daran erinnert, daß die Typologie der morphogenetischen Grundsätze, die wir durch die Unterscheidung von "Morphodetritik", "Morphokinetik" und "Morphodynamik" herausgearbeitet haben, keinesfalls die statistische Verteilung der während des Wettbewerbsverfahrens wahrgenommen architektonischen Optionen zum Ziel hat. Es geht im Gegenteil um die Schaffung eines signifikanten Repertoires an Gestaltungsgrundsätzen, die zwischen Form, Funktion und Nutzung das Aufkommen neuer, transversaler Methoden zum Ausdruck bringen, die für die weitere Entwicklung zukunftsträchtig sind.
Neu, weil sie nachweisen, daß urbane Mobilität sich nicht auf den Antrieb beschränkt und daß Modernisierung beziehungsweise die Weiterentwicklung der großen Infrastrukturen für den Transport nicht nur unter dem Aspekt ihrer Schädlichkeit gedacht, sondern auch als Support für die aktive und koordinierte Morphogenese des betreffenden Geländes betrachtet werden können.
Transversal, weil sie dazu zwingen, architektonische Entwürfe für Mobilität als Modalität des Übergangs und der Verschränkung von funktionalen, sozialen und spürbaren Funktionen von Antrieb, Beweglichkeit und Emotion zu konzipieren.
Zukunftsträchtig schließlich, in dem, was sie uns über Mobilität in letzter Konsequenz sagen, daß diese nämlich nichts anderes als der Entwurf selbst ist, seine Fähigkeit, sich den Entwicklungen eines Kontextes anzupassen, zum Gegenstand verhandelbarer Konzeptionen zu werden und doch langfristig die klare Vorstellung von dem, was auf dem Spiel steht, nicht aus dem Auge zu verlieren.
In diesem Sinne wäre das 5. EUROPAN-Wettbewerbsverfahren ein Indiz für die seit langem erwartete Mutation architektonischer Theorie und Praxis, die mit den technischen Wissenschaften, den Geisteswissenschaften und den verschiedenen Kunstrichtungen dasselbe, erkenntnistheoretische Ziel teilt und uns nach und nach von einer objektorientierten zu einer bewegungsorientierten Reflexion hinübergleiten läßt.

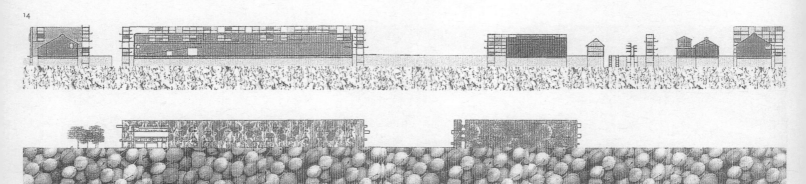

14

Mobilität & Nähe:
ein Thema, 66 unterschiedliche Standorte

Han Meyer, Architekt, Professor an der Universität von Delft, Nederland

Das Thema "Mobilität & Nähe" wirft die Frage auf, inwieweit es in der heutigen Stadt möglich ist, die zwei wichtigsten "raisons d'être" einer Stadt in integrierten Planungslösungen zu verbinden: die Stadt als Wohnraum und die Stadt als "Knotenpunkt" im Verkehrsnetz.
Von den 20er bis zu den 50er Jahren dieses Jahrhunderts waren die Architekten der Moderne davon besessen, neue Lösungen für die "Stadt des neuen Maßstabs" zu schaffen, so wie es S. Giedion in seinem Werk "Ort, Zeit und Architektur" beschreibt. In der Stadt des neuen Maßstabs sollten, im Vergleich zur traditionellen Stadt, sowohl Wohnbauensembles als auch das Verkehrsnetz völlig neue Maßstäbe erhalten und die bis dahin existierende Stadt vollständig ersetzen.

Wir kennen Le Corbusiers polemisierende Entwürfe für Algier (der Obus Plan), in dem Wohnungen und Hauptverkehrsstraße in einem Gebäudekomplex integriert waren, oder Jaap Bakemas Entwurf für Alexanderpolder in Rotterdam, in dem "Mammutgebäude" direkt an das Straßennetz angebunden waren, oder auch Louis Kahns Entwurf für Philadelphia, in dem Parkplätze und eine enorme Anzahl von Wohnungen im selben Gebäude untergebracht werden sollten.

Die Mehrzahl dieser polemisierenden Entwürfe wurde nie realisiert, sie waren jedoch für die meisten europäischen Städte in der Nachkriegszeit für die Entwicklung des Wohnungsbaus als inspiratorische Referenz von großer Bedeutung. Eine Vielzahl der Wohnungsbauten dieser Zeit wurde im Einklang mit den Grundsätzen der Moderne geplant, immer mit dem Ziel, eine Stadt "im neuen Maßstab" zu schaffen. Durch diese Ensembles entstanden jedoch in den meisten europäischen Städten anstelle der geplanten, neuen, utopischen, urbanen Welten städtebaulich außerordentlich problematische Bereiche.
Es werden immer noch neue Verkehrsinfrastrukturen und neue Wohngebiete gebaut, und sie dominieren in zunehmendem Maße das Bild der neuen, urbanen Landschaften.
Im Gegensatz zu den Ideen der Moderne ist die derzeitige Planung neuer Wohngebiete und groß angelegter Verkehrsinfrastrukturen in erster Linie durch eine strenge Trennung zwischen diesen beiden Elementen gekennzeichnet, und wenn sie aufeinander treffen, entstehen Konflikte und Probleme. Im allgemeinen ist die heutige städtebauliche Planung von der Idee geprägt, daß eine Verbesserung der Wohnqualität in den Städten und eine Verbesserung der Verkehrsinfrastrukturen nicht in ein und demselben urbanen Gebiet verbunden werden können. Die aktuellen Entwürfe und Planungen von Wohnbauprojekten werden von der zwanghaften Vorstellung von "Identität" beherrscht, die durch das architektonische Bild der Wohnbauprojekte ausgedrückt werden soll und keinen Bezug zu den Infrastrukturelementen herstellt.
Dies ist in der Tat ein Problem, da immer mehr urbane Bereiche sowohl für den Wohnungsbau als auch für Verkehrsinfrastrukturen beansprucht werden. Es zeigt sich die zunehmende Tendenz, diese Probleme zu lösen, indem die Infrastrukturen unter die Erde verlegt werden.
Dies ist jedoch langfristig und im großen Maßstab nicht die attraktivste Lösung. Immer mehr Menschen verbringen einen wesentlichen Teil ihres täglichen Lebens auf der Straße oder im Zug. Wenn diese Infrastrukturen nun unter die Erde verlegt werden, verschlechtert sich damit die Lebensqualität vieler Menschen. Mit anderen Worten: die heutigen Infrastrukturen einer Stadt, der Wohnungsbau und der Verkehr sind dazu verdammt, sich zu treffen. Die Suche nach Lösungen für eine Verbindung und Integration entspringt daher nicht länger lediglich der Faszination, eine neue, utopische Welt schaffen zu wollen, wie dies in den Zeiten der Moderne der Fall war, es geht hierbei um das tatsächliche Überleben der Stadt, um die physischen Bedingungen für eine Verbindung verschiedener Bereiche urbanen Lebens.
Dies ist der Hintergrund des Themas "Mobilität & Nähe". Obwohl dieses Thema sicherlich nicht neu ist, fehlen uns immer noch praktische Lösungen für dieses Problem, von dem die städtebauliche Entwicklung zunehmend beherrscht wird.

Bei Betrachtung der zahlreichen EUROPAN Standorte wird sofort deutlich, daß es keine allgemein gültige Lösung gibt, Mobilität und Nähe sowie Infrastruktur und Wohnungsbau miteinander zu verbinden. Die Standorte sind, was ihre Eigenschaften, topographischen Bedingungen sowie ihren urbanen und regionalen Kontext anbetrifft, derart unterschiedlich, daß es unmöglich und auch wenig erfolgversprechend wäre, nach einer allgemeingültigen "idealen Herangehensweise" hinsichtlich einer Beziehung zwischen Infrastruktur und Wohnungsbau zu suchen.

Unterschiedliche Wettbewerbsstandorte - unterschiedliche Fragestellungen
Bei dem Thema "Mobilität & Nähe" gibt es in den verschiedenen Ländern im Hinblick auf die Beziehung zwischen Infrastruktur und Wohnfunktion im wesentlichen vier Kategorien von Wettbewerbsstandorten mit jeweils unterschiedlichen Fragestellungen.

• Der erste Standorttyp wird von groß angelegten Infrastrukturen beherrscht, die eigentlich nicht verändert werden können. Auch Art oder Bedeutung der Infrastruktur an sich können nicht durch die Schaffung neuer Beziehungen zwischen Gebäudestrukturen und Infrastrukturen verändert werden. Die Infrastruktur hat eine autonome Beziehung zum Standort. Dies ist insbesondere an jenen Standorten der Fall, die durch Eisenbahnanlagen, wie zum Beispiel in Amsterdam Polderweg, oder durch autonome Hauptverkehrsstraßen, wie im spanischen Cartagena, gekennzeichnet sind.

Bei diesen Standorten ist das Hauptproblem, welche Auswirkungen die vorhandene Infrastruktur auf die Verwendung der Flächen hat. In den meisten Fällen sind wir bei diesen Standorten mit dem Problem der Isolierung von Grundstücken konfrontiert, wofür es zwei gegensätzliche Lösungsansätze gibt. Ein Ansatz besteht in der Betonung und Kultivierung der Isolierung, was dazu führt, daß die Qualität der Enklave unterstrichen wird, wie zum Beispiel im Entwurf des Teams J. Glissenaar (NL) K. Van Der Molen (NL)[1] für den Amsterdamer (NL) Standort "Sandwich-City".

Der entgegengesetzte Lösungsansatz besteht in der Auflösung der Isolierung, wie zum Beispiel in dem Entwurf von J. Hevia Ochoa De Echagüen (E) • M. Garcia De Paredes (E) • N. Ruiz Garcia (E) für Cartagena (E)[2], die eine Gebäudestruktur planen, die auf beiden Seiten der Infrastrukturelemente weitergeführt wird. In dieser Art von Entwürfen werden die einschneidenden Auswirkungen von groß angelegten Infrastrukturen "abgeschwächt".

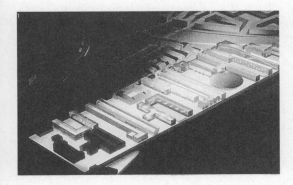

• Der zweite Standorttyp ist durch Infrastrukturelemente gekennzeichnet, die zwar an sich nicht modifiziert werden können, deren Bedeutung jedoch durch die Hinzufügung neuer Gebäudekompositionen verändert werden kann, wodurch eine Beziehung zur Infrastruktur hergestellt wird. So kann der Charakter eines Gebietes verändert werden, das heißt, es handelt sich nicht länger um ein Randgebiet, das von einer wenig attraktiven Straße beherrscht wird, es erhält vielmehr eine neue zentrale Bedeutung, die im Hinblick auf die räumliche und funktionale Struktur der Stadt durch die Infrastruktur selber entsteht. Entsprechende Entwürfe finden wir für den Standort Brest (F) des Teams V. L'Azou (F) • J.Goubin (F) • L. Defrance (F)[3], für den Standort Mulhouse (F) von C. Valentin (F)[4] und natürlich für den Standort Kop van Zuid in Rotterdam (NL) in dem Beitrag "Lebende Fabriken" des Teams R. Ten Bras (NL) • B. Eijking (NL) • P-O. De Louwere (NL)[5].

• Der dritte Standorttyp wird durch Situationen bestimmt, in denen es möglich ist, sowohl den Ort als auch die physische Form der Infrastruktur zu verändern. Bei diesen Standorten besteht die Herausforderung für den Architekten darin, eine neue Komposition aus Infrastrukturen, Gebäuden und Landschaft zu schaffen. Ein gutes Beispiel für diese Kategorie ist der Standort Baracaldo in Spanien, wo hügelige Landschaft, Flußufer, Straße und Brücke sowie die Tatsache, daß die Möglichkeit besteht, eine wesentliche Anzahl von Wohnbauten und anderen Gebäuden hinzuzufügen, die Möglichkeit eröffnen, eine vollständig neue urbane Landschaft zu entwerfen. Die Beiträge von A. Juárez Chicote (E)[6] und des Teams F. Soriano Pelaez (E) • D. Palacios Diaz (E)[7] zeigen ein außerordentlich gutes Verständnis dieser Herausforderung.

• Der vierte Standorttyp ist gekennzeichnet durch eine sehr ausgeglichene Beziehung zwischen (urbaner) Landschaft und Infrastruktur. Hier besteht die Herausforderung für den Architekten darin, auf diese Regelmäßigkeit zu reagieren. Dies ist insbesondere der Fall in den niederländischen Polderlandschaften von Haarlemmermeer und Almere:

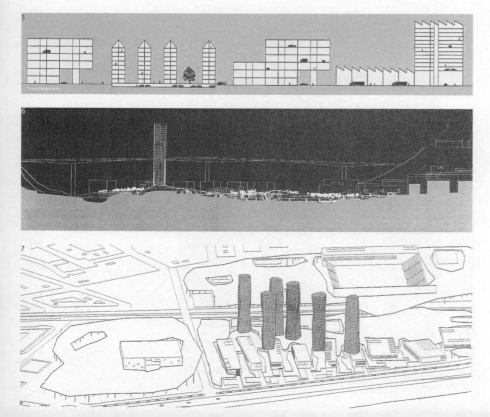

die räumliche Struktur dieser Landschaften und die urbane Textur werden in hohem Maße von der Rationalität, der Linearität und der Regelmäßigkeit der Wasser- und Straßeninfrastrukturen bestimmt, die das Poldergebiet in regelmäßige Rastermuster und Parzellen unterteilen. Die Regelmäßigkeit und Linearität dieser Polderlandschaft wird in verschiedenen Beiträgen aufgegriffen, und zwar insbesondere in dem Beitrag "Firmitas Utilitas Venustas" von G.Raggers (NL)[8] für Haarlemmermeer (NL) und in dem Beitrag "Omega" des Teams S. Nijenhuis (NL) • A. Vos (NL) für Almere.

Ebenfalls in dieser Kategorie findet in dem Beitrag "Polderknotenflecken" von M. Spaan (NL)[9] für Haarlemmermeer eine außerordentlich gründliche Auseinandersetzung statt, die eigentlich aus einer Reihe von Entwürfen für die Organisation der Polderstruktur auf regionaler Ebene besteht. Es war das Pech der Architekten, daß dies nicht in den Rahmen des EUROPAN Wettbewerbs fällt.

Abgesehen von der Einteilung der Standorte in Hauptkategorien sind wir mit Entwürfen von unterschiedlichen Gebäudetypologien konfrontiert. Manchmal werden sie durch den Standort provoziert, sie können jedoch auch als allgemeine Entwürfe für neue, mobilitätsorientierte Gebäudetypologien betrachtet werden. Beispiele für diese

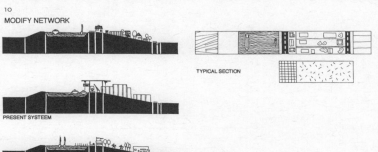

Art von Beiträgen sind das Projekt "Suburbane Schleife" von A. Nicolau Corbacho (E)[11] für Almere (NL), mobiles Wohnen auf Eisenbahnschienen von G. Pulcini (I)[12] für Jeumont (F) oder der Entwurf des Teams I. Turato (CRO) • M. Matulja (CRO) • S. Randic (CRO)[13] für Cartagena, bei dem die Hausdächer direkt mit der Straße verbunden sind.

Wirklich neue Impulse für die Entwicklung von Wohnlandschaften

Nur wenige Beiträge tendieren dazu, eine allgemeingültige Aussage in bezug auf das Thema "Mobilität & Nähe" zu treffen. Dies ist jedoch zum Beispiel in den drei für Graz (A) ausgewählten Beiträgen der Fall. Der Standort Graz ist einer der wenigen Standorte, an dem ein Straßenbauprojekt durchgeführt wird, das im Kontext des Projektes immer noch integriert, verändert oder entwickelt werden kann. In der Tat ist Graz aufgrund dieser Situation einer der interessantesten Standorte, zumindest was das Thema "Mobilität & Nähe" anbetrifft.

Von diesem Standpunkt aus gesehen ist es bedauerlich, daß es hierzu nur drei ausgewählte Beiträge gibt. Einerseits wird in dem Beitrag von I. Schaberl (A)[14] eine in den Straßenbau integrierte Gebäudetypologie entwickelt, die auf Konzepten der Moderne, wie zum Beispiel auf Le Corbusiers "Obus Plan", aufzubauen scheint. Aufgrund des konzeptuellen Charakters dieses Beitrages kann der vorgeschlagene Ansatz durchaus inspirierend für verschiedene andere Orte sein, an denen eben solche Programme geplant sind. Dieses Konzept kann sowohl im großen Maßstab angewandt und ausgearbeitet, als auch in sehr kleinen Einzelteilen umgesetzt werden. In diesem Sinne bietet der Beitrag ein pragmatischeres und praktischeres Konzept als der megalomanische "Obus Plan".

Auf der anderen Seite zeigt sich in den Beiträgen von D. Wissounig (A)[15] und Von P. Hanisch (A) • C. Krakora (A) der aktuelle, moderne Ansatz, die Straße unter der Erde zu verstecken, das heißt, ihren Bau den Bauingenieuren zu überlassen. Die Planer konzentrieren sich somit auf den Entwurf der Wohnblocks, die von der beherrschenden Präsenz der Infrastruktur befreit werden sollen.
Bei beiden Herangehensweisen ist natürlich der Finanzierungsaspekt die wichtigste Frage. Ist es durchführbar und sinnvoll, dermaßen hohe Investitionen zu tätigen und solch komplexe, integrierte oder unterirdische Infrastrukturen zu realisieren, nur damit einige hundert Wohnungen gebaut werden können? Aus diesem Grund sind die Grazer Beiträge im Rahmen einer konzeptuellen und allgemeinen Diskussion über das Thema "Mobilität & Nähe" als Darstellung zweier extrem unterschiedlicher Positionen interessant. In bezug auf die Lösung der konkreten Probleme des Standortes jedoch sind sie wahrscheinlich wenig realistisch.

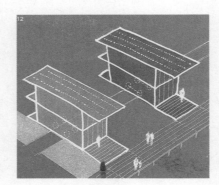

11 ▶

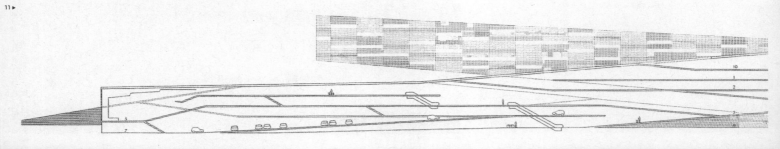

In den meisten ausgewählten Projekten ist die Beziehung zwischen Infrastruktur und Wohnfunktion nicht das vorherrschende Thema, sondern stellt lediglich einen Aspekt, eine Vorbedingung dar. Die Mehrheit der Beiträge konzentriert sich auf die Beziehung zwischen dem privaten Raum der Gebäudeensembles und dem öffentlichen Raum der Landschaft und des Straßennetzwerkes - einschließlich der groß angelegten Elemente, wie zum Beispiel Hauptverkehrsstraßen und Eisenbahnen. Nicht nur die oben beschriebenen Projekte, sondern auch viele andere widmen sich ernsthaft den spezifischen Merkmalen und Qualitäten der Standorte, einschließlich der potentiellen Bedeutung der Infrastrukturelemente als Teil dieser Merkmale und Qualitäten. Die Ausnutzung und Herausarbeitung eben dieser Qualitäten und Merkmale werden in den meisten Entwürfen nicht durch die Betonung spezifischer architektonischer Bilder der Wohnbauten erreicht, sondern durch die Schaffung erfinderischer Grundlagen für unterschiedlichste Flächennutzungen.
Die meisten EUROPAN Teilnehmer scheinen somit nicht von der vorherrschenden Ideologie infiziert zu sein, daß "Identitäten" durch erzwungenen architektonischen Ausdruck geschaffen werden. Die architektonische Ausarbeitung vieler Projekte ist relativ nüchtern, oft sind zwar Verbindungen zur Moderne erkennbar, jedoch ohne deren politisch-kulturelle Intentionen.

Ebensowenig scheinen sie von der Ideologie infiziert zu sein, daß Infrastruktur eine "schlechte" Sache ist. Die meisten der erwähnten Projekte versuchen weder die Infrastruktur abzuleugnen oder zu verstecken, noch die Infrastruktur zu kultivieren, wie dies in der Moderne der Fall war. Sie behandeln die Infrastrukturelemente auf entspannte Art und Weise einfach als selbstverständliche Artefakte und betrachten ihre Anwesenheit als eine Tatsache, mit der man umgehen muß.
Die entspannte Auseinandersetzung mit einem Standort, die Neutralität von Architektur und die Selbstverständlichkeit von Infrastrukturen stehen im Widerspruch zur allgemeinen Planungspolitik, die in einer Vielzahl von europäischen Städten vorherrscht. Es bleibt nur zu hoffen, daß die Tendenz in den EUROPAN Beiträgen die Praxis der städtebaulichen Planung und der urbanen Entwicklung in Europa in der Zukunft beeinflussen wird.

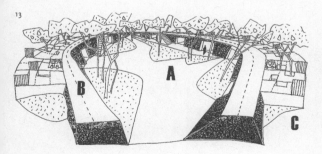

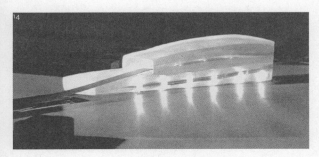

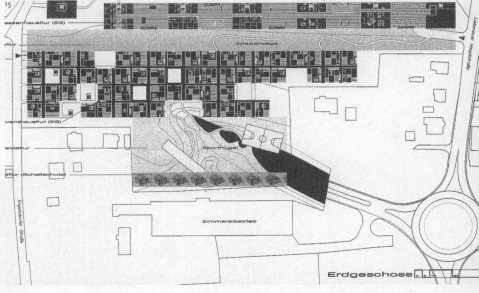

Entwurf als Prozess

Nuno Portas Architekt und Stadtplaner,
Professor an der Universität von Porto, Portugal

Ein städtebaulich-architektonischer Wettbewerb wie EUROPAN, der nach innovativen Ideen fragt und gleichzeitig auf eine spätere Realisierung angelegt ist, muß selbstverständlich deutlich machen, daß die prozeßhafte Dimension einer möglichen Umsetzung als unausweichlicher Bestandteil der grundsätzlichen Problemstellung zu betrachten ist. Diese Dimension muß von Anbeginn der Auslobung bei der Entwicklung des Programms und der Auswahl der Standorte bis hin zu den Bewertungsmaßstäben der Jurys präsent sein, wenn sie wirklich zum integralen Bestandteil des Wettbewerbs werden soll.

Der Prozess - also die Rolle der einzelnen Akteure des Projekts, die Reihenfolge ihres Eingreifens und die Integration von Maßnahmen, die von Anfang an planbar oder von späteren Entscheidungen abhängig sind - muß zum integralen Bestandteil der Problemstellung und der von den Wettbewerbsteilnehmern vorgeschlagenen Lösungsansätzen werden.

Städtebauliche Projekte werden mehr und mehr von Optionen beeinflußt, die zu Beginn des Entwicklungsprozesses nicht festgelegt wurden. Diese Optionen ergeben sich hinsichtlich der Nachfrage (Märkte, kulturelle Vorlieben der Nutzer, Veränderungen des Kontextes) aber auch hinsichtlich des Angebots (Rollenverteilung zwischen öffentlichen und privaten Bauherren, Zusammensetzung des Investitionskapitals, Vergabe und Ablaufplanung der Stadtentwicklungs- und Baumaßnahmen).

Das war nicht immer so. "Moderne" Stadtplanung hat diese Art von Details stets unterschätzt und sich bemüht, den städtebaulichen Entwurf von dem zu befreien, was sie als "Unreinheit" ansah, seien es Sachzwänge, die sich aus den Eigentumsverhältnissen oder den komplexen Rollen der Beteiligten am Bauprozeß ergeben, die Möglichkeit von Veränderungen des Marktes, des Programms oder der ursprünglichen Lösungsansätze. Kurz gesagt: "Zeit" wurde nicht als relevanter Faktor sondern eher als "Virus" betrachtet!

Heutzutage nach einer einige Jahrzehnte währenden Kultur von Entwürfen, die sich mit einer gegen jegliche Ungewißheit immunisierten Realität identifizieren, stehen wir vor der Herausforderung, Probleme als gegeben hinnehmen zu müssen, die früher als von vornherein zu eliminierende Sachzwänge betrachtet worden waren.

Diese Entwicklung ist eng verknüpft mit dem Wandel des sozialen und politischen Umfelds - vor allem im Hinblick auf das Ende des "Wohlfahrtsstaates" -, ist aber auch das Ergebnis ernüchternder Beobachtung während der letzten 25 Jahre, die zu der Erkenntnis geführt hat, daß eine einheitliche Dimension und ein globales Paradigma "moderner Territorien" kaum mehr als eine Illusion darstellten.

Auf der Ebene der vergleichsweise bescheidenen Problemstellungen, die EUROPAN aufgibt und bei denen ein geduldiges und vom konkreten Beispiel ausgehendes Forschen gefragt ist, darf man sich aber nicht nur den Faktoren widmen, die sich aus neuartigen Beziehungen zwischen öffentlicher und privater Sphäre, zwischen dem globalen und dem lokalen Kontext, zwischen alten und neuen Technologien ergeben. Man muß ebenso die neu entstandene Ordnung mit in die Überlegungen einfließen lassen, die das Ergebnis von Bestrebungen unterschiedlicher sozialer Gruppen ist, die Themen, die von den Institutionen, die diese Bestrebungen übermitteln und aufbereiten, auf die Tagesordnung gesetzt werden sowie materielle und immaterielle Ressourcen, die mobilisiert werden können, um die Strukturen und Gestalt einer städtischen Umgebung zu entwickeln.

Die Ungewißheit einbeziehen, C. Poulin (F), F. Decoster (F), D. Klouche (ALG); Villetaneuse (F).

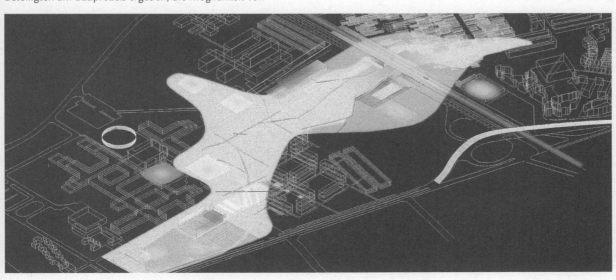

Nach dem Abschied vom globalen Paradigma weiß man nun, daß Stadtplanung in Zukunft hinsichtlich theoretischer Grundlagen wie auch in der konkreten Umsetzung komplexer, unpräziser und fragmentarischer wird. Und doch gab es vor EUROPAN nichts, das eine solche Bandbreite von konkreten Vorschlägen und Entwürfen hervorgebracht hätte, als viele unterschiedliche Antworten auf die Myriaden von Problemen, die sich im Zusammenhang mit Wohnungsbau, Erschließung, Landschaft und Umwelt ergeben.

Diese Entwürfe widmen sich Situationen, die charakterisiert sind durch die Besonderheit eines Veränderungsprozesses mit einer Vielfalt unterschiedlichster beteiligter Institutionen und öffentlichen und privaten Finanzierungsplänen, durch eine zeitliche Einteilung der Arbeiten, um die Unsicherheiten in der Nachfrageentwicklung zu überwinden, durch eine variable Geometrie der in verschiedene Teilbereiche segmentierten Entwürfe, die es ermöglichen, unterschiedliche Strukturen mit einem gewissen Grad an Unabhängigkeit voneinander trennen zu können; und all das, ohne erforderliche verbindende Werte wie Kontinuität aus den Augen zu verlieren.

Das Thema von EUROPAN 5 fordert zur Suche nach Wohnlösungen in Umgebungen auf, die durch eine Veränderung ihrer Verkehrsanbindungen gekennzeichnet sind. Dieses System von Netzwerken scheint auf Entwicklungspotentialen und Trassenführungen zu basieren, die relativ unabhängig von Wohnfunktionen sind. Allerdings beeinflußt das System den Wert und die Lage des Geländes, die städtische Landschaft und verschiedene Umweltvariablen. In den Fällen, in denen Infrastrukturen bisher lediglich in Planung sind, geht es nicht darum, mit der Realisierung der EUROPAN Entwürfe auf eine Fertigstellung zu warten. Da es kaum möglich ist, von den Wettbewerbsteilnehmern zu verlangen, entweder nur eine Einzellösung für die Vernetzung oder aber alternative Verkehrsführungen zu planen, müssen Strategien definiert werden, wie sich die wechselseitige Beziehung der beiden Systeme Infrastruktur und Wohnen artikulieren kann - unabhängig in Bezug auf die Zeit, aber abhängig in Bezug auf den Raum. Anstelle eines illusionären Gesamtentwurfs sind Entwürfe gefragt, die "potentielle" Freiheiten und notwendige "Verbindungen" für die verschiedenen aktuellen städtischen Bestandteile entwickeln.

Dieses Beispiel des Zusammenhangs zwischen Infrastruktur und Wohnen zeigt die wichtigste Variable, die eine Aufteilung des Projekts in verschiedene Abschnitte überhaupt erst ermöglicht. Es geht in der Tat um die Fähigkeit, die möglichen und kritischen Momente zu definieren, in denen ein stabiles Programm und ein glaubwürdiger Umriß für jeden dieser Bestandteile festlegbar ist, insbesondere wenn unterschiedliche Bauherren und Planer involviert sind.

Die Ungewißheit, wann mit bestimmten Abschnitten eines komplexen Eingriffes begonnen werden wird, ist mit der verallgemeinernden Annäherungsweise einer ganzheitlichen Planungsphilosophie, die von der Gesamtwirkung der Architektur bis hinunter in ihre Einzelteile und Sub-Systeme reicht, unvereinbar. Die bedingte Unabhängigkeit der letzteren wird dabei zum strategischen Schlüsselproblem und beeinflußt die Auswahl der verschiedenen Lösungsmöglichkeiten.

Will man also am Grundsatz bedingter Eigenständigkeit der verschiedenen Faktoren des Projekts festhalten, die sich aus den unterschiedlichen Zeitpunkten ergeben, an denen die

Territoriale Aufteilung,
M. Dillon (IRL), L. Clark (GB),
I. Sandi (ROM), D. Andrews (GB),
F. Henderson (GB); Sheffield (GB).

Entwurf als Prozess — Nuno Portas

einzelnen Akteure mitwirken, aus der Dauer oder den unterschiedlichen Geometrien ihrer Eingriffe, dann liegt es auf der Hand, daß die Komplexität des Planungsprojektes nicht länger von der Größe des Geländes abhängt sondern eher von der programmatischen Ausrichtung, der Strategie, der Nutzungsmischung, der Umsetzung etc.

Die für das 5. EUROPAN-Verfahren ausgesuchten Programme sind eine Neuinterpretation des Themas "Mobilität und Nähe" und enthalten mindestens zwei Komponenten, deren Eigenständigkeit von entscheidender Bedeutung für einen erfolgreichen Übergang vom Entwurf zur Realisierung ist. Diese beiden Komponenten sind zum einen Struktur und Verlauf der öffentlichen oder gemeinschaftlich genutzten Räume und zum anderen die Typologien und Gestaltungen der Konstruktionen. Je stärker diese Komponenten voneinander abgekoppelt werden, desto flexibler wird die Handhabung des Projekts. Indes wird die räumliche Identifikation des öffentlichen Raumes problematisch mit dem Risiko, zum Abfallprodukt zu verkommen. Je stärker die Systeme aber miteinander verschränkt werden, desto komplexer werden der Beginn und die kontinuierliche Fortsetzung des Projektes, besonders dann, wenn potentielle Änderungen gedanklich vorweggenommen werden müssen oder wenn sich die unterschiedlichen Vorstellungen mehrerer Planer gegenüberstehen.

Die Rückkehr zu den städtischen Prinzipien des 19. Jahrhunderts, die Stadtplanung, das Grundstück und die Gebäudeanordnung voneinander trennten, läßt sich in vielen aktuellen Planungsprojekten ausmachen. Dieser Rückgriff bedeutet eine Wiederberücksichtigung zeitlich unterschiedlich getakteter Momente, die durch diese drei Bestandteile zur Herstellung von Stadt besetzt werden und die in der gesamten vor-modernen Stadtplanungstradition gegenwärtig sind. Unabhängig also vom Maßstab der ausgewählten Situation muß sich die planerische Aufmerksamkeit vor allem auf die Wahl der Ausdrucksmöglichkeiten, der Orientierungspunkte, der städtischen Verknüpfungen richten. Letztere ermöglichen den Informationsaustausch über die Grenzen der einzelnen Projektbestandteile hinweg gerade dann, wenn deren jeweilige Planungen und Realisierungen nicht mehr synchron verlaufen. Diese Ausdrucksmöglichkeiten können mit Hilfe von "Spielregeln", "Geschäftsordnungen", "exemplarischen Darstellungen" gewährleistet werden, und damit indirekt mehr oder weniger normative Formen des Projekts, abgeleitet vom und in Beziehung zum öffentlichen Raum.

Andererseits kann auch das Konzept des öffentlichen Raums in verschiedene Richtungen weisen, abhängig vom bestehenden Transportsystem (Infrastruktur, Schnittstellen und Strukturknoten), dem System des städtischen Umfelds und der vorhandenen Gemeinschaftseinrichtungen. Die zahlreichen Gründe, die auf ein Konzept des "Projekts als Prozeß" hinauslaufen, geben Hoffnung auf die Möglichkeit der Entwicklung neuer Generationen von "Vorhersage-Instrumenten" und eigenständiger, aber koordinierter Prozesse, die sich mehr oder weniger in Raum und Zeit überlagern und die sich nicht in den allzu simplen Methoden des "Teleskopierens" von Maßstäben oder gar der zufälligen Gegenüberstellung von "Stadtfragmenten", die willkürlich voneinander unterschieden wurden, erschöpft.

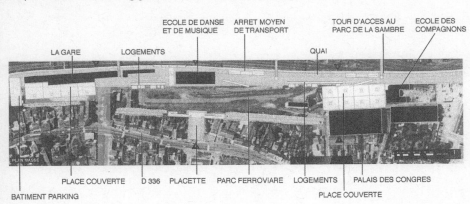

Programmatische Strategie, M. Pelosse (F); Jeumont (F).

Veranstalterländer

Belgique/België/Belgien	La Louvière Namur
Deutschland	Essen Geesthacht Gotha München Schwabach Weissenfels Guben•Gubin
Ellás	Athinai-Agia Anargiri Athinai-Amaroussion Thessaloniki-Chalastra Thessaloniki-Polichni
España	Almería Baracaldo Cartagena Ceuta Tolosa
France	Brest Chessy Jeumont Mulhouse Reims Villetaneuse
Hrvatska	Rovinj Vukovar
Italia	Ancona Catania Collegno Palermo Roma Savona Torino
Nederland	Almere Amsterdam Haarlemmermeer Rotterdam
Portugal	Lisboa-Chelas Loures-Sacavém Vila Nova de Gaia
Suisse/Svizzera/Schweiz	Aarau Bern-Ausserholligen Biel/Bienne Genève Lenzburg Massagno Zug Zürich-Affoltern
Suomi-Finland	Rovaniemi Turku Vantaa
United Kingdom	Dartford Nottingham Sheffield

La Louvière

Preis
Tim Denninger (D)
Tomoyuki Haramura (J)
Patrick Longchamp (CH)
Fenya Rix (D)
Kaori Haramura (J)
Antonella Vitale (I)

Ankauf
Eric Motte (B)

Ankauf
Jan Peeters (B)
Filip Smits (B)
Hans Nuyts (B)
Dirk Van Rosendaal (B)

Namur

Preis
Ulrike Bräuer (D)
Michael Mackenrodt (D)
Schneider (B)
Frederic Ochoa Flavio (I•E)

Ankauf
Pablo Perlado Recacha (E)
Pierluca Rocheggianni (I)
Alejandro Pujol (E)
Euro Bellessi (I)
Gonzalo Molero Homs (E)
Jorge Raedo (E)
Luisa Manfredini (A)
Joan Daniel Gutes (E)
Elena Pérez Piferer (E)

Belgique/België/Belgien

La Louvière Einwohner 80 000 Mitant-des-Camps Fläche 3 Hektar

Gelegen im Tal der Flüsse Sambre und Maas, erstreckt sich La Louvière über eine Fläche von 6.500 Hektar. In Mitant-des-Camps befanden sich früher eine Kohlenhalde, eine Glasfabrik und verschiedene Arten von Wohngebäuden.
Ziel ist, ca. 120 Wohneinheiten im sozialen Wohnungsbau zur Vermietung oder zum Verkauf zu errichten.
Die Wohnungen sollen unterschiedliche Typologien aufweisen und für Menschen mit Behinderungen oder eingeschränkter Beweglichkeit geeignet sein.
Die Wettbewerbsbeiträge sollen Möglichkeiten aufzeigen, wie das Gebiet wieder belebt werden kann; dabei sollen zeitgemäße Lebensstile und Mobilität verbunden werden.
Dies ist unter Berücksichtigung der aktuellen wirtschaftlichen Situation zu entwickeln.

68 Preis Belgique/België/Belgien
La Louvière

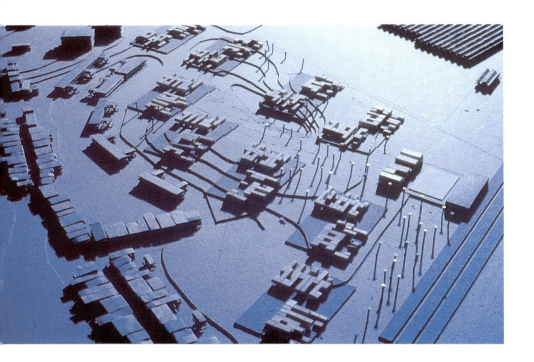

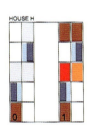

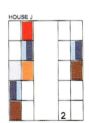
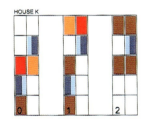
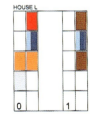
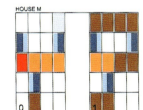

Tim Denninger (D)
Tomoyuki Haramura (J)
Patrick Longchamp (CH)
Fenya Rix (D)
Kaori Haramura (J)
Antonella Vitale (I)

Focus Um die vor Ort vorhandenen Kräfte zu konzentrieren und einen Auflösungseffekt zu verhindern, verlaufen um jede der neun Wohninselgruppen Fußgängerwege, die Schnittpunkte bilden. Die Inseln sind auf kürzestem Wege an die vorhandene Infrastruktur angebunden. Es entstehen neue Möglichkeiten eines Zusammenlebens zwischen Mensch und Natur. Der Kontrast zwischen den von Menschenhand geschaffenen Gebäudegruppen und der sie umgebenden natürlichen Landschaft verstärkt die Freiraumqualitäten dieser Vorstadt-"Wildnis". Die Wohnbautypologie ist an die traditionellen, für La Louvière typischen Terrassenhäuser angelehnt, jedoch an den heutigen Lebensstil angepaßt. Jeder Gebäudekomplex beinhaltet zehn Wohneinheiten, von denen ein Drittel aus zwei Wohnungen besteht, das heißt, es entstehen insgesamt 120 Wohnungen. Die einzelnen Gebäudegruppen haben jeweils einen Platz mit einer festen Oberfläche, der als Parkplatz und Zugang dient, und einen Gartenplatz. Diesem liegt die Idee zugrunde, daß der Garten ein Mittel ist, sich selbst auszudrücken und in eine Interaktion mit der Natur der Vorstädte zu treten. Die Gebäude sind auf den rechteckigen Grundstücken so angeordnet, daß sie von Licht und Luft durchflutet werden.

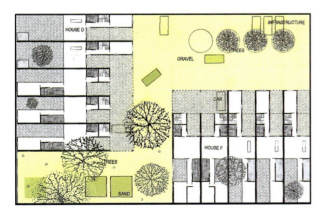

Dorsal spine Das Konzept basiert auf einer anatomischen Analogie: Eine spinale Fußgängerachse verbindet die Fonds Gaillards über den Bahnhof La Louvière Süd mit dem Zentrum von La Louvière sowie mit dem Kunst- und Handwerkspark. Von dieser Promenade aus kann der umliegende Raum immer wieder neu wahrgenommen werden. Entlang des Rückgrats sind verschiedene "Rippen" angeordnet, gemeinschaftliche Grünbereiche, die durch Kinderspielplätze, überdachte Grillplätze, Volleyballfelder etc. belebt werden. Die einzelnen Rippen sind von Wohnbauten eingerahmt und formen so "Organe", die jeweils eine spezifische Funktion erfüllen: Wäschereien, Sozialeinrichtungen, Gemeinschaftszentren, Geschäfte. Die Wohnbauten bestehen aus Zellen, die einem modularen Raster von 4 mal 8 Meter folgen. Eine Zelle kann gefüllt, leer und mineral, leer und bepflanzt oder transparent sein und bietet dann verlockende Einblicke. Die Zellen wiederum enthalten zellulare Elemente, in denen die funktionalen Bereiche wie zum Beispiel Parkplätze, Küchen oder Badezimmer untergebracht sind.

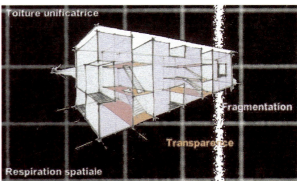

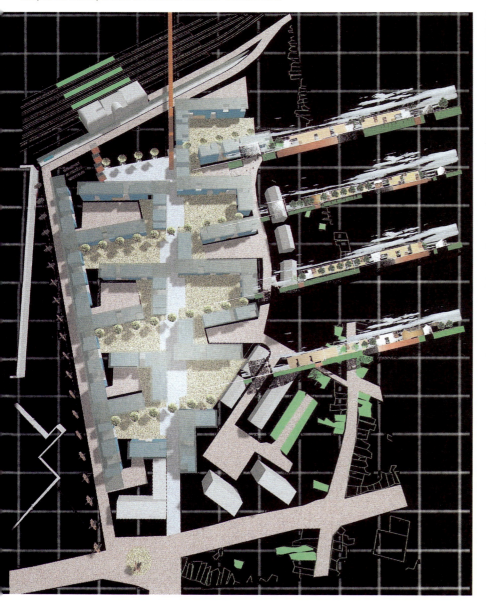

| 71 | Ankauf | Belgique/België/Belgien
La Louvière | **Jan Peeters (B)**
Filip Smits (B) | Hans Nuyts (B)
Dirk Van Rosendaal (B) |

House-scape Das Zentrum des Standortes bleibt unbebaut, eine Art grüne Lunge, die Gebäude entstehen entlang der östlichen Grundstücksseite. Auf diese Art und Weise wird der Wohnbereich mit den dazugehörigen Einkaufsmöglichkeiten und Verkehrsanbindungen mit der vorhandenen Infrastruktur verknüpft. Alle Geschäfte, Restaurants, Kultureinrichtungen etc. können sowohl von den bereits hier lebenden als auch von den künftigen, neuen Bewohnern genutzt werden.

Die 120 Wohneinheiten sind in Abschnitte von jeweils ungefähr zwanzig Einheiten unterteilt, die alle eine Reihe verschiedener Wohnbautypologien aufweisen. Das "Rückgrat" des Entwurfes bildet ein grüner Streifen, an dessen "Kopf" sich ein Apartmentblock mit Tiefgaragen und einer Feuerwache befindet. Von diesem Gebäude aus haben die Bewohner eine spektakuläre Aussicht über die gesamte Wohnanlage und über die benachbarte grüne Lunge. Im mittleren Teil befinden sich kleine Straßen mit einer "Kasbah" farbiger, eingebetteter Gärten, die von der Straße durch eine Reihe von Bäumen abgeschirmt sind. Weiter in Richtung des Bahnhofs steigt der grüne Streifen an und bedeckt eine horizontale Matrix von Wohneinheiten, die rund um ein offenes Atrium gruppiert sind. Das grüne Dach dieser Superstruktur kann als öffentlicher Park genutzt werden.

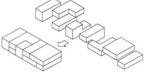
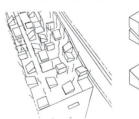

7 variations on hill houses

2 variations on jungle houses

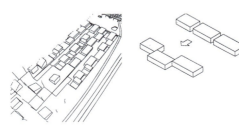

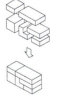

3 variations on sunk houses

5 variations on the flat type

Namur Einwohner 105234 Port du Bon Dieu Untersuchungsgebiet - 10 Hektar
Grundstück - 3 Hektar

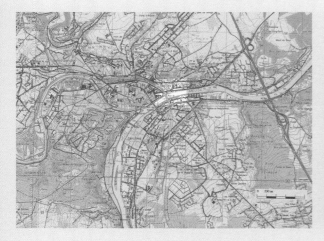 

Die Stadt Namur, Hauptstadt der gleichnamigen Provinz, ist ebenso die Hauptstadt der Region Wallonien und damit Sitz des Parlaments und der wallonischen Regierung. Das Grundstück liegt innerhalb der alten Stadtmauern (bekannt als Corbeille), zwischen der Maas und einer der Hauptstraßen, die nach Namur führt. Diese ist sechsspurig ausgebaut und besitzt einen direkten Anschluß an die Autobahn E 411. In der Nähe befindet sich die Plaine Saint Nicolas, die als weiträumiger Parkplatz dient.
Die Stadt beabsichtigt, vielseitig nutzbare Infrastrukturen anzulegen, um der Entwicklung der Funktionen, die von einer regionalen Hauptstadt erwartet werden, Rechnung zu tragen. Diese sollen in einem Gefüge von Wohngebäuden integriert werden.

73	Ankauf	Belgique/België/Belgien Namur	**Pablo Perlado Recacha (E)** **Pierluca Rocheggianni (I)** **Alejandro Pujol (E)**	**Euro Bellessi (I)** **Gonzalo Molero Homs (E)** **Jorge Raedo (E)**	Luisa Manfredini (A) Joan Daniel Gutes (E) Elena Pérez Piferer (E)

Constructing a new horizon Da der Standort das städtebauliche und architektonische Potential hat, die gesamte Umgebung aufzuwerten, versucht der Entwurf zunächst, die Beeinträchtigungen durch die nahegelegene, sechsspurige Autobahn zu vermindern. Dies erfolgt durch die Errichtung eines 1,5 Meter hohen, an die Landschaft angepaßten Damms, der zu den Wohnbauten hin abfällt. Hier können die verschiedensten nachbarschaftlichen Aktivitäten und Einrichtungen ihren Platz finden. Gleichzeitig soll ein Verbindungsglied zwischen den Orten Port de Bon Dieu und St. Nicolas geschaffen werden.

Die geplanten Wohnbauten befinden sich direkt am Ufer des Flusses. Viele davon sind freistehende Häuser auf Einzelgrundstücken, als Antwort auf die örtliche Topografie und die besonderen Merkmale des Standortes. Eine Plaza, die an den Fluß und das Einkaufszentrum angrenzt, bildet den Mittelpunkt der öffentlichen Einrichtungen.

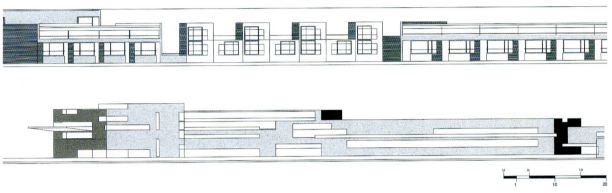

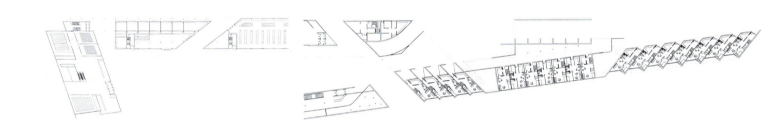

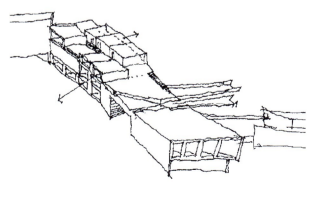

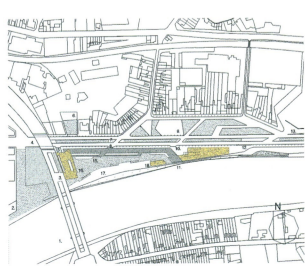

74 Preis Belgique/België/Belgien
Namur

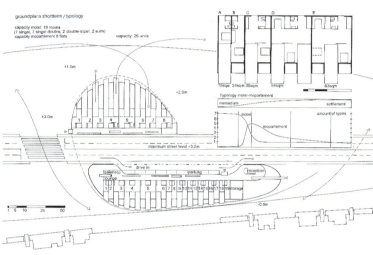
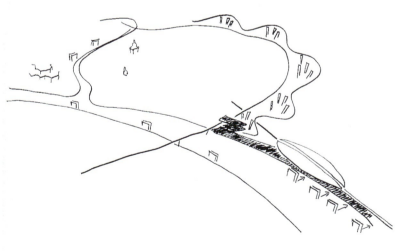
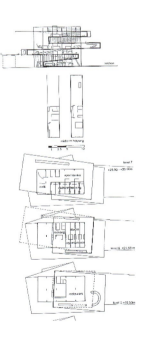

Ulrike Bräuer (D)
Michael Mackenrodt (D)

Frederic Schneider (B)
Flavio Ochoa (I·E)

Urban topography Das Potential der umliegenden Infrastruktur wird als Katalysator der zukünftigen Entwicklung genutzt, wobei die einzelnen Teile der geplanten Stadtlandschaft eine programmatische "Brutstätte" bilden sollen. Aus dem Zusammenspiel von Landschaft, städtischen Qualitäten und Natur kann so ein "urbanes Relief" als dreidimensionale Struktur für ein städtisches Programm und komplexe räumliche Erfahrungen entstehen.
Die urbane Topografie besteht aus vier Aktivitätsfeldern, jedes ist charakterisiert durch eine andere Form von Mobilität und Veränderbarkeit. Ein neuer öffentlicher Raum in der Nähe des Flusses, die "Promenade", bildet eine Fußgängerverbindung von der Faubourg in die Innenstadt. Der "Urban Forest" aus schlanken Bürotürmen entsteht entlang der Eisenbahnlinie. Die "Landtecture" beinhaltet die großvolumigen Einrichtungen und bildet eine künstliche Topografie über die Chaussee de Hannut hinweg und markiert den östlichen Zugang zur Stadt. Die "Molecules" folgen dem Fluß und könnten entlang der vorhandenen Infrastruktur eine neue Wohnbautypologie entstehen lassen.

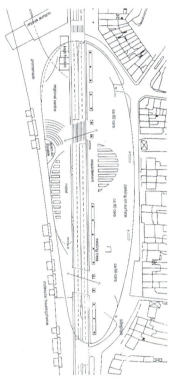

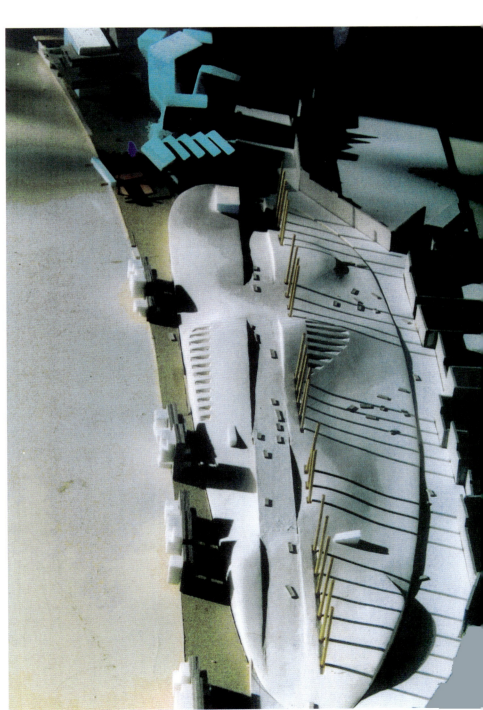

Essen

Preis
Ralf Freymuth (D)
Silvia Euler (D)

Preis
Paul Van Der Voort (NL)
Catherine Visser (NL)
Daan Bakker (NL)

Ankauf
Christiane Schmidt (D)
Jörg Lammers (D)
Verena Manz (D)
Martin Dütsch (D)
Lucas Merx (NL)
Anne-Julchen Bernhard (D)
Susanne Friedburg (D)
Christian Roth (D)
Maria Tillessen (D)

Geesthacht

Preis
Georg Waiblinger (D)
Martin Schenk (D)

Gotha

Preis
Jérémy Vassort (F)
Guillaume Buret (F)
Audrey Goetz (F)

München

Preis
Gert Mader (D)
Andrea Gandyk (D)
Amir Cackovic (BOS)
Dagmar Lezuo (D)

Ankauf
Lars Loebner (D)
Karin Stoppel (D)

Ankauf
Markus Pfreundtner (D)

Schwabach

Ankauf
Klaus Beutler (D)
Martin Ilg (D)

Weissenfels

Preis
Ute Poerschke (D)
Stefan Zwink (D)

Ankauf
Matthias Heidtkamp (D)
Friederike Sprenger (D)

Ankauf
Alexander Koblitz (D)
Anja Nelle (D)
Allard Van Der Hoek (NL)
Felix Lohmeyer (D)
Jochen Manz (D)

Guben • Gubin

Preis
Sonja Moers (D)
Thorsten Wagner (D)
Jon Prengel (D)

Ankauf
Peter Stötzel (D)
Martin Schmöller (D)
Sibylle Grössl (D)

Deutschland

Essen Einwohner 610 570 Thurmfeld 4,77 Hektar

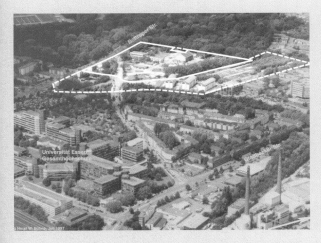

Das im Bundesland Nordrhein-Westfalen gelegene Essen stellt das wichtigste Zentrum des Ruhrgebietes für Steinkohlegewinnung und Hüttenindustrie dar, dazu kommen die Fabriken von Krupp, sowie die Chemie- und Glasindustrie. Seit dem Niedergang der Schwerindustrie stehen ausgedehnte Flächen, ehemals industriell genutzt, nunmehr brachliegend, für neue Funktionen des Stadtzentrums zur Verfügung. Aufgrund der anfänglichen industriellen Nutzung und der späteren Reservierung für Erweiterungsbauten der Universität, besitzt das Gebiet keinerlei urbane Identität, die nun entstehen soll: Vor diesem Hintergrund ist es erforderlich, eine Konzeption zu entwickeln die eine Verdichtung ermöglicht, ohne bestehende räumliche Qualitäten aufzugeben.
Es sollen ebenfalls Verbindungen zu den Nachbarbezirken hergestellt werden.

Preis Deutschland
Essen

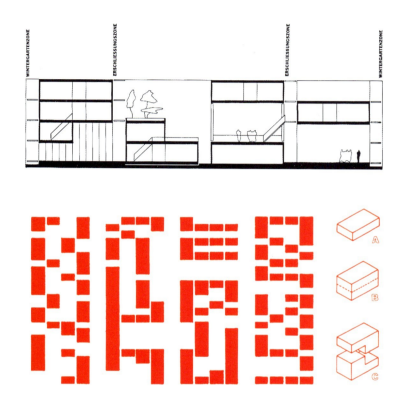
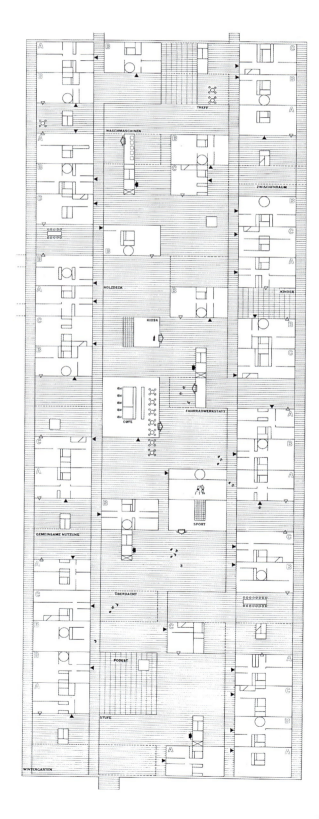

Ralf Freymuth (D)
Silvia Euler (D)

In between Der Entwurf dehnt den bereits bestehenden Segeroth Park auf den gesamten Standort aus. Die Dekontaminierung des Bodens wird als Ausgangspunkt für einen Prozeß zur Gestaltung der Landschaft angesehen, der das äußere Erscheinungsbild und die Qualität des Standortes mit den ihn umgebenden Bereichen verändern soll. Bestimmte Pflanzen, wie zum Beispiel Moose, können auch auf "Industrieboden" angepflanzt werden, um dort eine besondere Atmosphäre zu erzeugen. Drei Elemente dominieren die geplante Landschaft: ein grüner Hügel, ein rotes Feld und eine Kiesgrube.

Die Bebauung konzentriert sich auf ein Hauptelement, das über der künstlich geschaffenen Landschaft "schwebt". In einer äußerst heterogenen Nachbarschaft hat der massive Baukörper die Funktion eines Orientierungspunktes. Seine Dimension verleiht ihm Identität. Das Innenleben des Gebäudevolumens steht durch die kleinteilige Struktur im Kontrast zu seinem äußeren Erscheinungsbild. Eine Reihe von Passagen und Decks verbindet das Gebäude mit der Landschaft. Dabei handelt es sich um autonome Elemente, die unabhängig entwickelt und verdichtet werden.

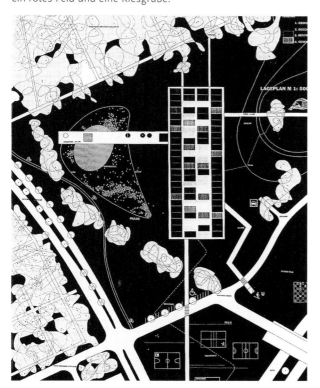

80 Preis Deutschland Essen

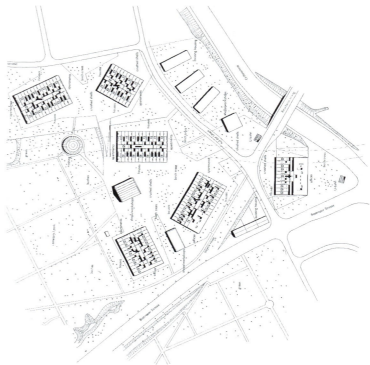

Paul Van Der Voort (NL)
Catherine Visser (NL)
Daan Bakker (NL)

Around the block Die Verbindung von Wald und Infrastruktur erfordert die Planung von urbanen "Inseln". Mitten in den Wäldern, in der Nähe der Eisenbahnlinien, liegen isolierte, konzentrierte Gebäudekomplexe, die lose an die Hauptstraßen angebunden sind, die durch die Landschaft "meandern". Die vorhandene Eisenbahninfrastruktur kann für das öffentliche Verkehrsnetz genutzt werden. Die 150 Hektar Waldland zwischen den großen Fabriken bilden einen erweiterten Landschaftsraum.
Die Wohngebäude werden als kompakte Volumina entwickelt und belegen so nur einen Teil des Standortes. Jedes einzelne Haus gewährleistet einen hohen Grad an Privatsphäre. Ein Patio über alle Stockwerke, kombiniert mit einem "vertikalen Garten" sowie ein grünes Zimmer mit offenem Kamin auf dem Flachdach jeder Wohneinheit bilden die privaten Außenräume. Einen anderen privaten Außenbereich gibt es nicht, die Eingangstür führt direkt in den öffentlichen Raum. Die Gebäude sind freistehende Objekte, umgeben von Grün.

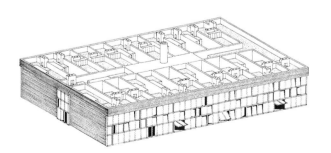

82 | Ankauf | Deutschland Essen | **Christiane Schmidt (D)** **Jörg Lammers (D)** **Verena Manz (D)** | **Martin Dütsch (D)** **Lucas Merx (NL)** Anne-Julchen Bernhard (D) | **Susanne Friedburg (D)** Christian Roth (D) Maria Tillessen (D)

Das Ruhrgebiet als Landschaft Der Entwurf versteht sich als Reflexion der Widersprüche seiner Umgebung. Die umliegende Landschaft ist kein kontrastierendes, passives Element, sondern ein aktiver Bestandteil des Schemas. Das Symbol ländlichen Lebensstils wird benutzt, um räumliche Grundlagen festzulegen, in denen der Rhythmus von Raum und Zeit erlebt werden kann. Es werden grundlegende Strukturen entwickelt, die räumliche, soziale, urbane und ländliche Zusammenhänge umfassen, die neu gestaltet werden und weiterwachsen können. Einzelne Elemente werden wie generative Strukturen behandelt, die für eine individuelle Adaptation flexibel und offen bleiben. Bereits vorhandene Biotope werden in Obst- und Gemüsegärten, Teiche zum Sammeln des Regenwassers und Koppeln umgewandelt, wobei der allgemeine ländliche Charakter intensive, jedoch immer noch neutrale funktionale Räume schafft. Der Obstgarten neben dem sandigen Weg wird zum Gemüsegarten und Freizeitbereich und dient zur Aufrechterhaltung des regulierenden Abstandes zwischen Gebäuden. Erinnerung und Artefakt vereinigen sich, um Wohnungsbau in einen neuen Kontext zu setzen.

| Geesthacht | Einwohner 29 200 | Derv Harfen | Sechs Grundstücke mit einer Größe von jeweils 0,5 bis 7 Hektar |

Deutschland

Geesthacht ist eine kleine Stadt, die ca. 30 km östlich von Hamburg liegt. Im Schatten der Metropole hat Geesthacht einen relativ geringen Einfluß auf das Umland.
Bei dem zu bearbeitenden Gebiet handelt es sich um ein verlassenes Hafenareal an der Elbe.
Die Gemeinde Geesthacht beabsichtigt, die Stadt wieder an den Fluß anzubinden und sucht nach einer Möglichkeit, eine dauerhafte Verbindung des Hafengeländes mit dem Stadtzentrum zu schaffen. Die Breite des Landstreifens zwischen diesen beiden Gebieten beträgt zwischen 200 und 400 Meter. Das Gelände soll in ein durchgehendes urbanes Gefüge öffentlicher Grünräume umgewandelt werden.

Preis Deutschland
Geesthacht

Georg Waiblinger (D)
Martin Schenk (D)

Pavels Fotoalbum Der Ort wird mit den Augen von Pavel, dem Bootsmann, gesehen. Er ist das Symbol für die Bedürfnisse des Menschen und für seine Entwicklung im Laufe der Zeit. Entwicklung ist das Schlüsselkonzept für einen Entwurf, in dem zwar ein Großteil der vorhandenen urbanen Strukturen (Park, altes Lagerhaus etc.) aufrechterhalten, diese jedoch mit neuen zusätzlichen Elementen ergänzt werden. Die Entwicklung des Standortes soll durch kontinuierliche Interventionen vorangetrieben werden, die keine vorgeschriebene Reihenfolge haben. Die Einbindung der Öffentlichkeit in den Planungsprozeß ist dabei ein wesentlicher Bestandteil.

Durch den Bau einer Brücke wird das Flußufer mit dem Stadtzentrum verbunden. Die nördliche Seite des Hafens wird von Bootshäusern dominiert, die zusammen mit dem Freiraum und dem Einkaufszentrum eine Trennung von Stadt und Fluß sowie von Industrie- und Wohnbereichen schaffen. Das ehemals brachliegende Land wird mit Wohngebäuden bebaut. Durch ein Netzwerk unterschiedlicher und grundlegender Entwurfsprinzipien wird das ökonomische Potential des Standortes optimal ausgeschöpft. Mit jeder Intervention wird die weitere Entwicklung des gesamten Gebietes gefördert.

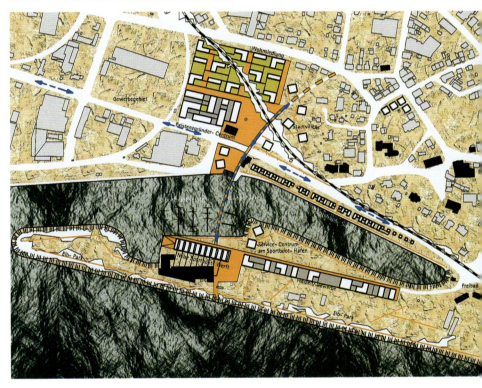

Gotha   Einwohner 50 000   Alter Güterbahnhof und   ca. 5 Hektar
(Großraum 148 000)   Kohlendepot

Gotha ist die ehemalige Hauptstadt des Herzogtums Sachsen-Coburg-Gotha.
Das Grundstück liegt im Süden des Parks von Schloß Friedenstein an einer Eisenbahnlinie.
Das Konzept für eine Neuentwicklung soll sich nicht auf den Ausbau der ökologischen Vorzüge des Standortes beschränken, sondern die Schaffung eines neuen multifunktionalen Zentrums in der Nähe eines Bahnhofes einschließen. Die Lebensqualität in dem Gebiet soll erhöht werden, um so den Belästigungen entgegenzuwirken, die durch das aufgegebene Eisenbahngelände und den Verkehr auf der Parkstraße entstehen.

88 Preis Deutschland
              Gotha

Jérémy Vassort (F)
Guillaume Buret (F)
Audrey Goetz (F)

Zeitliche Kreuzungen Dieses Projekt kann sich aufgrund eines starken Anfangsentwurfes im Laufe der Zeit verändern, die Idee von Flexibilität begünstigt kleine und einmalige Konzepte. Die vorhandene Vegetation bildet einen heterogenen Überzug, der sich je nach Bodenbeschaffenheit verändert ; diese Flächen werden nicht bebaut und verändern sich im natürlichen Zyklus. Gebaut wird lediglich im Herzen der natürlichen Vegetation und bepflanzten Bereiche, die sowohl physischen als auch visuellen Schutz bieten und den Kontext des Ortes verstärken. Im Laufe der Zeit werden sich drei verschiedene Formen von grünen Räumen entwickeln: ein naturbelassener Bereich (Verbindung Pflanzen-Landschaft), ein urbanisierter Bereich, dessen Nutzung noch nicht festgelegt ist, sowie ein weiterer urbanisierter Bereich, der einer besonderen Nutzung gewidmet ist.
Die städtebauliche Zusammensetzung ist durch verschiedene Bereiche definiert, die eine gut durchdachte Struktur bilden, wobei lediglich die Anzahl der verschiedenen Funktionalitäten ausgedrückt wird, ohne dabei deren Natur zu zeigen.
Die generativen Funktionen des Projektes, d.h. Vegetation und Formen der Mobilität, können nicht voneinander getrennt werden, wenn neue Funktionen eingeführt werden.

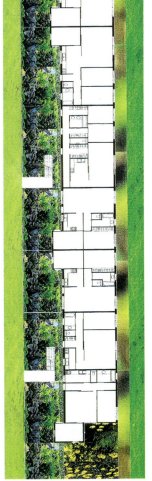

| München | Einwohner 1 300 000 | München-Lochhausen | Untersuchungsgebiet - 10,9 Hektar
Grundstück - 3 Hektar |

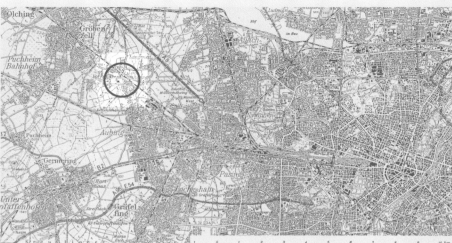

München ist bayerischer Regierungssitz und das wichtigste wirtschaftliche und gewerbliche Zentrum im Süden Deutschlands. München und die acht angrenzenden Landkreise bilden zudem eine der größten Wachstumszonen Europas.
Das Grundstück befindet sich am nordwestlichen Rand des Ballungsgebietes im ländlichen Wohnbezirk München-Lochhausen. Es gibt eine direkte Eisenbahnverbindung mit dem 13,5 km entfernten Stadtzentrum.
Die Gemeinde ist an einer städtischen Entwicklung interessiert, die die Randgebiete stärkt und erweitert, um so das Stadtzentrum zu entlasten und eine neue Lebensqualität zu erzeugen.

Ankauf — Deutschland — München — Lars Loebner (D), Karin Stoppel (D)

Individuelle Gemeinschaften Der Entwurf überlagert Landschaft und Stadt, wodurch städtisches Leben und Natur in einer urbanen Landschaft vereint werden. Ein System individueller Gemeinschaften erzeugt ein Netzwerk äußerst dichter Cluster, die von offenen Räumen umgeben sind. Der verbleibende Waldstreifen soll zu einem Abenteuerspielplatz werden. Die verschiedenen öffentlichen Räume bieten die Qualitäten von Stadt und Land. Der Arbeitsplatz ist lediglich einen "doppelten Mausklick" entfernt: Wohnen wird wieder zum Mittelpunkt des Lebens.

Der Innenhof eines jeden Clusters bildet ein soziales Zentrum, wodurch ein Gefühl von Nachbarschaft erzeugt wird. Im Einklang mit den sich verändernden Lebenszyklen der Bewohner können die Wohnungen durch eine Verbindung mit der Nachbarwohnung vergrößert oder durch eine Teilung verkleinert werden. Trennwände können versetzt werden, was die Flexibilität der Grundrisse erhöht. Wohnen und Arbeit sollen eine Einheit bilden. Die Arbeitsplätze können entweder innerhalb der Wohnung liegen, oder als eigenes Büro mit separatem Eingang vom Wohnraum abgetrennt werden.

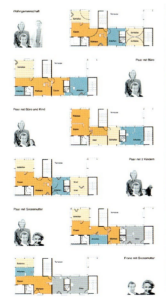

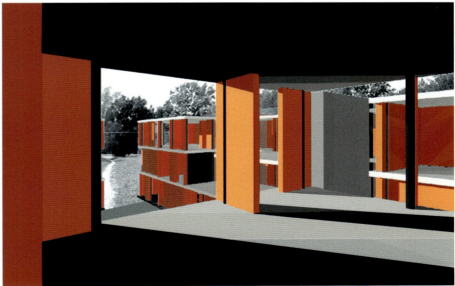

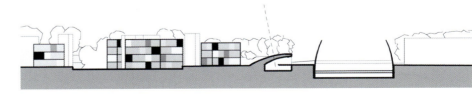

92 Preis Deutschland
                München

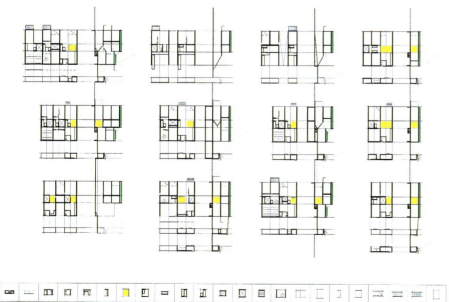

Gert Mader (D)
Andrea Gandyk (D)
Amir Cackovic (BOS)
Dagmar Lezuo (D)

Landscaping Hier bilden Landschaft und Architektur eine Einheit, und der Entwurf ist Teil eines Ganzen. Die Idee, die der "Landschaftsgestaltung" zugrunde liegt, ist die eines Daches, das einen öffentlichen, grünen Raum bildet, der sich von der einen zur anderen Seite des Quartiers erstreckt. Es entsteht der Eindruck eines randlosen Hintergrundes, der in die Landschaft übergeht. Es erfolgt eine konzeptionelle Teilung in einen "oberen", öffentlichen und einen "unteren", nach innen gerichteten Ort. Die Ausrichtung der Häuser ergibt sich durch die Topographie des Gebietes, durch Wald, Fußwege, einzeln stehende Bäume. Die Topografie der Stadtlandschaft bildet einen Kontrast zu der flachen, künstlichen Dachlandschaft.

Die große Anzahl von Nutzungsmöglichkeiten, die alle dicht beieinander liegen, führt zu einem fließenden Übergang zwischen Arbeits-, Wohn- und Freizeitzonen. Entsprechend den allgemeinen und individuellen persönlichen Anforderungen kann der Wohnbereich durch verschiedene ergänzende Einrichtungen vervollständigt werden.

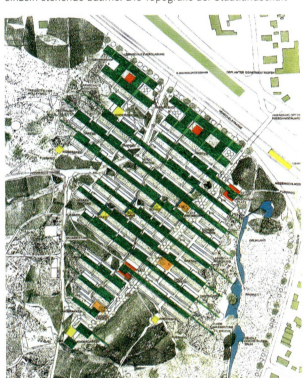

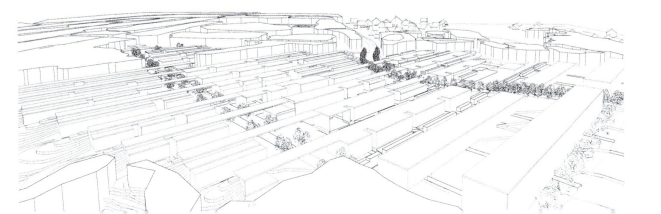

Collage City Collage City basiert auf dem System eines einzelnen Hauses und baut auf dieser Einheit auf, um einen Überblick über das künftige Entwicklungspotential von München-Lochhausen zu erhalten. Aus Zellen mit einer Größe von 15,60 x 15,60 m werden drei Gebäudetypen entwickelt. Eine bestimmte Anordnung nach Typen ist nicht vorgegeben. Typ A ist ein Einfamilienhaus. Typ B ist ein Gebäude mit vier Wohneinheiten, das Erdgeschoß kann flexibel genutzt werden. Typ C ist ein Gebäude mit sechs Wohneinheiten, auch hier kann das Erdgeschoß flexibel genutzt werden, zum Beispiel für Geschäfte, Büros, Praxisräume oder alten- und behindertengerechte Wohnungen. Ein einziges Grundstück kann in 256 verschiedenen Varianten bebaut werden (Gebäudetyp und Anordnung auf dem Grundstück).

Die Zellen sind in Streifen angeordnet und folgen der Topografie der nahegelegenen Hügel. Collage City hat getrennte Netzwerke für den privaten und öffentlichen Fahrzeugverkehr, die Fußgängerbereiche und Fahrradwege. Das Wachstum der Siedlung orientiert sich an Prozessen in der Natur. Die Struktur kann sich im Hinblick auf Wohneinheiten, Grundrisse und städtebauliches Gesamtkonzept im Laufe der Zeit und im Raum ausdehnen oder zusammenziehen.

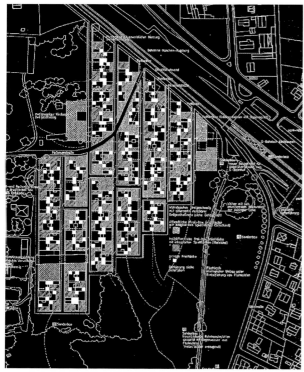

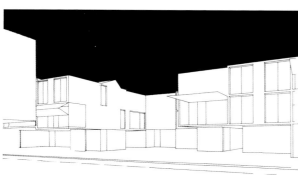

Deutschland

Schwabach Einwohner 38 000 O'Brian Kaserne, verlassenes Militärgebiet Untersuchungsgebiet - 9 Hektar
Grundstück - 3 Hektar

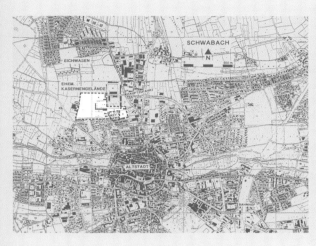 

Schwabach ist eine traditionelle, mittelgroße Stadt mit eigenem Wirtschafts- und Kulturleben.
Das Grundstück umfaßt den südlichen Teil einer alten Kaserne, die sich im Stadtzentrum befindet, sowie Freiflächen und weitere Gebäude, die umgewandelt werden sollen. Eine ausreichende Erschließung steht zur Zeit noch nicht zur Verfügung, es muß hierfür ein völlig neues Konzept entwickelt werden.
Die Stadt beabsichtigt, eine Verbindung zwischen dem historischen Zentrum und den angrenzenden Gebieten herzustellen. Diese Verbindung soll sich aus der besonderen Gestaltung des Standortes ergeben. Bei der Entwicklung des Gebietes soll die brachliegende Fläche in Wohnquartiere mit gemischter Nutzung umgewandelt werden.

Büroklammer - Wohnen und Arbeiten Eine eng verwobene, urbane architektonische Struktur mit eigener Identität transformiert eine ehemalige Kaserne in ein Wohnquartier. Öffnungen, Straßen, Fußwege und Plätze dienen dazu, die Reihenausrichtung der vorhandenen Gebäude zu durchbrechen und integrieren diese in die neue architektonische Struktur.
Als strukturelles Merkmal des Entwurfes entsteht zwischen den regelmäßigen Gebäudereihen ein dichtes Netzwerk frei angeordneter Bürogebäude ("Büroklammern"). Die Verbindung der beiden Elemente erzeugt ein Gefühl der Nähe und schafft engere soziale Bezüge. Das bebaute Gebiet bleibt frei von motorisiertem Verkehr. Die einheitlichen modularen Dimensionen der Wohneinheiten im Zusammenspiel mit den adaptierbaren Sanitärbereichen ermöglichen eine vielseitige Verwendungsmöglichkeit der einzelnen Räume. Patios, Innenhöfe, Dachterrassen und Wintergärten geben den Häusern und Wohnungen die notwendige Privatsphäre.

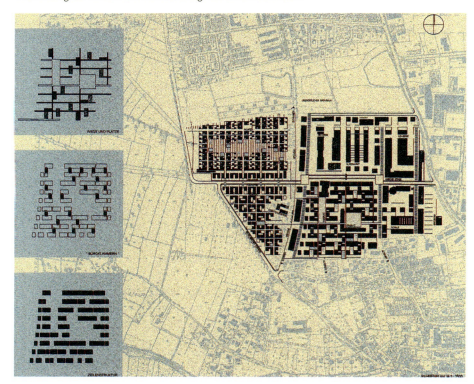

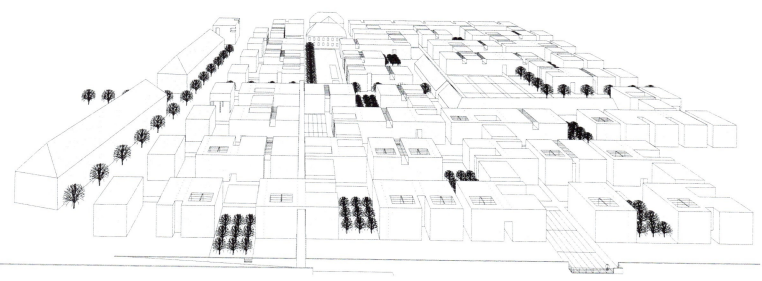

Deutschland

Weissenfels Einwohner 35 000 Alte Ställe 2,2 Hektar

Weissenfels, eine Stadt im Süden des Bundeslandes Sachsen-Anhalt gelegen, blickt auf eine langjährige Geschichte zurück. Das Grundstück liegt außerhalb der Altstadt, dem Schloß Neu-Augustusburg direkt gegenüber. Es beinhaltet die alten Ställe und die neueren östlichen Teile des alten Schloßgartens. Im Norden und Osten wird der Standort von einer Zufahrtsstraße begrenzt. Das Gebiet ist durch die dort befindlichen massiven Bauten geprägt (Parkplätze, Werkstätten, Lager, etc.).
Es ist beabsichtigt, daß sich Rekonstruktion der Altbauten und Errichtung von Neubauten ergänzen, und damit auch die Vielschichtigkeit städtischer Veränderungsprozeße zum Ausdruck kommt.

98 Preis Deutschland
Weissenfels

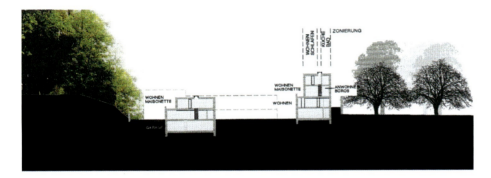

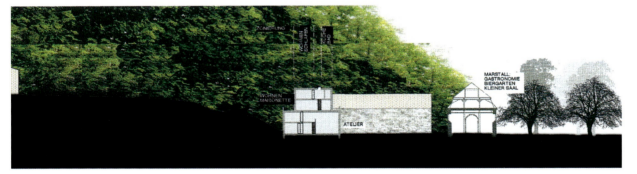

Ute Poerschke (D)
Stefan Zwink (D)

Felsengarten Moderne Technologie bedeutet, daß physische Mobilität immer unbedeutender und mentale Mobilität zunehmend einfacher wird. Es ist paradox, aber je weniger wir uns körperlich bewegen, um so schneller und weiter reisen wir mental. Das Ergebnis ist: je statischer wir werden, desto größer ist der Verlust tatsächlicher Nähe. Ein Extremfall ist mentales Reisen (zum Beispiel weltweit im Internet zu surfen) während einer Zugfahrt. Das Projekt versucht, äußerst präsent zu sein - "hier und nah"- und auf diese Art und Weise die Notwendigkeit eines Ausgleichs zwischen physischer und mentaler Mobilität sowie physischer und mentaler Nähe zu unterstreichen.

Die Idee ist, die drei Gebäude wie schweres Felsgestein, das nicht entfernt werden kann, tief mit dem Untergrund zu verwurzeln. Gleich im Garten liegenden Felsen, fest verankert im hochaufragenden Grün, erzeugen sie das Gefühl einer Solidität und Unmittelbarkeit als Ausgangspunkt für mentales und physisches Reisen.

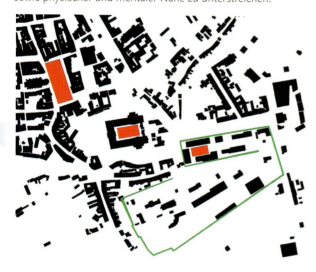

Matthias Heidtkamp (D)
Friederike Sprenger (D)

Berührungspunkte Die Geometrie des Entwurfes ist durch das historische Schloß und den ehemaligen Lustgarten der Stadt inspiriert. Die Wohnbauten sind, was Funktion und Dimension anbelangt, eine Weiterführung der kleinteiligen innerstädtischen Grundrißstrukturen, in der eine Vielzahl von kleinen Erweiterungen eine Art Atrium bilden, das die Grundrisse begrenzt. Hier wird das Atrium zu einem kleinen inneren Hof, dessen vierte Seite verglast ist und hinter der sich große Terrassen befinden. Diese Höfe sind Innen und Außen zugleich und bilden Räume, die Schutz gegen Wetter und Lärm bieten. Dies sind zwei Aspekte, die qualitativ hochwertige Räume schaffen und gute Beziehungen zwischen den Nachbarn ermöglichen.

Die Verwendung von leichten Trennwandkonstruktionen auf einem 96 x 96 cm Raster ermöglicht zahlreiche Varianten von Raumgrößen. Die Außenwände sind in Stahlbeton vorgesehen, dabei wird ein hoher Grad an Vorfertigung angestrebt. Öffenbare Glasfassaden und Schiebetüren stellen den direkten Kontakt zwischen Innen und Außen her.

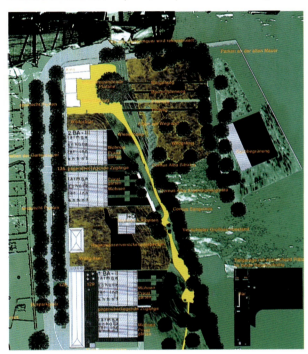

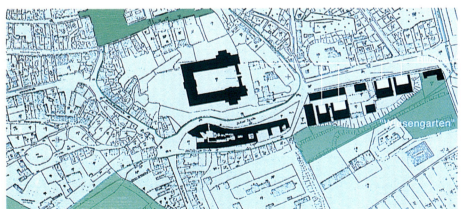

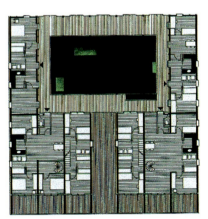

101 Ankauf Deutschland Weissenfels **Alexander Koblitz (D)** **Anja Nelle (D)** Allard Van Der Hoek (NL) Felix Lohmeyer (D) Jochen Manz (D)

Fliessende Artefakte Die grundlegende Prämisse des Entwurfskonzepts ist ein nicht ideologischer Kontextualismus. Die Parameter definieren sich selbst und die Logik des Entwurfs ergibt sich aus seiner direkten Beziehung zum unmittelbaren Kontext, dem Schloß und der hügeligen Topographie. Es soll kein heroischer Modernismus entstehen, der auf absoluter Planungskontrolle basiert, sondern hybride Gebäudeformen, die sich durch das intuitive Lesen des Ortes ergeben. Die natürliche Bewegung der Landschaft wird benutzt, um die strikte geometrische Rationalität der riegelartigen Gebäude zu durchbrechen.

Der hügelige Ort wird von natürlichen Plateaus unterteilt, Höhenunterschiede sind durch Wege und Windungen ausgeglichen. Die Plateaus funktionieren als abgetrennte Freiräume, deren Kanten entweder durch Gefälle, Wände oder Gebäude natürlich definiert sind. Die nach innen ausgerichteten Räume können als Gegenstück des nahegelegenen Schloßhofes gelesen werden. Im Untergeschoß bezieht sich das Gebäude auf die Konturen des Ortes, die oberen Stockwerke werden aus modularen Elementen gebildet, die eine Vielzahl unterschiedlicher Grundrißvarianten ermöglichen.

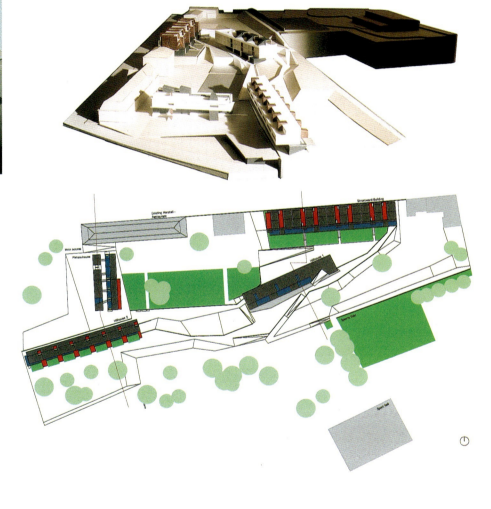

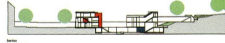

Guben (in Deutschland)   Einwohner 28 300   An der Berglehne   ca. 1,3 Hektar

Gubin (in Polen)   Einwohner 18 000   Emilia Plater   ca. 0,8 Hektar

Entsprechend des Potsdamer Abkommens wurde die Stadt 1945 in zwei Teile geteilt. Östlich der Neiße entstand die polnische Stadt Gubin, auf der Westseite die deutsche Stadt Guben. Beide Städte haben in der Folgezeit eigene unabhängige Infrastrukturen und Erschließungssysteme entwickelt. Nach der deutschen Wiedervereinigung im Jahre 1989 wurden in beiden Städten größere wirtschaftliche Eingriffe vorgenommen.

Die Wettbewerbsgrundstücke befinden sich beide am Rande von Plattenbaugebieten, haben eine ähnliche topographische Lage und einen herrlichen Ausblick auf das Neißetal. Die städtebauliche Aufgabe ist, eine bessere Beziehung zwischen den vorhandene Räumen zu ermöglichen und eine direkte Verbindung zwischen den Stadtzentren entstehen zu lassen. Es ist ein besonderes Anliegen, kosten- und flächensparende Typologie zu entwickeln, um zusätzlich zu den existierenden großen Wohnbaukomplexen Wohnungen für Erstkäufer anbieten zu können.

Eine grenzüberschreitende Kooperation zwischen den Städten Guben und Gubin wird angestrebt.

Ankauf — Deutschland · Polska — Guben · Gubin

Peter Stötzel (D)
Martin Schmöller (D)
Sibylle Grössl (D)

Laubenstadt Um die hohe urbane Dichte mit dem Wunsch der Bewohner nach privaten Gartenräumen in Einklang zu bringen, wird eine parzellierte Struktur mit Patiohäusern überlagert. Die verschiedenen Arten von Wohnungen basieren auf einem einfachen Modul, das durch das Hinzufügen von einzelnen Räumen von einer Wohnung für zwei Personen in eine für fünf Personen erweitert werden kann. Die verschiedenen Modelle können so kombiniert werden, daß sie entweder eine teppichartige Struktur oder eine weniger dichte Reihenformation bilden. Dies eröffnet viele Möglichkeiten, auf die angrenzenden Gebäuden Bezug zu nehmen und schafft eine Fülle unterschiedlicher Räume.

Jede Wohnung hat ein offenes Erdgeschoß, das als Wohn- oder Eßbereich genutzt werden kann, und einen privaten Bereich mit Wohn- und Schlafzimmer im ersten Stock. Im zweiten Stock befindet sich ein weiterer kleiner Raum, der den Blick über das Neißetal ermöglicht. Im Erdgeschoß gibt es modulare Räume, die für eine Vielfalt individueller oder gemeinsamer Nutzungen geeignet sind, was ein hohes Maß an Individualität und unterschiedlichste Entwicklungsmöglichkeiten im Laufe der Zeit zuläßt.

Guben/Deutschland

Gubin/Polska

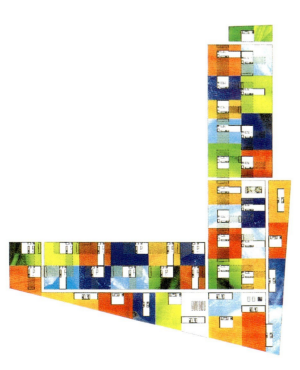

Preis — Deutschland • Polska — Guben • Gubin

Sonja Moers (D)
Thorsten Wagner (D)
Jon Prengel (D)

Serielle Gartenstadt Durch die Zerstörung des historischen Stadtzentrums von Guben während des Zweiten Weltkrieges wurde die Verbindung mit den Außenbezirken unterbrochen und die Stadt in zwei Fragmente zerteilt. Das Ziel dieses Entwurfes besteht darin, die einzelnen Bezirke durch ein durchgängiges Grünkonzept aufzuwerten und neue Wechselbeziehungen herzustellen. Aufgrund der jeweils speziellen Einbettung in die Landschaft ist für jedes Gebiet das Thema Freiraum ein anderes, was auch in den neuen Wohngebieten seinen Ausdruck findet.
Die Gebiete setzen sich aus zwei benachbarten Feldern, die ineinander übergehen, zusammen. Das eine ist ein Freiraum, durch den das Gebiet seine Identität erhält. Das andere ist bebaut und erfüllt die funktionalen Aufgaben eines Wohngebietes, das aus Reihenhäusern besteht. Dazu wurde ein System entwickelt, das ähnlich einem Regal an verschiedenen Orten aufgestellt und mit unterschiedlichen Dingen gefüllt werden kann. Ein Basiselement integriert alle technischen Installationen und bildet den strukturellen Rahmen, in den die Wohnbauten in zahlreichen Varianten eingepaßt werden können.

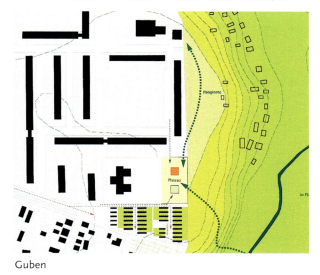
Guben

Gubin

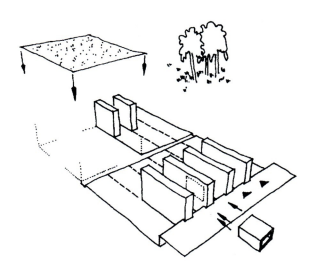

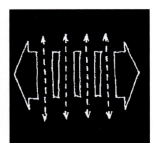

Ellás

Athinai-Agia Anargiri

Preis
Minas Papadakis (CH)
Francesca Wunderle (I)
Nicola Luig Panetta (I)

Ankauf
Fanagiotis Stefas (GR)

Athinai-Amaroussion

Preis
Sofia Vyzoviti (GR)
Giusseppe Mantia (I)
Karl Amann (D)

Ankauf
Dimitra Sidiropoulou (GR)
Apostolos Panos (GR)
Joannis Kantas (GR)
Joannis Apostolou (GR)
Dionisia Filippaiou (CH)

Thessaloniki-Chalastra

Ankauf
Franck Fauvet (F)
Loukia Martha (GR)
Raphaël Henon (F)
Jean-Christophe Cayla (F)

Thessaloniki-Polichni

Preis
Anastasia Papadopoulou (GR)
Penelope Xiptera (GR)

Athinai-Agia Anargiri Einwohner 4 500 000 Agia Anargiri 3 Hektar

Im Nordwesten von Athen gelegen, ist St. (Agia) Anargiri eine dynamische Gemeinde, in der das städtebauliche Wachstum hauptsächlich durch die Konzentration einer Vielzahl von öffentlichen Einrichtungen bestimmt ist. Der Standort nimmt eine strategische Position ein, da er sich in einer Schlüsselstellung zwischen den Wohngebieten im Nordwesten und den Verkehrssystemen befindet. Ein Bebauungsplan regelt die zeitlichen Abläufe für den Aufbau eines lebendigen Stadtzentrums, das von Wohngebieten umgeben ist.
Für die verbleibende Fläche, eine Schnittstelle zwischen stillgelegtem Eisenbahngelände und dem aufgegebenen Militärstandort, soll eine neue Nutzung entwickelt werden. Es soll ein städtebauliches Konzept erarbeitet werden, das multifunktionale Projekte, den Bahnhof einbeziehende Anziehungspunkte und öffentliche Freiflächen beinhaltet, die auf dem stillgelegten Eisenbahngelände entstehen können.

108 Preis Ellás
              Athinai-Agia Anargiri

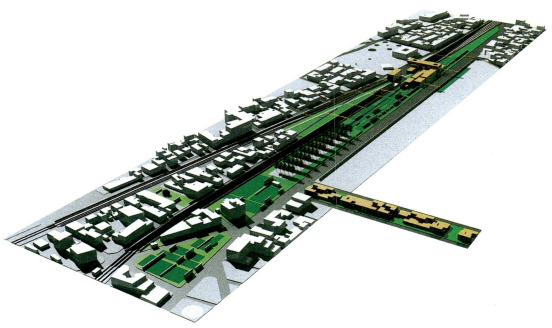

Minas Papadakis (CH)
Francesca Wunderle (I)
Nicola Luig Panetta (I)

Parasiten Boulevards, Brücken und Mauern sind die Elemente, die das Kernstück dieses Entwurfes bilden. Zwei Boulevards durchqueren den Standort und stellen damit einen Verbindungspunkt zwischen zwei der vielen möglichen Zentren urbaner Energie her. Die Brücken über die Boulevards sind eine Metapher für das urbane Strickmuster, das versucht, vorhandene und fehlende Strukturteile einzusäumen. Die Mauern folgen den prägenden Richtungslinien, den infrastrukturellen Zeichen von Eisenbahn und Autobahn. Themengärten, Wasser, Grünbereiche und Gebäude scheinen aus den Mauern herauszuwachsen, wie Parasiten aus den Stämmen von Bäumen. Die Vergänglichkeit der Natur als Ausdruck der ständigen Transformation urbaner Realität, entsteht durch die Mehrdeutigkeit, die dort sichtbar wird, wo sich das Grün und die Steine der Mauern plötzlich von der Vertikale in die Horizontale umkehren und zu einem Feld oder einem Straßenbelag werden.

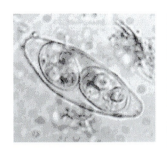

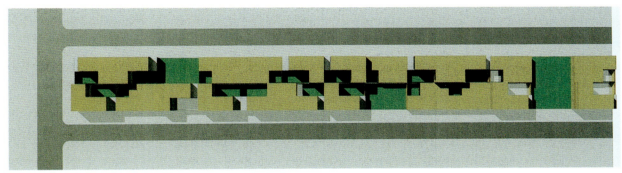
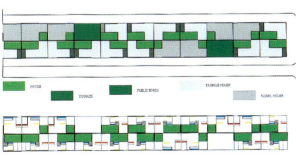

Strategische Konfrontation Der Entwurf erforscht nicht die urbanen und architektonischen Begleiterscheinungen und Potentiale des Standortes an sich, er bietet vielmehr eine weitergehende, konzeptuelle Analyse der menschlichen Beziehungen zur existierenden Umwelt, die hier durch die strategische Konfrontation beherrscht wird, daß der Mensch in der Nähe einer wichtigen Verkehrsinfrastruktur leben muß, was in diesem Fall durch eine umfassende Umstrukturierung erfolgt. Das hauptsächliche Antriebsmoment besteht in der Zusammenführung zweier internationaler Eisenbahnlinien. In den räumlichen Rahmen des Eisenbahnnetzes ist ein zweites Netz integriert, das hauptsächlich aus Fußgängerwegen besteht. Diese dienen nicht nur einer eingehenderen Wahrnehmung der Umgebung, sondern betonen auch die Realität der Koexistenz menschlicher und maschineller physikalischer Bewegungen. Das durch die teilweise Stillegung des alten Eisenbahnnetzes frei gewordene Land wird benutzt, um eine Begegnung mit der Natur zu ermöglichen. Dies wird als Grundlage gesehen für das Erleben einer körperlichen Beziehung mit dem Raum und seiner Ausdehnung über die Grenzen von Heim und Stadt hinaus.

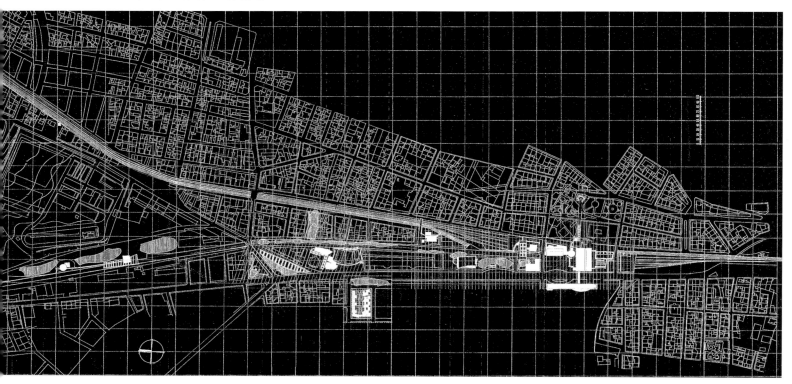

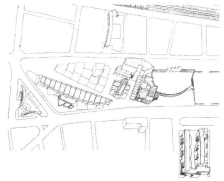

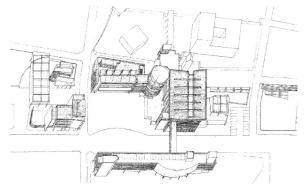

Athinai-Amaroussion   Einwohner 4 500 000   Bahnhof Spiros Louis   3 Hektar

Die Gemeinde Amaroussion im Nordosten Athens ist eine qualitative Wohngegend, die durch eine starke Konzentration neuer Nutzungen aus dem Dienstleistungssektor gekennzeichnet ist. Nach Athen führende Hauptstraßen zerschneiden das Gebiet in einzelne Fragmente.
Der Standort liegt an einem der 32 Kreuzungspunkte, er verbindet die neue Elefsina-Stavros-Spata Autobahn mit zwei anderen neuen Straßen. Auf dem Grundstück ist ein Bahnhof geplant, der die vorhandene U-Bahnlinie und eine geplante Straßenbahnlinie verknüpfen soll. Die neue Autobahn wird durch das Wohngebiet führen und das Stadtgefüge durchschneiden.
Das vielfältige Nutzungsprogramm (Geschäfte, kulturelle Einrichtungen, Wohnungen, verschiedene urbane Dienstleistungen, etc.) soll eine Konzentration von Nutzungen in der Nähe der Wohnungsbauten ermöglichen.

112   Preis   Ellás
              Athinai-Amaroussion

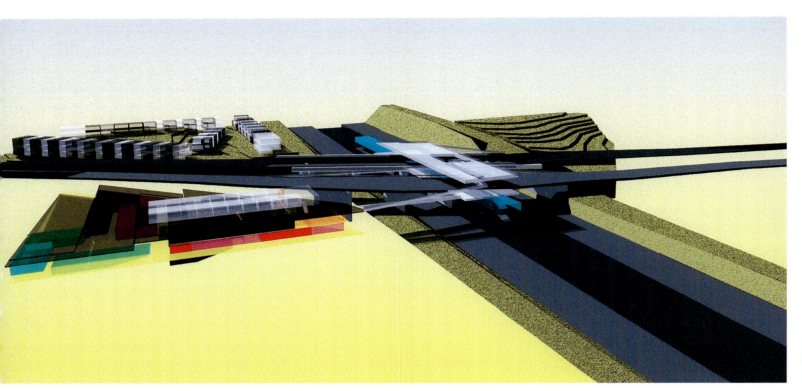

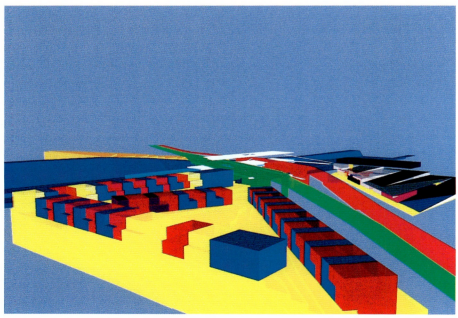

Sofia Vyzoviti (GR)
Giusseppe Mantia (I)
Karl Amann (D)

Horizontal kompakt Der Entwurf konzentriert sich auf die Veränderungen, die stattfinden, wenn durch eine infrastrukturelle Modernisierung ein Stück Brachland in einen Verkehrsknotenpunkt und in ein translokales Wohnzentrum umgewandelt wird. Hohe Dichte in Flachbau-Konfigurationen schafft ein Maximum an offenen Räumen. Programmatische Intensität, Time-Sharing und Symbiosen sind Planungs-strategien, die die Instandhaltung des öffentlichen Raums im Rahmen eines finanziell durchführbaren Projektes ermöglichen.

Die drei räumlichen Abschnitte sind als unabhängige Entwicklungseinheiten geplant. Im Bereich sozialer Wohnungsbau werden standardisierte Haustypologien neu gestaltet: Doppelhaus Maisonette-Wohnungen werden zu Reihen verdichtet, pro Wohnung kann ein Auto untergebracht werden. Im Einkaufsbereich gibt ein Parkplatzraster der Fläche, eine künstliche Kontur, unter der ein Einkaufszentrum für Pendler den Verkehrsfluß des Umsteigeknotens aufsaugt. Ein unbebaute Plattform führt den örtlichen Verkehr über die Autobahn. Dort entsteht ein "unprogrammierter" Raum, der noch gestaltet werden kann.

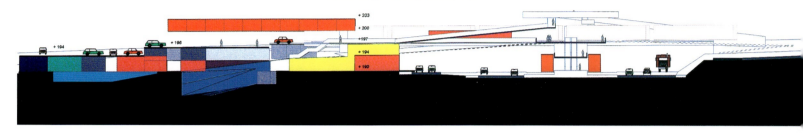

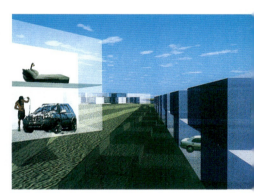

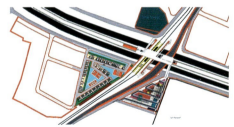

Ankauf — Ellás Athinai-Amaroussion

Dimitra Sidiropoulou (GR)
Apostolos Panos (GR)

Joannis Kantas (GR)
Joannis Apostolou (GR)
Dionisia Filippaiou (CH)

Verbindung von Substrukturen und unterschiedlichen Geschwindigkeiten Voraussetzung des Konzepts ist die Idee einer "Kontinuität" urbanen Raumes als Möglichkeit, Informationen und Dienstleistungen zur Verfügung zu stellen. Dies führt zu einem "Netzwerk"-Konzept, bei dem die Stadt als Netz unterschiedlicher Wahlmöglichkeiten wahrgenommen wird, die Voraussetzung für die oben genannten Dienstleistungen sind. Wo sich Substrukturen kreuzen, entstehen Superstrukturen als Anziehungspunkte für die Bewohner. Der öffentliche Raum, der durch einen dichten, programmierten Rahmen entsteht, bietet eine Vielzahl von Entwicklungsmöglichkeiten.

In dem Entwurf werden vier Bezirke, die durch Verkehrsinfrastrukturen getrennt sind, miteinander verbunden. Das Wettbewerbsgebiet erhält durch einen Umsteigebahnhof eine Verbindung zur Stadt, sozialer Wohnungsbau wird neben pulsierenden öffentlichen Räumen und urbanen Dienstleistungen geplant. Neben dem Bahnhof entstehen ein Hotel, ein Markt, Geschäfte, Büros und Freizeiteinrichtungen. Durch die Schaffung halböffentlicher, gemeinschaftlicher Bereiche wird versucht, die Intimität alter, nachbarschaftlicher Strukturen im Wohngebiet wieder herzustellen. Eine Art transversaler Loft-Wohnung schafft den Charakter freistehender Häuser.

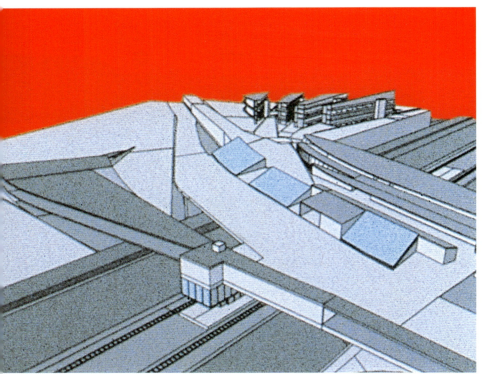
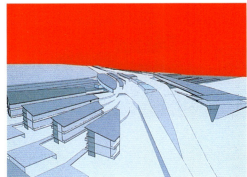
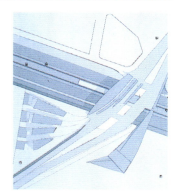

Ellás

Thessaloniki-Chalastra　　Einwohner 1 500 000　　Chalastra　　3 Hektar

Chalastra befindet sich im Nordwesten des Ballungsgebietes Thessaloniki, am Delta des Flusses Axios. Es handelt sich um ein traditionell ländliches Gebiet, das aufgrund der Ausdehnung von Thessaloniki tiefgreifenden Veränderungen ausgesetzt war und jetzt Bestandteil einer groß angelegten, langfristigen Planung ist. Es handelt sich dabei um ein umfangreiches Projekt, das die Verbindung zwischen einer nationalen Autobahn und dem vorhandenen Verkehrsnetz einschließt.

Das Grundstück befindet sich am nordöstlichen Rand der Stadt und setzt sich aus zwei Arealen zusammen, die zu beiden Seiten einer Hauptstraße gelegen sind. Durch den Bau der Autobahn werden hier größere Veränderungen erwartet, so daß für dieses teilweise ländliche Gebiet eine neue Art von Städteplanung entwickelt werden muß.

Ankauf Ellás Thessaloniki-Chalastra

Franck Fauvet (F)
Loukia Martha (GR)
Raphaël Henon (F)
Jean-Christophe Cayla (F)

Geheimnisse einer überschwemmten Stadt Der Entwurf unterteilt das Wettbewerbsgebiet in drei thematische Zonen. Ein wesentliches Merkmal der ersten Zone ist ihre Rolle als Verbindungsglied zwischen der Stadt und der Autobahn als internationale Verkehrsverbindung. Der Entwurf schafft einen neuen Eingang zur Stadt, ein symbolisches Schlüsselelement. Die vorhandene Straßenführung wird verändert, um so einen sicheren Zugang zur Stadt zu gewährleisten, ohne daß dabei die vorhandene natürliche oder vom Menschen geschaffene Umwelt einschneidend verändert wird. Die zweite Zone ist ein "Spaziergang durch die Zeit", als Verbindung der heutigen Stadt mit ihrer Vergangenheit. Ihre Hauptfunktion ist, die "Axios Delta" und die Geschichte der Stadt lesbar zu machen. Hauptelemente sind dabei eine "lineare" Oberfläche aus Holz, die die hölzernen Kais des Flusses symbolisiert, sowie architektonische Strukturen, die sich auf den Ort und seine Geschichte beziehen. Die dritte Zone ist das neue Stadtgebiet, das hauptsächlich aus bioklimatischen Häusern besteht. Der Entwurf nimmt Bezug auf die durch Flutkatastrophen gezeichnete Vergangenheit der Stadt. Es ist ein Raster von Kanälen geplant, über die kleine, hölzerne Brücken führen. Eine Erinnerung daran, wie die Menschen während der Überschwemmungen ihre Mobilität erhielten.

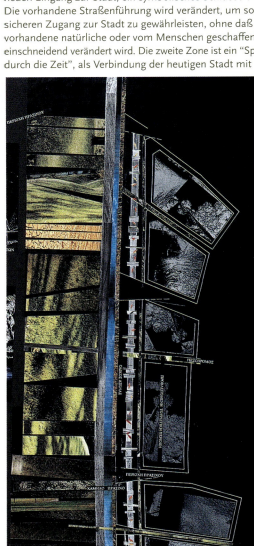

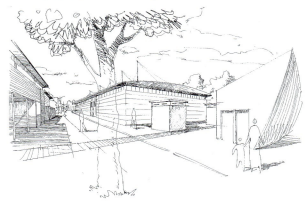

Ellás

Thessaloniki-Polichni Einwohner 1 500 00 Polichni-Anthokipi 3 Hektar

Polichni ist ein heruntergekommenes Wohngebiet, das sich im Nordwesten von Thessaloniki befindet und von zwei Hauptstraßen durchschnitten wird: dem Stadtring und der Straße nach Istanbul. Finanziert durch das europäische URBAN Programm finden hier zur Zeit umfassende Planungsmaßnahmen statt, die das Ziel haben, das gesamte Gebiet zu sanieren.
Das Grundstück liegt in Anthopolis, darin enthalten sind der neue Straßenzubringer vom Stadtring zum Untersuchungsgebiet, ein Abschnitt eines schnell fließenden Flusses und Wohngebäude.
Vorgesehen ist die Bebauung verschiedener Grundstücke mit lokalen Verwaltungs-, Kultur- und Sozialeinrichtungen, die Entwicklung von Grünräumen und die Sanierung der Wohngebäude.

118 Preis Ellás
Thessaloniki-Polichni

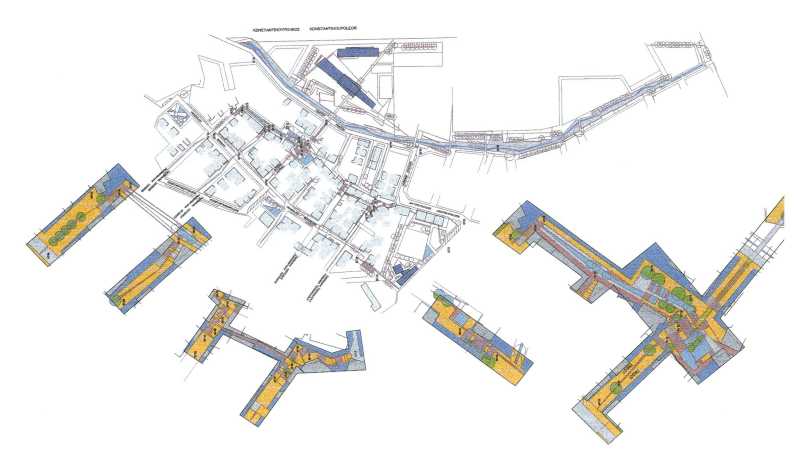

Anastasia Papadopoulou (GR)
Penelope Xiptera (GR)

Natur und gebaute Umwelt Vor dem Hintergrund der stark durch eine Schlucht geprägten Landschaft, einem Standort, der durch eine dichte und heruntergekommene Bebauung, die außerhalb jeder Bauordnung entstanden ist, und ein völlig unzureichendes Straßennetz gekennzeichnet ist, versucht der Entwurf, eine neue Beziehung zwischen Natur und bebauter Umwelt herzustellen.
Hauptanliegen ist, zwei Gebäude mit zentralen Einrichtungen und Dienstleistungen in die vorhandene städtische Struktur einzufügen, wobei die neuen Gebäude die klaren Linien aufnehmen. Die Höhe der vorgeschlagenen Gebäude ergibt sich dabei durch die Prämisse, so viel Raum wie möglich frei zu lassen. Der Entwurf will einen Freizeit- und Kulturschwerpunkt schaffen, der dazu dienen kann, das gesamte Gebiet aufzuwerten. Durch eine Renaturierung der Schlucht mit neuangelegten Pfaden und Erholungsräumen am Rande der Abhänge soll das derzeit völlig verwahrloste Gelände wieder nutzbar gemacht werden.

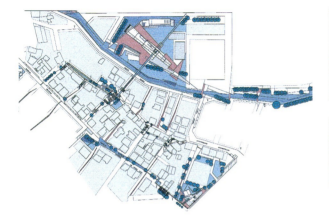
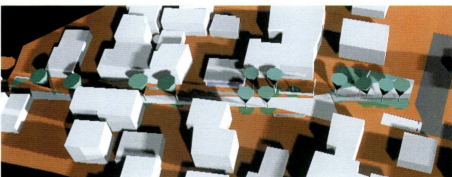
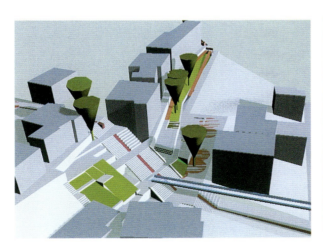

España

Almería

Preis
Alonso Cano Pintos (E)
Myriam Abarca Corrales (E)
Luis Pancorbo Crespo (E)
Monica Jimenez Denia (E)
Diego Cano Pintos (E)
Conzalo Cano Pintos (E)
Javier Manzanares Pla-Font (E)
Lucia Cano Pintos (E)

Ankauf
Óscar Rueda Jiménez (E)
Francisco González Romero (E)

Ankauf
David Sim (GB)
Jesus Mateo Muñoz (E)
Joakim Johanson (S)
Marco Pusterla (I)
Guttorm Ruud (N)

Baracaldo

Preis
Eduardo Arroyo Munoz (E)
Sergio Lopez-Piñeiro (E)
Nerea Calvillo Gonzalez (E)

Ankauf
Frederico Soriano Pelaez (E)
Dolores Palacios Diaz (E)
Alessandro Abbruzzese (I)
Carlos Arroyo (E)
Manuel Perez (E)

Ankauf
Sandra Töpfer (D)
Dirk Bertuleit (D)
Jorg Sieweke (D)
Jens Weisener (D)

Cartagena

Preis
Juan Hevia Ochoa
De Echagüen (E)
Manuel García De Paredes (E)
Nuria Ruiz García (E)
Fernando Garcia Pino (E)

Ceuta

Preis
José Morales Sanchez (E)
Juan Gonzalez Mariscal (E)
Jesus Granada Fernandez (E)
Miguel Hernandez Valencia (E)
Cristobal Macheno (E)
Isabel Robles Gallego (E)
Alberto Ruiz Ortiz (E)

Ankauf
Enrique Delgado Camara (E)
Ruben Picado Fernandez (E)
Maria José De Blas Gutierrez (E)
Maria Antonia Fernandez Nieto (E)
Elisa Perez de la Cruz (E)

Ankauf
María José Pizarro Juanas (E)

Tolosa

Ankauf
Elio Garcia Garcia (E)
Javier Rodriguez Alcoba (E)
Carlos Rodriguez Alcoba (E)

Almería   Einwohner 170 503   "La Chanca", Pedrizas Norte   2 Hektar

 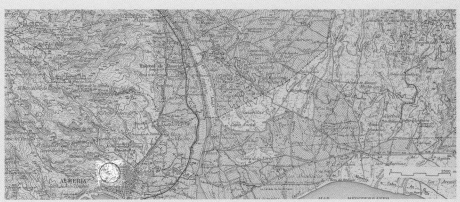

Im Westen der Stadt Almeria erstreckt sich der Bezirk "Chanca" vom Hafen bis zu den Hügeln von Alcazaba. Das Gebiet ist in starkem Maße erodiert und wird von zahlreichen Wasserrinnen durchzogen.
"La Chanca" besteht aus illegal ausgebauten Höhlen und Hütten, die Verbindungsstraßen folgen den Konturen und den steilsten Gefällen. Sie zerteilen das Gebiet in voneinander isolierte Bereiche, wobei das dazwischen liegende Land brachliegt. Im niedriger gelegenen Teil befinden sich Geschäfte und andere Dienstleister, im oberen die Höhlenwohnungen. Die Gemeinde hat unabhängig von der notwendigen urbanen Neugestaltung soziale Maßnahmen eingeleitet.
Es sollen etwa 50 Wohnungen gebaut werden, wobei der Schwerpunkt auf der Errichtung von Einfamilienhäusern liegt. Die Erhaltung der Landschaft soll besonders berücksichtigt werden.

122 Preis   España
              Almería

Alonso Cano Pintos (E) Diego Cano Pintos (E)
Myriam Abarca Corrales (E) Gonzalo Cano Pintos (E)
Luis Pancorbo Crespo (E) Javier Manzanares Pla-Font (E)
Monica Jimenez Denia (E) Lucia Cano Pintos (E)

Wie der Wind im Netz Der Entwurf ist von der steil abfallenden und stark erodierten Topographie, den Aussichtspunkten und der Jahrhunderte alten Siedlungsgeschichte des Standortes inspiriert. Der Ort ist von einer majestätischen arabischen Burg beherrscht, und das helle, mediterrane Licht gleitet über die weißen Mauern. Kleine, eigenständige Elemente sind in dichten Massen verbaut, die von Höfen durchbrochen sind. Dort wo die Bebauung die steilen Hänge emporsteigt, zerfällt sie in eine Vielzahl kleinerer Elemente und paßt sich damit der vorhandenen Topographie an.

Der Grundriß der Wohnungen ist in quadratische 5,5 Meter große Einheiten aufgegliedert, wodurch 30m² große Module für unterschiedliche Nutzungen entstehen. Durch diese Fragmentierung und Modularität ist eine flexible Anpassung an die topographischen Gegebenheiten möglich. Es entsteht das Bild vieler identischer Boxen, die auf den Hügel geworfen wurden und sich im Gelände eingebettet haben.

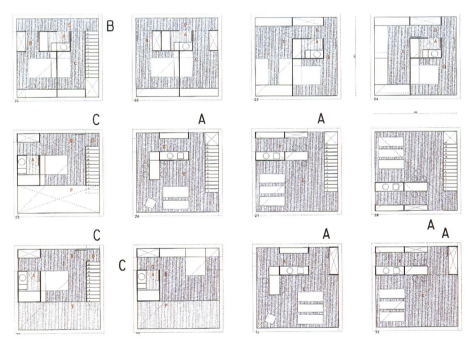

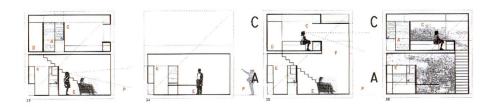

Kultivierte Landschaft Die ausgeprägte Topographie des Ortes, ein stark erodierter und steil abfallender Abhang in der Nähe der Küste, bildet den Hintergrund für den Versuch, die "ursprüngliche Berglandschaft wiederherzustellen". Ein Wandteppich wird geschaffen, der an die Topographie der traditionellen, jetzt verlassenen "Anbauterrassen" erinnert, ein regelmäßiges Raster, das das ganze Gebiet ordnet. Der generative Kern des Entwurfs ist die vorhandene Straße, die den Standort durchquert und den Zugang zu den Terrassen ermöglicht, auf denen Häuser plaziert werden. Diese Patio-Häuser, bestehend aus einer Reihe von 5,4 Meter langen, vorgefertigten Betonwänden, sind in parallelen Streifen angeordnet, die fast rechtwinklig zur Straße verlaufen und die unterschiedlichen Nutzungsbereiche umfassen: Wohnen, nicht zugängliche Gebiete und grüne Terrassen. Alle diese Streifen führen hinauf zum Wasserturm, der nach seiner Renovierung als Ausstellungszentrum genutzt werden soll. Ein Stadtpark wird entlang des Abhangs in der bereits vorhandenen Vegetation angelegt. Er soll die Landschaft allmählich erneuern.

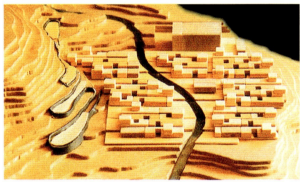

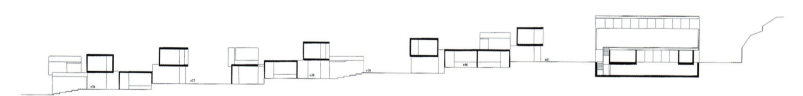

Ankauf España Almería

David Sim (GB)
Jesus Mateo Muñoz (E)

Joakim Johanson (S)
Marco Pusterla (I)
Guttorm Ruud (N)

Sympathische Architektur Kahle Mauern sind in die umgebende Landschaft hinein gebaut, sechs Reihen von Häusern terrassieren den Abhang in einen simplen Raster von 35 x 14 Meter großen Rechtecken. Dieses fast rigide wirkende Raster ist innerhalb der einzelnen Abschnitte flexibel, so daß die Topographie respektiert werden kann und sichergestellt wird, daß jedes Haus einen Ausblick auf das Meer hat. Der Durchgangsverkehr führt an den Seiten der Häuser vorbei, während die Fronten einer ruhigen Straße zugewendet sind. Jede Hauseinheit besteht aus zwei Rechtecken, eines gefüllt, das andere leer. Ersteres enthält die Zimmer, letzteres einen Hof. Die dicken Mauern sind mit verschiedenen Funktionen belegt, mit einer Bank, einem Regal einem Schrank Gleichzeitig dienen sie der Isolierung des Hauses. Es gibt zwei verschiedene Haustypen, ein "ansteigendes" Haus und ein "abfallendes", beide orientieren sich mit einer Veranda und einem Küchenfenster zur Straße. Das Fehlen "endgültiger" Dächer läßt zukünftige Erweiterungen zu. Die "sympathische Architektur" ermöglicht Eigenbau mit der Option, das Haus zu erweitern, um den besonderen bzw. wachsenden Bedürfnissen der Familie nachzukommen.

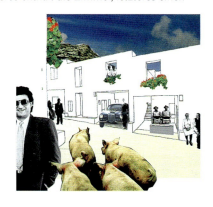

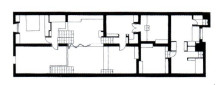

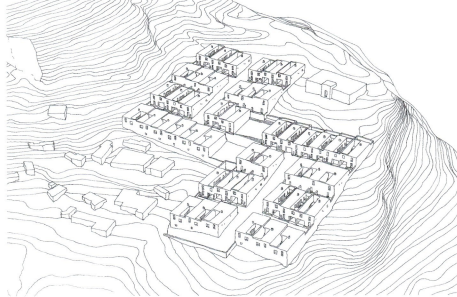

Baracaldo Einwohner 100 000 Galindo Untersuchungsgebiet - 2,3 Hektar
Grundstück - 0,6 Hektar

España

Baracaldo liegt am Stadtrand von Bilbao.
Das Grundstück liegt zwischen dem Stadtzentrum von Baracaldo, dem Fluß Nervion, dem Fluß Galindo (an dessen Ufer ein Park geplant ist) und noch zu errichtenden Wohngebieten. Die Eisenbahnlinie Bilbao-Portugalete-Triano führt durch das Gebiet und unterteilt es in zwei unterschiedliche Bereiche. Es wird ebenfalls von einer Hauptstraße durchschnitten, die die Außenbezirke der Stadt mit dem Zentrum verbindet.
Ein Teil des Grundstücks wird von großen Industriehallen besetzt, von denen einige erhalten werden können.
Es soll ein städtisches Erscheinungsbild im Maßstab der Landschaft entstehen, das eine Kontinuität zwischen der Stadt, dem Fluß und dem Berg herstellt. Vorgesehen ist der Bau von 150 Wohnungen, die Förderung wirtschaftlicher Aktivitäten und der Bau von Sporteinrichtungen.

127 Ankauf España Frederico Soriano Pelaez (E) Alessandro Abbruzzese (I)
                    Baracaldo Dolores Palacios Diaz (E) Carlos Arroyo (E)
                                                          Manuel Perez (E)

Bewohnbare Schornsteine Der Entwurf versucht die Vergangenheit des Standortes, der früher von der Stahlindustrie genutzt wurde, zu reflektieren. Die Qualität des Standortes mit seiner industriellen Geschichte wird durch eine Gruppe von Türmen verdeutlicht, die die Landschaft prägen. Sechs "bewohnbare Schornsteine", umhüllt von einem metallenen Gitterwerk, erheben sich zwischen den niedrigen, linearen Gebäuden, die rechtwinklig zum Fluß angeordnet sind. Die künftigen Bewohner der "Schornsteine" haben einen unvergleichlichen Ausblick auf den Fluß und die umgebende Landschaft. Im Erdgeschoß kann sich eine Reihe von Aktivitäten entfalten: Büros, Gemeinschaftseinrichtungen und weitere Wohnungen.

Die sechs "Schornsteine" symbolisieren für die Bewohner die Erinnerung an das, was einst die Hauptquelle ihres Lebensunterhaltes war. Im Zusammenspiel mit der metallenen Umhüllung entsteht hier ein Spannungsfeld zwischen Vergangenem und dem Lebensgefühl der Gegenwart.

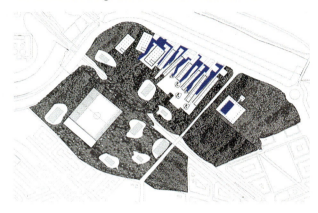

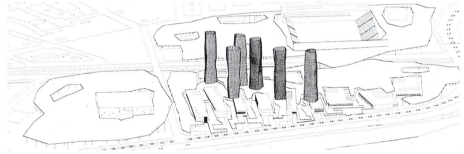

Preis España Baracaldo

Eduardo Arroyo Munoz (E)
Sergio Lopez-Piñeiro (E)
Nerea Calvillo Gonzalez (E)

Hybridisierungsprogramm Der Entwurf geht von einem Hybridisierungsprozeß der Landschaft aus, der den Stadtplaner von traditionellen städtebaulichen Planungsanforderungen befreit, von einem System, das urbanen Raum in einer Reihe aufeinander folgender, miteinander in Verbindung stehender Schritte verändert. Es werden drei Zielsetzungen verfolgt: eine hybride Stadtlandschaft, die auf dem vorgeschriebenen Nutzungsprogramm basiert und deren neue Funktionen für das gesamte Gebiet Anwendung finden, eine Reihe "genetischer" Verbindungen mit der eigenen inneren Gebäudeinformation und eine Hybridisierung des Wohnens, womit der gesamte Prozeß in die Häuser übertragen wird. Die Interaktion der verschiedenen Kräfte in der Stadt (Arbeiten und Wohnen) transformiert das ursprüngliche Muster, wodurch eine Veränderung der Dichten entsteht, die solange fortgeführt wird, bis ein Gleichgewicht erreicht ist. Im Anschluß daran wird der Prozeß durch Analyse und Neugruppierung weitergeführt: ein System verschiedener Möglichkeiten, das von den traditionellen städtebaulichen Entwurfskonzepten befreit ist. Auf diese Weise entsteht aus sich selbst heraus eine menschlichere Stadt. Die Entfernungen zwischen Wohnen und Arbeiten erfordern weder Fahrzeuge noch ausgefeilte Kommunikationsnetze.

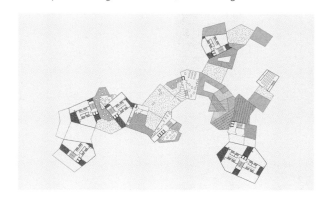

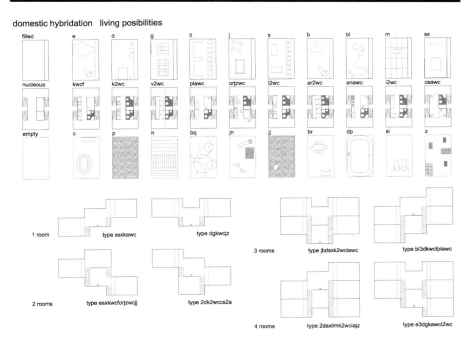

Ankauf España Baracaldo

Sandra Töpfer (D)
Dirk Bertuleit (D)
Jorg Sieweke (D)
Jens Weisener (D)

Operative Strukturen Der konzeptionelle Rahmen dieses Entwurfes besteht aus einer Sequenz von funktionalen Bereichen mit unterschiedlichen Formen und Dichten. Am Rande des dicht bebauten Stadtzentrums gelegen, interpretieren der Entwurf und die Aufgliederung der Bereiche die unterschiedlichen Kriterien der vorhandenen Topographie, wobei die Gegenüberstellung von zwei Ausrichtungen zum cominierenden Prinzip wird. Zum einen sind es die parallel zum Fluß verlaufenden Landstreifen, die den Blick auf die entfernten Berge freigeben. Zum anderen gibt es ein System von Straßen und Wegen, die so orientiert sind, daß sie den Blick auf den Fluß ermöglichen. Die geplanten neuen Blocks folgen der bestehenden städtebaulichen Struktur bis zur Eisenbahnlinie, wo das städtische Gewebe an einen logischen Schlußpunkt gelangt. Der freie Raum, der zwischen dieser Weiterführung und dem aus einem künstlichen Landstreifen gebildeten Plateau entsteht, enthält Sport- und Freizeiteinrichtungen. Auf dem Plateau können langfristig ausbaufähige Bebauungen unterschiedlichster Nutzung realisiert werden. Am Fluß entlang verläuft ein natürlicher Landschaftsgürtel, der unbebaut bleiben soll.

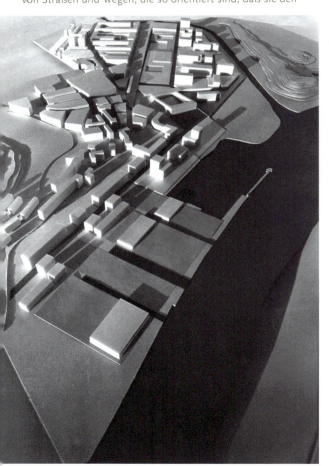

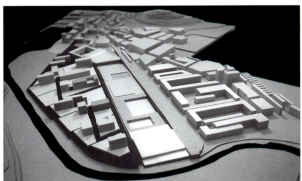

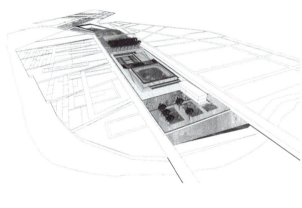

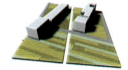   

Cartagena Einwohner 173 000 Zone II Untersuchungsgebiet - 31,2 Hektar
Grundstück - 3 Hektar

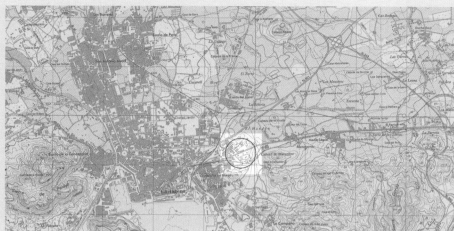

Cartagena ist eine Industrie- und Hafenstadt, die sich im Südosten der Region Murcia befindet. Die Topographie ist, abgesehen von einigen höher gelegenen Gebieten in der Altstadt, flach. Das Stadtgebiet konzentriert sich entlang der Küste, hat sich jedoch in letzter Zeit in Richtung Norden ausgebreitet.
Das Untersuchungsgebiet ist von Hauptstraßen mit großem Verkehrsaufkommen umgeben. Es handelt sich um einen stark industrialisiertes Bereich, der derzeit einer städtischen Umstrukturierung unterworfen ist. Dabei sollen Wohngebäude entstehen, für die eine Umgebung geschaffen werden soll, die die die landschaftlichen Vorzüge der Gegend mit einer urbanen Atmosphäre verbindet. Die Vorteile der Nähe zu den Hauptstraßen, die das Gebiet mit der Stadt verbinden, sollen genutzt werden, die daraus entstehenden Nachteile (Lärm, Umweltverschmutzung, etc.) müssen berücksichtigt werden.

32 Preis España
            Cartagena

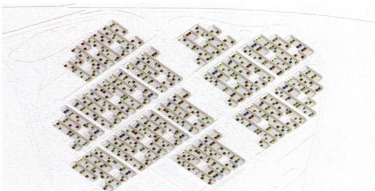

Juan Hevia Ochoa De Echagüen (E)
Manuel García De Paredes (E)

Nuria Ruiz García (E)
Fernando Garcia Pino (E)

Selbstdefinition Der Entwurf legt den Schwerpunkt auf das Innere der einzelnen Wohnungen und auf die direkt anschließenden halbprivaten Bereiche. So werden Räume geschaffen, die die Struktur in ihrer Gesamtheit berücksichtigen, so wird den bebauten und freien Räumen, der Struktur und ihren Rändern Bedeutung gegeben. Heutzutage ist es wichtig, daß eine Wohnung zusätzlich zu ihren traditionellen Funktionen auch Arbeitsplatz, Treffpunkt und sogar Sportstudio beherbergt. Diese Anforderungen werden durch die Schaffung organisatorischer, modularer Systeme erfüllt, die es ermöglichen, innerhalb eines umfassenden, organisatorischen Schemas verschiedene Arten von Wohnungen zu integrieren. Die Wohneinheiten grenzen an drei Seiten an benachbarte Wohnungen und öffnen sich zu einem Innenhof. Nach außen erscheinen sie fast wie Industrieschuppen, nach innen werden sie entsprechend den Bedürfnissen der Besitzer gebaut. So können die Wohneinheiten innerhalb der Häuser von ihren Bewohnern individuell gestaltet werden.

España

Ceuta Einwohner 68 000 Monte Hacho 3,9 Hektar

 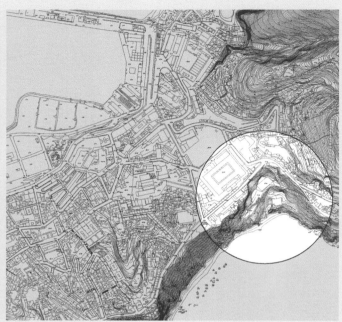

Ceuta liegt in Nordafrika, am östlichsten Punkt der Straße von Gibraltar.
Das Grundstück befindet sich auf der Monte Hacho Halbinsel, am Isthmus, den die Stadt Ceuta bildet.
Ein markanter Punkt des Gebietes ist die Festung Sarchal, die zur Zeit den Zugang vom Strand von Monte Hacho zur Stadt versperrt.
Die Gemeinde beabsichtigt, die Festung, die Mauer der südlichen Umwallung und die alten Befestigungsanlagen zu restaurieren und die unmittelbare Umgebung aufzuwerten.
Ein Ziel des Wettbewerbs ist die Errichtung von 13.314 qm Wohnungsbau mit einer GFZ von 1,5.

Ankauf — España, Ceuta

Enrique Delgado Camara (E)
Ruben Picado Fernandez (E)
Maria José De Blas Gutierrez (E)
Maria Antonia Fernandez Nieto (E)
Elisa Perez De La Cruz (E)

Weisser Raum Der Kontext des Standortes, ein felsiger, ehemals als Steinbruch genutzter Küstenstreifen in Blickweite des Meeres und der Stadt sowie in der Nähe einer Hauptstraße und der historischen Festung, war entscheidender Ausgangspunkt dieses Entwurfes. Durch die Aufnahme der Topografie und unter Ausnutzung der plastischen Terrassierung, die durch den Abbau im ehemaligen Steinbruch entstanden sind, ergibt sich ein natürliches Fundament für die zweistöckigen Wohngebäude, die durch die Anlage von sechs Meter hohen Plattformen - durch Hohlräume, Patios und Fassaden durchbrochen - gegen die widrigen klimatischen Bedingungen des Meeres und die starken Winde geschützt werden.

Die Gebäude sind dicht aneinander gebaut. Innengelegene private Freiflächen lockern die Bebauung auf. Da innerhalb der Anlage kein motorisierter Verkehr nötig ist, entsteht ein sehr ruhiges Wohnumfeld. Der Zugang für Fußgänger befindet sich auf Dachniveau. Die teilweise öffentliche Nutzung der Dächer gibt ihnen einen neuartigen stadträumlichen Charakter zwischen privat und öffentlich.

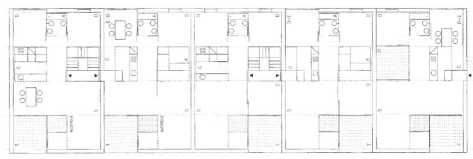

136 Preis España Ceuta

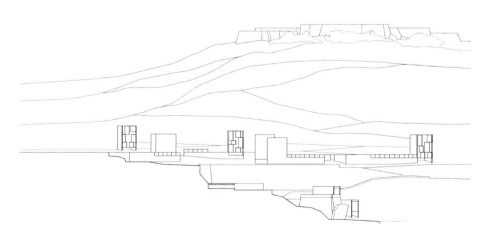

José Morales Sanchez (E)
Juan Gonzalez Mariscal (E)
Jesus Granada Fernandez (E)
Miguel Hernandez Valencia (E)
Cristobal Macheno (E)
Isabel Robles Gallego (E)
Alberto Ruiz Ortiz (E)

Einfangen der Landschaft Je weiter eine Stadt wächst, desto stärker dringt sie in Räume vor, in denen nicht das städtebauliche sondern das landschaftliche Konzept dominiert. Ausgehend von diesem Grundprinzip werden Wohn-Cluster kreiert, die den felsigen, gebirgigen Küstenstandort "kalibrieren". Die städtischen Räume werden als Schutz gegen den starken Ostwind in dieser Region im wahrsten Sinne des Wortes "aufgerollt". Die Typologie der Wohngebäude folgt dieser schützenden Strategie. Es gibt nur eine einzige Erhöhung, die dem Wind ausgesetzt ist, die als Schutzbarriere dient, und gleichzeitig die Verbindung mit der Außenwelt aufrechterhält.

Die Grundrisse und die Erschließung der verschiedenen Ebenen der einzelnen Wohnbauten passen sich den jeweiligen topographischen Bedingungen an. Dies gilt auch für den Ausblick auf das Meer, der entweder auf den Atlantik oder das Mittelmeer hinausgeht.
Öffentlicher Raum und Freiflächen werden so gestaltet, daß sie Schutz gegen die heftigen Ostwinde in dieser Region bieten. Die vier Wohnblocks, die jeweils auf einem eigenen Sockel ruhen, heben sich objekthaft gegen den gebirgigen Hintergrund ab.

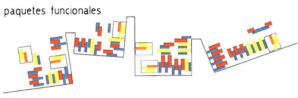

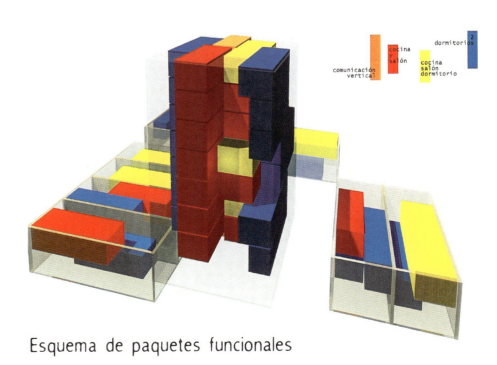

Esquema de paquetes funcionales

Arbeiten mit der Landschaft Die steile, felsige Landschaft dieser Gegend, die Nähe zu zwei historischen Festungen und die Reste eines alten Schutzwalls bilden die Grundlagen dieses Entwurfs, in dem die Wohnbauten in die Topographie integriert werden. Die Anordnung der Gebäude nimmt die vorhandene Felsschichtung auf und schafft so eine Reihe von Terrassen, von denen einige begehbar sind. Dieselbe Idee wurde auch auf die untere Ebene angewandt, die von der oberen durch den historischen Festungswall getrennt ist. Auf dieser Ebene beschreibt eine der Fels-Terrassen eine Kurve und formt so den Eingang zum neuen Wohnquartier.

Der Einkaufsbereich dient als Gehweg (wie früher für die Wachsoldaten) zwischen der "Ronda" und dem Wohnbereich. Eine Abfolge von Landschaftsfaltungen klammert die bestehenden Gebäude zusammen, indem sie eine räumliche und visuelle Kontinuität zu den übrigen Elementen herstellt. Die Wohnbautypologien unterscheiden sich durch die Anzahl der Räume, die Wohnungen können sich über eine, zwei oder drei Ebenen erstrecken. Alle Häuser haben Blick auf das Meer. Die Wohnbereiche sind wie "Wachtürme" angeordnet, alle Versorgungsbereiche liegen auf der Rückseite.

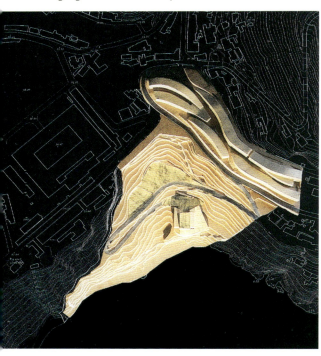

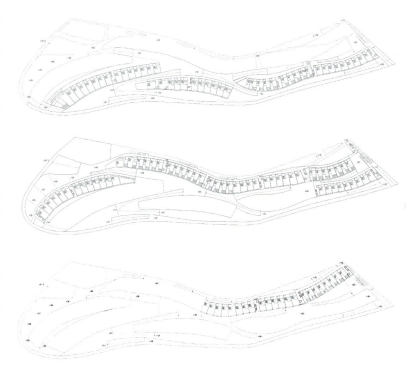

Tolosa   Einwohner 18 000   RENFE - "Laskorain Goikoa"   Untersuchungsgebiet - 8,4 Hektar
                                                                    Grundstück - 3 Hektar

Tolosa liegt im Baskenland und stellt für diesen Teil Spaniens ein mittelgroßes Ballungsgebiet dar.
AREA R 44 bezeichnet ein Grundstück in der Nähe des Bahnhofes, das zur Zeit von der spanischen Bahnbehörde genutzt wird. Es handelt sich um ein 1,4 Hektar großes Gebiet, auf dem 100 bis 200 Wohnungen mit einer Dichte von weniger als 70 Wohnungen pro Hektar errichtet werden sollen.
AREA SI.1 oder "Laskorain Goikoa", wie das Gebiet genannt wird, ist als "Industriegebiet" ausgewiesen, das die Gemeinde jedoch aufgrund seiner großen landschaftlichen Vorzüge in ein Wohngebiet umwandeln möchte. Das Grundstück ist 1,6 Hektar groß. Geplant ist der Bau von 80 Wohnungen, wobei die Gebäude höchstens drei Stockwerke hoch werden sollen.

140 Ankauf España Elio Garcia Garcia (E)
              Tolosa Javier Rodriguez Alcoba (E)
                      Carlos Rodriguez Alcoba (E)

Erkundung eines neuen Boulevards Aus drei unterschiedlichen Ebenen werden Antworten auf die Fragestellungen gegeben, die bei der Umwandlung eines Industriegebietes in ein Wohngebiet aufgeworfen werden. Ein neues Netzwerk wird installiert: ein Boulevard, der sich durch den gesamten Entwurf zieht. Die Gebäude und öffentlichen Räume werden so gestaltet, daß sie diesem neuen Stadtfragment urbane Qualität verleihen können. Ein weiter zentraler öffentlicher Raum erstreckt sich entlang der Eisenbahnlinie und wird zum Ort, an dem sich alle Aktivitäten treffen. Er wird zum Zentrum, das für alle erschlossen und nutzbar ist.

Die Wohnbauten sind rechtwinklig zu beiden Seiten der Eisenbahnlinie angeordnet, und zwar in zwei unterschiedliche Richtungen, einmal nach Osten und einmal nach Westen. Die Typologie der Häuser entspricht der veränderten Lebensweise im Zusammenhang mit neuen Technologien, die zu Hause installiert werden können. Transparenz befreit die Gebäude von allen Spuren der Schwere.

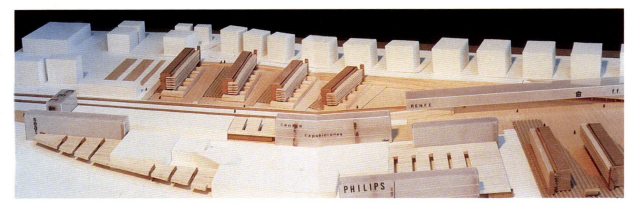

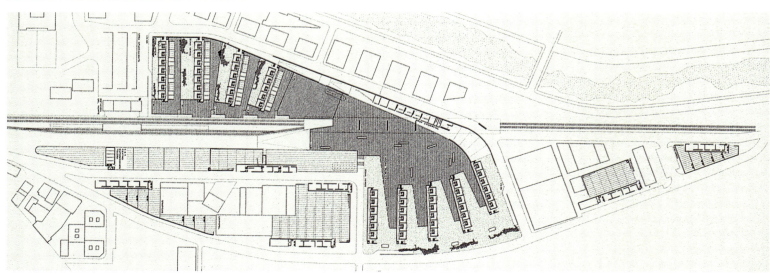

France

Brest

Preis
Olivier Souquet (F)
François Defrain (F)
Gilles Greffier (F)

Ankauf
Valérie L'Azou (F)
Jacques Goubin (F)
Laurent Defrance (F)

Chessy

Ankauf
Nathalie Quiot (F)
Christophe Lasserre (F)
Bernard Porcher (F)
Sarah Langinieux (F)
Martin Langinieux (F)

Jeumont

Ankauf
Catherine Guillot (F)
Refki Chelly (TUN)

Ankauf
Marc Pelosse (F)
Carole Guyon (F)

Mulhouse

Preis
Philippe Collin (F)
Julien Defer (F)
Erika Majewski (F)
Christel Richier (F)
Stéphane Gutfrind (F)
Christine Ott (F)

Reims

Preis
Matthias Foitzik (D)
Philipp Krebs (D)
Michael Herz (D)
Heinz-Jürgen Achterberg (D)
Cord Soelke (D)
Ursula Winter (D)

Ankauf
Corinne Tiry (F)
Véronique Descharrières (F)
Sabine Guth (F)
Solange Duchardt (F)
Christina Devizzi (I)

Villetaneuse

Preis
Caroline Poulin (F)
François Decoster (F)
Djamel Klouche (ALG)
Bernhard Rettig (D)
Alexander Sachse (D)

Brest   Einwohner 157 000 (Großraum 220 000)   Place de Strasbourg   2,4 Hektar

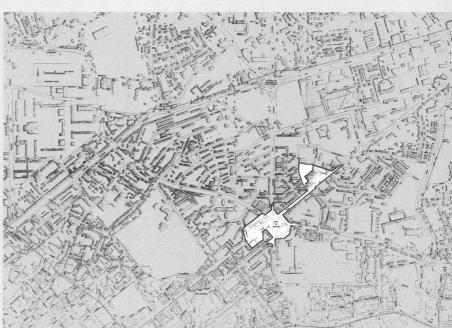

Im entlegensten Punkt der Bretagne angesiedelt und eingebettet in einen natürlichen Hafen, ist Brest stets ein strategischer Standort für die französische Marine gewesen. Es wurde nach dem Zweiten Weltkrieg vollständig wieder aufgebaut.
Der Place de Strasbourg befindet sich am östlichen Ende der Hauptstraße, die ins Stadtzentrum führt. Wenn man aus Paris nach Brest kommt, bildet der Platz den Eingang zur Stadt. Die gegenwärtige Situation ist von heruntergekommenen Häusern der 50er und 60er Jahre und von Schulgebäuden geprägt. Das Gebiet wird durch die räumliche Trennung vom Stadtzentrum beeinträchtigt. Auf dem Grundstück befinden sich auch zwei Autohändler, die allerdings einem Wohnungsbau mit integrierten Gemeinschaftseinrichtungen und Dienstleistungen Platz machen werden. Auf dem Grundstück ist ebenfalls eine Station des öffentlichen Personennahverkehrs mit Umsteigemöglichkeiten (Bus-Straßenbahn) geplant.

Ankauf — France — Brest

Valérie L'Azou (F)
Jacques Goubin (F)
Laurent Defrance (F)

Brest zwischen den Linien Die Frage, die hier zu beantworten ist, besteht darin, wie man mit der Ambivalenz umgeht, die sich daraus ergibt, daß zwei städtische Zentren durch eine Hauptstraße verbunden sind, an deren Rändern zahlreiche, oft autonome Mikroräume entstanden sind. Der Entwurf legt einen starken, zentralen Rahmen fest, damit entlang der Straße ein ausgeglichener Raum entsteht, in dem sowohl das Einzigartige als auch das Vielfältige seinen Platz finden kann. Dies soll durch die Errichtung einer neuen Straßenbahnlinie erreicht werden, durch die eine dynamische und kontinuierliche Verbindung zwischen den beiden Zentren sowie zwischen den Mikroräumen zu beiden Seiten der Straße entsteht.

Zwischen den beiden Linien, die durch diese neue Strecke entstehen, wird ein "aktives Band" entwickelt, das als offener Park gestaltet ist. Idee dabei ist, die Landschaft zu einem Teil dieser neuen Mobilität zu machen, indem die Vegetation die gegenwärtigen Lücken schließt, jedoch den Weg für eine urbane Ausdehnung, eine "Reanimierung" vernachlässigter Verbindungen und die Schaffung eines Netzwerkes urbaner Beziehungen offen läßt.

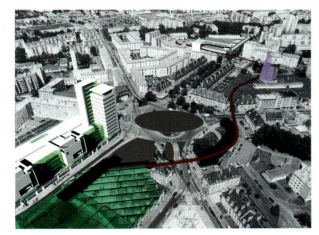

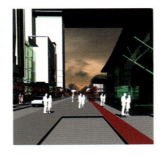

144 Preis France
Brest

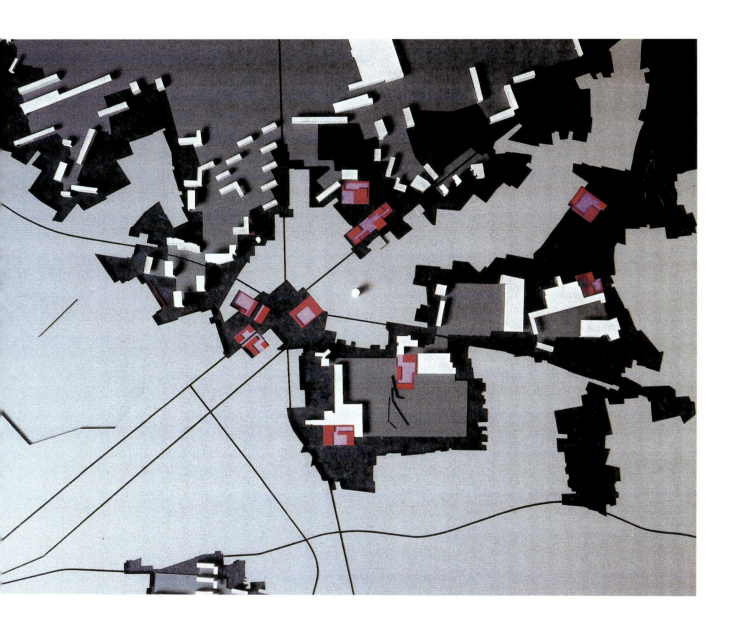

Olivier Souquet (F)
François Defrain (F)
Gilles Greffier (F)

Wie lang ist die Bretonische Küste? Der Entwurf nimmt die desolate städtebauliche Situation an der Place de Strasbourg zum Anlaß, nach einer Strategie zu suchen, mit der die gesamte nähere Umgebung des Platzes neu strukturiert werden kann. In Anlehnung an die Theorie der Fraktale des Mathematikers Mandelbrot versuchen die Verfasser, die bestehenden, den städtischen Raum zerschneidenden Grenzen zu überwinden, indem die gesamte Stadt auf der Ebene verschiedener Maßstäbe analysiert und neu definiert wird. Diese Analyse bezieht sich auf die Topographie der Stadt, die Grenzen der bestehenden Grünbereiche, die grobe städtebauliche Form sowie die Unterscheidung zwischen homogener und aus Einzelgebäuden bestehender Stadtstruktur. Im "Zwischenraum" dieser Solitärbauten sollen neue Strukturen entstehen, sogenannten "Passagen" und "Faltungen". Passagen: sollen die Durchlässigkeit des bebauten Raumes verändern, dienen als Oberflächenentwässerungssysteme und Windbrecher, modifizieren die bestehende Straßenoberfläche. Faltungen: tiefergelegte, zum Teil eingegrabene Plätze, sogenannte "klimatische Polder" bieten die Möglichkeit, ein eigenständiges klimatisches Milieu zu schaffen. Sie funktionieren als neuartige autonome Stadtfragmente, die eine Verbindung zum umgebenden Zwischenraum und der bestehenden Bebauung herstellen sollen. Um die Polder herum wird eine graduelle Verdichtung des Stadtraumes angestrebt.

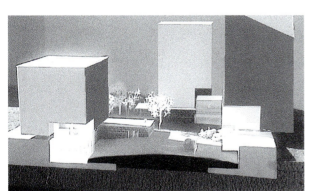

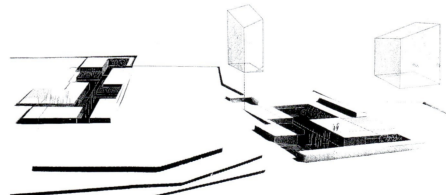

Chessy Einwohner 1 464 le bourg Untersuchungsgebiet - 6 Hektar
(Neue Stadt 240 000) Grundstück - 2,2 Hektar

Die Kommune Chessy ist eine der fünf Gemeinden, in denen das Touristenzentrum "EURO DISNEY Paris" gelegen ist. Durch diesen Umstand ist es der Gemeinde möglich, von den damit verbundenen Verkehrssystemen auf regionaler und nationaler Ebene zu profitieren.
Das Grundstück, das zur Zeit landwirtschaftlich genutzt wird, ist im Nordwesten von der Verkehrsader N 34 begrenzt, die verkehrsberuhigt werden soll. Die Gemeinde beabsichtigt mit beispielhaften Maßnahmen eine Verlegung der Innenstadt an die N34 zu erreichen. Dabei soll eine Verbindung zwischen der Brie Architektur der Stadt und einer modernen Architektur des neuen Zentrums geschaffen werden. Geplant ist eine kleine städtische Anlage, in der Wohnungen, kommerzielle Aktivitäten, öffentliche Einrichtungen und Räume (Einbeziehung der verkehrsberuhigten Straße und eines Platzes) integriert sind.

147 Ankauf France Chessy

Nathalie Quiot (F)
Christophe Lasserre (F)
Bernard Porcher (F)

Sarah Langinieux (F)
Martin Langinieux (F)

Verbindungen herstellen Auf geographischer und städtebaulicher Ebene werden die Zusammenhänge städtischer Entwicklung durch eine Erweiterung in große, landschaftliche Räume hinein (ländliches Plateau, urbane, bewaldete Ränder) dargestellt, in deren Mitte sich "Agrar-Wohnbauten" in einem landwirtschaftlichen Kontext sowie ein "Canopean" Wohnbau in einem Umfeld aus Bäumen und Gestrüpp befinden.
In architektonischer Hinsicht orientieren sich einzelne gebaute sowie natürliche Elemente an ihrer Umgebung (Bauernhaus, Scheune, Gewächshaus, Waldland). Die einzelnen

Wohntypologien repräsentieren verschiedene Lebensstile, angefangen von Einzelhäusern bis zu Wohnungen, die alle - als durchgängiges Motiv des Entwurfs - durch eine enge Beziehung zwischen Natur und Wohnen charakterisiert sind. "Agroptische" Häuser laden zur Selbstbetrachtung ein, während die "agronautischen" Häuser Transparenz anbieten und Mobilität begünstigen. Die "Canopean" Häuser mit ihren verglasten Wintergärten und ihren wellenförmig verlaufenden Dächern transformieren die Prinzipien freistehender Häuser, wobei flexible Volumen entstehen.

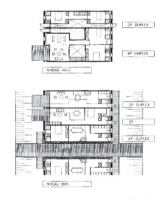

Jeumont Einwohner 11 000 Bahnhof Jeumont Untersuchungsgebiet 48 Hektar
(Großraum 120 000)   3 Grundstücke mit jeweils 3 Hektar

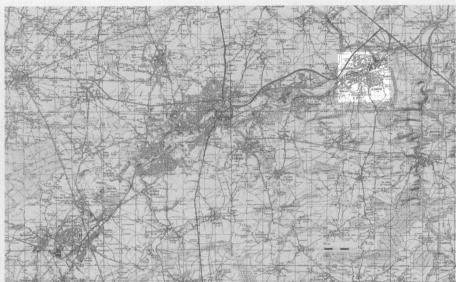

Jeumont war aufgrund der Nähe zur belgischen Grenze und durch die Verbindung der Stadt mit dem Industriekonzern FRAMATOME, der elektro-mechanische und nukleare Produkte herstellt, einer der wichtigsten industriellen Schauplätze der Val de Sambre Region. Derzeit ist der Bezirk von den Auswirkungen der Wirtschaftsrezession betroffen.
Das Untersuchungsgebiet erstreckt sich vom Fluß bis zum Bahnhof, im Süden ist es von der Hauptstraße des Ortes, im Norden durch den Fluß Sambre begrenzt.
Als Standorte für die Umsetzung allgemeiner vorbereitender Maßnahmen sind verschiedene Areale vorgesehen, auf denen sich symbolträchtige, sanierungsbedürftige Gebäude befinden. Dazu gehören: der Bahnhof, einschließlich des Bahnhofsgebäudes, des Güterdepots und des Bahnhofsvorplatzes, weiterhin ein Teil der außer Betrieb genommenen Eisenbahntrasse, sowie ein naturbelassenes Grundstück auf der anderen Seite der Eisenbahntrasse.
Es gibt noch ein Grundstück im Stadtzentrum mit Werkstätten, einem Veranstaltungsort, einem Arbeiterklub sowie einem gut erhaltenem Krankenhaus. Außerdem ist ein Grundstück an der Sambre zu bearbeiten, das aus einer Wasserstraße, den dazugehörigen Ufern und einer noch in Betrieb befindlichen Kartonfabrik besteht.

Verbindungen, Linien und Leere Der Entwurf will eine "Gegenwart schaffen, die sich nicht vor Leere fürchtet". Es soll eine neue Art der Urbanität gefunden werden, die die Rolle einer evolutionär gewachsenen Matrix erfüllt und neue zeitgemäße öffentliche Räume erdenken kann, deren Grundlage ein neu angelegter Weg bildet, der das Stadtzentrum mit dem Bahnhof verbindet. Um ein starkes Gefühl zur Natur wiederherzustellen, soll in einem ersten Planungsschritt das Ödland kultiviert werden.
In den symbolhaften, herrschaftlichen Industriegebäuden, die mit ihrer eindrücklichen Erscheinung den Standort prägen, sollen neue städtische Funktionen angesiedelt werden. Die vorgeschlagene Planung rotiert um eine Reihe offener öffentlicher Räume, die Wohnungen fügen sich in die vielversprechenden und reaktiven Zwischenräume ein. Die Wohnungstypologien sind durch Prinzipien von Modularität und Flexibilität geprägt; daraus sollen individuelle Wohnformen entstehen, die sich auf einen veränderten Lebensstil beziehen.

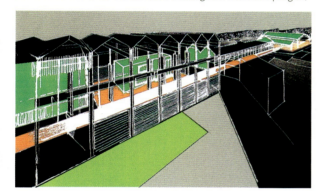

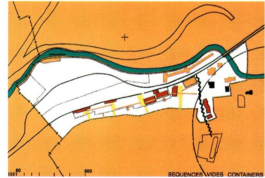
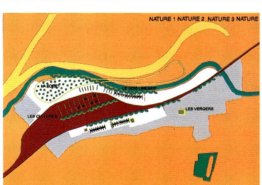
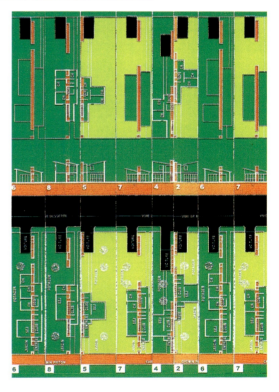

| 150 | Ankauf | France Jeumont | | **Marc Pelosse (F)** Carole Guyon (F) |

The interdistrict – means to an urban end Der Entwurf legt einen regionalplanerischen Ansatz zugrunde: Im Ballungsraum des Sambretals soll jede Stadt ihre eigene Identität behalten und stärken um innerhalb eines neuen "inter-kommunalen"-Systems Teil einer nachbarschaftlichen Beziehung zu werden. Das räumlich verbindende Element dabei ist ein Schienentransportsystem, das auf einen Strang der Eisenbahnlinie eingerichtet wird, die ein prägendes Element in der Struktur der Landschaft bildet. Zur Neustrukturierung des Gebietes entlang des Schienenstranges wird eine erhöhte Plattform, ein sogenannter "Kai" angelegt. Dieser endet im Osten am Fluß und geht dort in einen baumbestandenen Weg über. Auf der Plattform befinden sich eine Reihe von Einrichtungen: Türme und Fußgängerbrücken, um über die Eisenbahnschienen in den Park am Fluß zu gelangen, TER Bahnhöfe (regionaler Expreßzug) und Einrichtungen für temporäres Wohnen (Studentenunterkünfte und Hotels), die weiter ausgebaut werden können. Der Entwurf bezieht den Bahnhof und die vorhandenen Industriegebäude in die Entwicklung mit ein. An beiden Enden des "Kais" befinden sich überdachte Plazas, um die herum die für eine Neustrukturierung der Stadt wichtigsten Funktionen angeordnet werden.

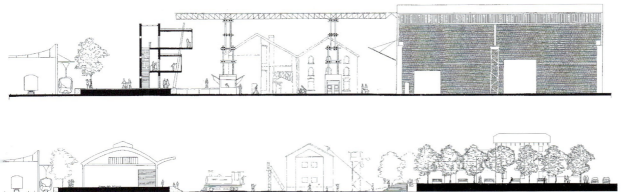

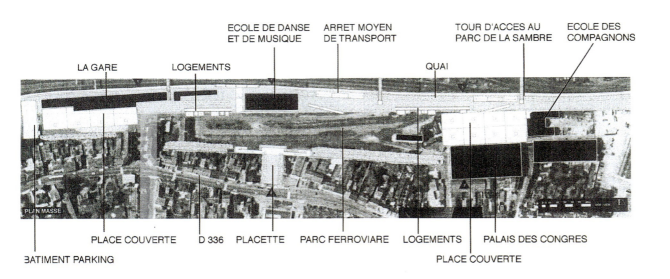

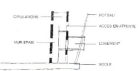

Mulhouse   Einwohner 110 000   rue de Mertzeau-   Untersuchungsgebiet - 60,5 Hektar
              (Großraum 226 000)   avenue de Colmar   Grundstück - 2,2 Hektar

Das Ballungsgebiet Mühlhausen ist der wirtschaftliche
Mittelpunkt des südlichen Elsaß.
Im Norden des historischen Zentrums gelegen, befindet sich
das Grundstück am Rande eines Gebiets größter städtischer
Verdichtung. Es liegt an einem Zugang zur Stadt und ist Teil
eines Bezirks, der durch das Nebeneinander heterogener
urbaner Elemente mit sehr unterschiedlichen Maßstäben
und Prinzipien (Automobilmuseum, Ausstellungszentrum,
Wohngebiete und ein unstrukturiertes urbanes Gewebe)
gekennzeichnet ist.
Zwischen dem Stadtzentrum und den Außenbezirken,
den geplanten Verkehrsknotenpunkt (Straßenbahn-Zug)
umgebend, soll ein neuer Bezirk entstehen.

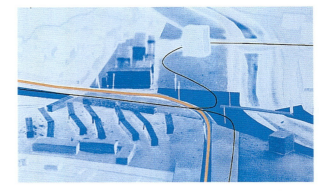

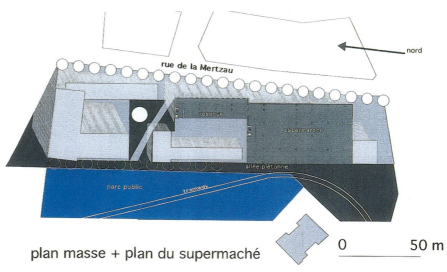

plan masse + plan du supermaché

Philippe Collin (F)
Julien Defer (F)
Erika Majewski (F)

Christel Richier (F)
Stéphane Gutfrind (F)
Christine Ott (F)

Alltägliche Ereignisse Wenn bei der Interpretation des Standortes das Fehlen einer klar definierten Verbindung mit der Innenstadt betont wird, wird die Streckenführung der zukünftigen Eisenbahn zum Schlüsselfaktor der Planung und der architektonischen Herangehensweise an das Projekt, um sowohl Landschaft als auch die Nutzung des öffentlichen Raumes zu definieren.
Der Entwurf stellt Beziehungen zwischen "Events" her, die für die Stadt wichtig sind: das Automobilmuseum, der Ausstellungspark und ein landschaftsnah gestalteter Kanal. Das Wesen der Stadt ist durch Ereignisse, die Knoten im urbanen Netzwerk bilden, gekennzeichnet, und darauf stützt sich die Philosophie dieses Entwurfes. Die architektonische Auswahl bezieht sich betont auf das "Alltägliche".
Der Verfasser lehnt das formale Pathos des Neomodernismus ab. Haustypologien und die entsprechende Ausführung sind so geplant, daß sie sich auf die vorhandene Stadt beziehen. Ihre "Gegenwartsnähe" behauptet sich durch konstruktive Strenge sowie durch Rationalität und Ablehnung aller demonstrativen Elemente.

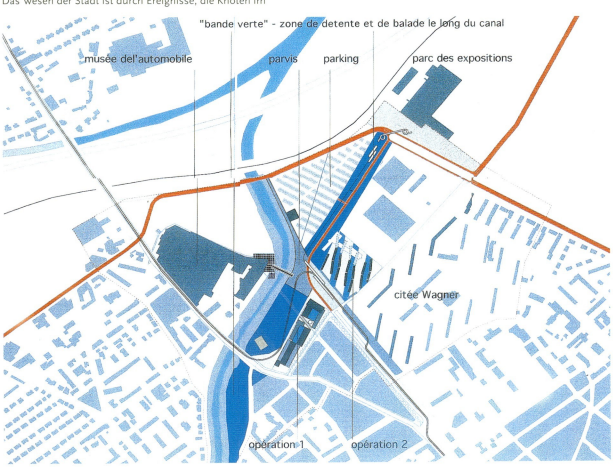

Reims Einwohner 210 000 Nordöstlicher Sektor des Electrolux Standortes Untersuchungsgebiet - 10 Hektar
Grundstück - 3 Hektar

Reims, die Hauptstadt der Region Champagne, ist eine große Stadt in der Nähe von Paris. Die industrielle Entwicklung führte dazu, daß sich die Stadt über ihre Befestigungsanlagen hinaus erweiterte und entlang den neuen Hauptverkehrsstraßen die ersten Vororte entstanden.
Das Grundstück liegt zwischen den Erweiterungsflächen der Außenbezirke und den Rändern der Vororte aus dem späten 19. Jahrhundert. Der Standort ist kürzlich von Elektrolux aufgegeben worden und befindet sich zwischen Eisenbahnlinien und einer Ausfallstraße.
Die Projekte sollen ein gestreutes Nutzungsprogramm mit Ein- und Mehrfamilienhäusern, Einkaufsmöglichkeiten, Gewerbe und Dienstleistungseinrichtungen ermöglichen.
Die existierende Stadtlandschaft soll in ihrer Gänze berücksichtigt werden.

Ankauf — France — Reims

Corinne Tiry (F)
Véronique Descharrières (F)
Sabine Guth (F)
Solange Duchardt (F)
Christina Devizzi (I)

Durchgangsräume Um neue Formen zur Erhöhung der Mobilität zu finden, strukturiert der Entwurf das Potential für einen gegenseitigen Austausch auf verschiedenen Ebenen. Auf beiden Seiten des "Parkweges" bilden die Zonen "Wald" und "Wiese" eine aus ehemaligem Ödland "recycelte" Binnenlandschaft.
Aus städtebaulicher Sicht nehmen die Orte, die von sogenannter "Mobilität" besetzt werden, die Form urbaner Lichtungen an, mit sich gegenüberliegenden Plätzen, die einen Ausgangspunkt für die weitere Bebauung der Nachbarschaft bilden.

Aus architektonischer Sicht soll eine durchlässige Schnittstelle zwischen den Wohnbauten und der Stadt geschaffen werden. Im privaten Raum wird eine breite und ausbaufähige Palette von Nutzungsmöglichkeiten angeboten. Die interne Anordnung der 18 kleinen Gemeinschaftsgebäude im Wald und der 86 Häuser auf der Wiese ermöglicht eine große Bandbreite verschiedener Typologien. Lösungen, die interne Kombinationsmöglichkeiten oder solche zwischen kleinen und großen Wohneinheiten beinhalten, bieten ein großes Potential an räumlicher und programmatischer Flexibilität.

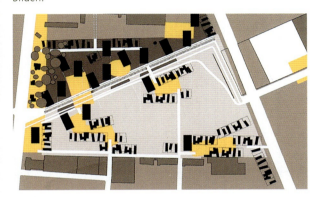

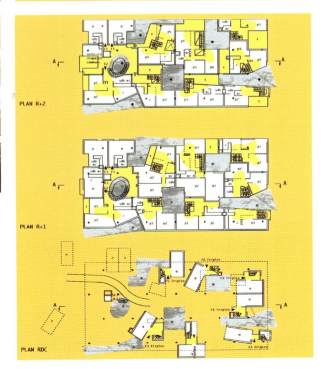

156 Preis France
              Reims

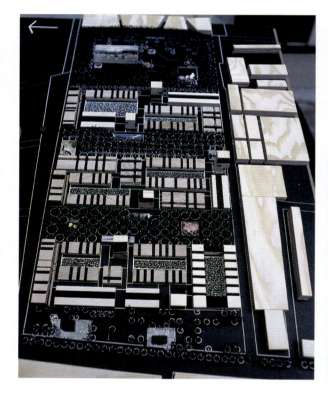

Matthias Foitzik (D)
Philipp Krebs (D)
Michael Herz (D)

Heinz-Jürgen Achterberg (D)
Cord Soelke (D)
Ursula Winter (D)

Ein neuer Blick auf die Gartenstadt Auf dem "grünen Pfad", den ein ehemaliger Industriekomplex hinterlassen hat, entsteht eine Stadtlandschaft, die durch verschiedene Typologien von Freiräumen gekennzeichnet ist. Eine erfrischende Interpretation der Gartenstadt, eine Idee rund um einen engen Bezug zwischen Gebäude und Grünbereichen. Es entstehen attraktiv gestaltete, nutzbare offene Räume unter besonderer Berücksichtigung der ökologischen Nachhaltigkeit. Das Gelände wird in sieben Felder unterschiedlicher Breite aufgeteilt, öffentliche und bebaute Räume wechseln sich ab. Dort wo die öffentlichen Räume mit den angrenzenden Baufeldern in Verbindung stehen, haben sie den Charakter einer Mischung zwischen Straße und Park. An anderen Stellen erhalten sie eine definierte Identität als öffentliche Freiflächen. Die bebauten Streifen sind charakterisiert durch unterschiedliche Gebäude - "Bausteine", durchzogen von Verbindungswegen und privaten Freiräumen. Als "Bausteine" werden Gebäudetypologien favorisiert, denen eine enge Beziehung zwischen Wohn- und Freiraum zugrunde liegt. Ihren endgültigen Charakter erhalten die Bebauungsstreifen erst während der Planungs- und Bauphase.

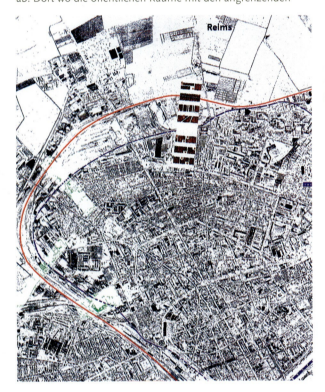

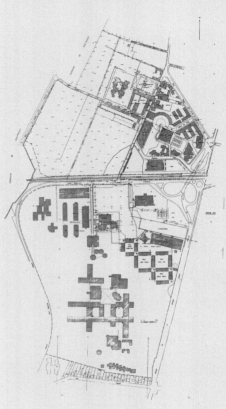

Villetaneuse   Einwohner 12 000   zukünftiger Bahnhofsstandort   Untersuchungsgebiet 25 Hektar
Grundstück - 3 Hektar

Villetaneuse befindet sich in den nördlichen Außenbezirken von Paris. Das zu untersuchende Gebiet umgibt den künftigen Bahnhof, wo derzeit ein Bahnübergang besteht.
Das Grundstück liegt zwischen dem heutigen Stadtzentrum, der Universität und einer von Adrien Fainsilber entworfenen Siedlung mit 448 Wohneinheiten. Es soll ein multifunktionaler Verkehrsknotenpunkt geschaffen werden. Dabei sollen Wohnungen (insbesondere für Studenten), Geschäfte, sozio-kulturelle Einrichtungen, Flächen für zur Zeit noch unbestimmte Geschäftstätigkeiten, öffentliche Freiflächen (Straßen, ein Platz, etc.) und Parkplätze entstehen, wobei ein Ziel der Planung auch darin besteht, daß zwischen den einzelnen Abschnitten des Projektes Verbindungen möglich sein sollen.

Preis France Villetaneuse

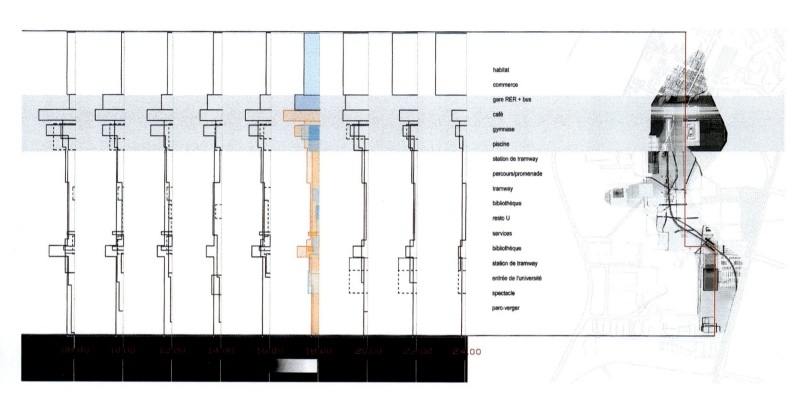

**Caroline Poulin (F)
François Decoster (F)
Djamel Klouche (ALG)**

Bernhard Rettig (D)
Alexander Sachse (D)

Antipotemkinscher Korridor Mobilität stellt das politische Projekt in Frage, das auf einer niedergelassenen Lebensweise fußt, und stellt damit ein neues Verhältnis zur Territorialität her. Dadurch entstehen zunehmend komplexe, sich überlagernde Vorstellungen von Entfernung und Nähe. Dies bleibt nicht ohne Auswirkungen auf die zeitgemäßen Vorstellungen von Wohnen. Der Entwurf befaßt sich mit dieser Fragestellung, indem er durch programmatisch-temporäre Mikrostrategien interveniert und dabei an den Orten mit dem größten Potential und der höchsten Frequentierung ansetzt. Andere Orte sollen so für zukünftige Entwicklungen freigehalten werden.

Die Summe dieser Mikrostrategien führt zu einer authentischen Nutzungstopographie, die die vorhandenen Fragmente beeinflussen und ihnen eine größere Formbarkeit, Flexibilität und Offenheit verleihen soll. Diese Herangehensweise entwickelt die Idee eines "antipotemkinschen Korridors", der über eine ausschließlich formale oder räumliche Darstellungsweise hinausgeht. Die Stadt und ihre Zukunft wird hier im Zusammenhang mit ihren Nutzungen und ihren verschiedenen Zeitebenen interpretiert.

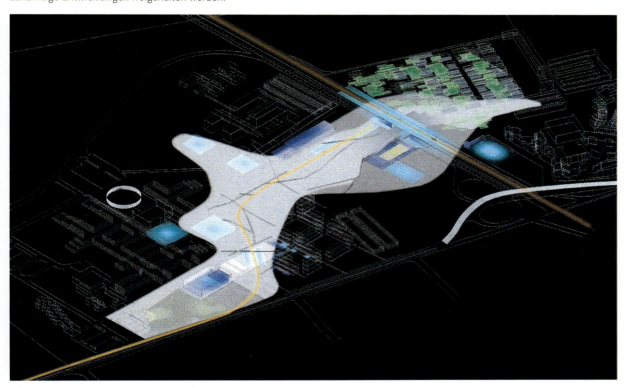

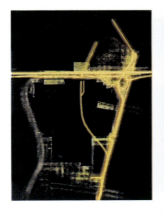

Hrvatska

Rovinj

Preis
Nicolò Privileggio (I)
Marialessandra Secchi (I)
Alice Luraghi (I)
Nicola Russi (I)

Ankauf
Rok Bogataj (SLV)
Vlatka Ljubanovič (CRO)
Tomaž Krušec (SLV)
Lena Dolenc (SLV)
Boris Bežan (SLV)
Stojan Skalicky (SLV)

Ankauf
Paulus Rajakovics (A)
Roland Ritter (D)
Bernd Knaller-Vlay (A)
Margarethe Muller (A)
Alexandra Schreiber (A)

Vukovar

Preis
Florian Migsch (A)
Andreas Krause (D)

Rovinj   Einwohner 12 500   Valdibor   2,59 Hektar

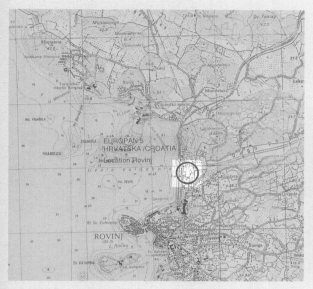 

Rovinj liegt an der Westküste von Istrien, der größten Halbinsel Kroatiens. Die mittelalterlichen Strukturen und Typologien sind bis heute erhalten geblieben.
Das unter dem Namen Valdibor bekannte Gebiet befindet sich an einer Bucht, die einen Kilometer nördlich vom historischen Zentrum liegt. Das Untersuchungsgebiet erstreckt sich über 2,5 km entlang der Küste und beinhaltet funktionierende Industriebetriebe, niedrige Wohngebäude, landwirtschaftlich genutzte Flächen und eine Reihe von Grünbereichen.
Das direkt an der Küste befindliche, praktisch unbebaute Grundstück, hat die Abmessungen 250 m mal 110 m.
Es soll eine Planung erarbeitet werden, die eine "Rückkehr zur See" verdeutlicht und das Gebiet mit dem historischen Zentrum verbindet. Dabei sind die landschaftlichen Gegebenheiten zu berücksichtigen, die Achsen der Verkehrsverbindungen sollen als strukturgebende Elemente verwendet werden.

Preis Hrvatska
Rovinj

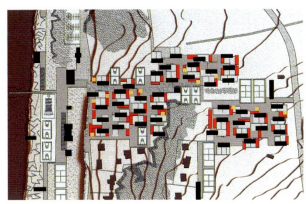

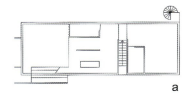
a

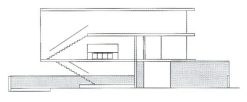
section

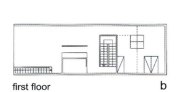
first floor b

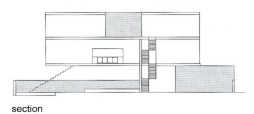

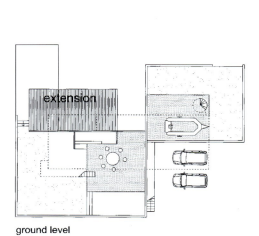
ground level

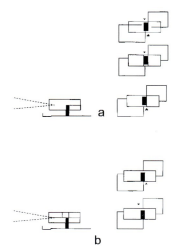
a

b

Nicolò Privileggio (I)
Marialessandra Secchi (I)
Alice Luraghi (I)
Nicola Russi (I)

Kollektives Netzwerk Ein kollektives Netzwerk von Freiräumen entwickelt sich entlang der steil abfallende Küstenlinie und wendet sich dann ins Landesinnere, um so eine "durchlässige" Struktur ohne strenge Hierarchien zu formen. Das Netzwerk verbindet verschiedene Teile der Stadt, und seine Struktur bildet den festen Rahmen für ein neues Wohngebiet. Räume unterschiedlicher Größe passen sich an zeitweilige Nutzungen oder Verdichtungsprozesse an. Die Gebäude haben Meeresblick und bilden einen schwebenden Flickenteppich, der aus bebauten und freien Räumen besteht.
Die natürliche Topographie des Abhangs wird so verändert, daß eine Reihe ummauerter, privater Gärten, Spielplätze, terrassierter Obstgärten und Fußgängerwege entsteht. Das sich daraus ergebene Spiel mit den Ebenen wird in den zahlreich variierten Grundrissen und Größen der einzelnen Häuser weitergeführt. Der Zugang erfolgt immer über den öffentlichen Raum, dies gilt für Fußgänger ebenso wie für Fahrzeuge. Durch die ummauerten Räume entstehen Orte mit einer unterschiedlichen Intensität von "Selbstreflexionen" und "Weltoffenheit", die als Filter zwischen dem privaten Rückzug und dem kollektiv genutzten Raum dienen.

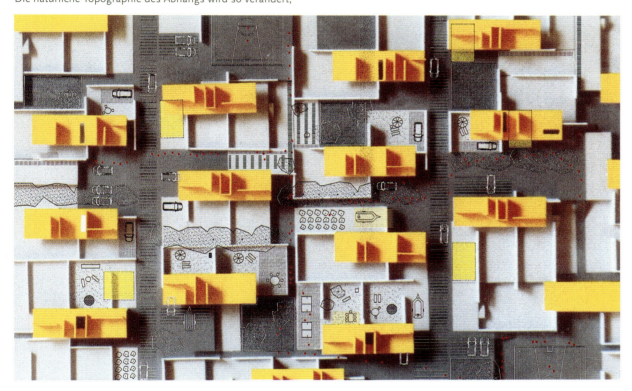

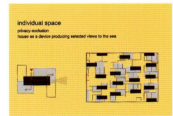
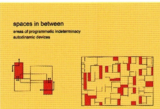
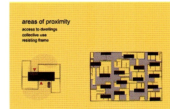
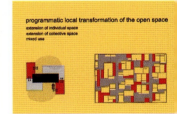

			Rok Bogataj (SLV)	Lena Dolenc (SLV)
Ankauf	Hrvatska		Vlatka Ljubanovič (CRO)	Boris Bežan (SLV)
	Rovinj		Tomaž Krušec (SLV)	Stojan Skalicky (SLV)

Periskop - Haus mit Meeresblick Die Inspiration zu diesem Entwurf entstand durch die Uferpromenade, deren Entwicklung ein integraler Bestandteil der Geschichte aller Städte an der Adria ist. Die Promenade ist nicht nur eine wichtige städtische Kommunikationsader, sondern bildet auch das Zentrum des sozialen Lebens in der Stadt. Die Promenade oder "Lungo mare", wie sie hier genannt wird, übernimmt die Rolle der mentalen, physischen und infrastrukturellen Hauptverbindung zwischen den neuen Wohnbauten und dem historischen Zentrum. Die Wohnbauten sind so geplant, daß keine qualitativen Hierarchien zwischen den einzelnen Einheiten entstehen. Die Bebauung eines Gebietes auf ebenem Gelände in Form eines kompakten Gesamtplanes birgt die Gefahr, daß einige Häuser die Aussicht der anderen blockieren. Hier wurde darauf geachtet, daß von jedem Haus aus ein Blick aufs Meer möglich ist. Die Häuser werden so voneinander abgesetzt, daß das vordere den Blick des dahinterliegenden nicht behindert; ein Feld voller Periskope, die aneinander vorbeischauen. Die hinteren Häuser werden auf einem höhergelegenen level errichtet, damit auch sie die gleichen Qualitäten wie die Gebäude in den ersten Reihen erhalten. Dieser Vorgang wiederholt sich auf einer weiteren Ebene, so daß die Häuser der letzten Reihe denen der ersten Reihe entsprechen.

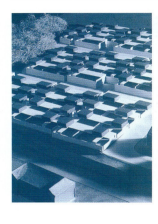

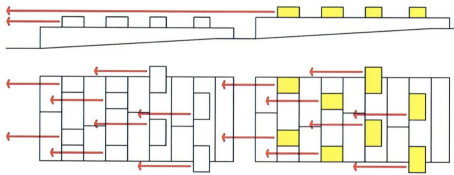

167 Ankauf Hrvatska Rovinj **Paulus Rajakovics (A)** **Roland Ritter (D)** **Bernd Knaller-Vlay (A)** **Margarethe Muller (A)** Alexandra Schreiber (A)

Elastische Sets Der Entwurf basiert auf einer "elastischen", taktischen Topologie, die auf punktuellen Initiativen beruht, die Nischen für ausgeschlossene, noch nicht bestimmte, öffentliche und dabei private Prozesse schaffen sollen, ohne daß dabei vorhandene Prozesse außer acht gelassen werden. Fünf Elemente verleihen der Meeresküste Dynamik: ein Hypermarkt, ein Supermarkt und ein Umsteigepunkt sowie der "Paracours", ein aktiv genutzter Küstenstreifen (Sport, Strand, Yachthafen, Festplatz) und die "Para-Site", ein Gebiet für kleine Geschäfte oder Verkaufsstände.

Die Wohngebäude werden von oben nach unten entwickelt, beginnend mit einer "Viewbox", von der aus die "Upsite downs", sogenannte außergewöhnliche Aussicht genossen werden kann. Darunter liegen die Dachterrasse und das Hauptgeschoß sowie das Erdgeschoß, das für eine zeitweilige Nutzung zur Verfügung steht. Diese "zeitweise" Nutzung ist typisch für Touristengebiete wie Rovinj. Dichte und Formation der Bebauungsstrukturen werden hauptsächlich durch das Gefälle des Standortes und die Position des obersten Geschosses bestimmt.

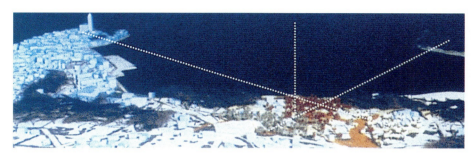

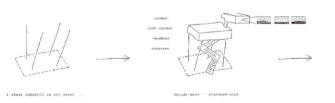

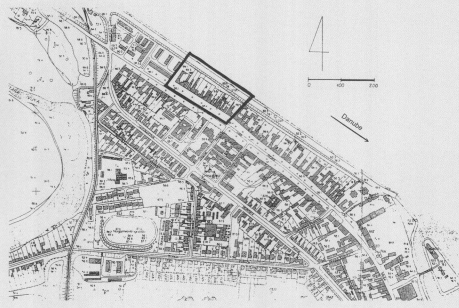

Vukovar   Einwohner 45 000   Dunav I-Nord   2,58 Hektar

Vukovar ist die größte Stadt in der Region Vukovar-Sirmium und bildet mit den Städten Osijek und Vinkovci ein wirtschaftlich mächtiges Dreieck in Ostkroatien.
Der Standort befindet sich zwischen der Donau und der Hauptstraße.
Vor dem Krieg gab es entlang dieser Straße zahlreiche kleine ein- oder zweistöckige Gebäude. Die Häuser besaßen hinter sich große Gärten, von denen sich die meisten bis zum Ufer des Flusses erstreckten. Das Land wurde von den Bewohnern für den Anbau von Obst und Gemüse genutzt. Diese Tradition wurde durch die Auswirkungen des Krieges erheblich beschädigt. Für diesen Teil der Stadt muß nun eine völlig neue Planung erarbeitet werden.
Durch eine zukunftsorientierte Planung soll eine bessere städtische Qualität gewährleistet werden.
Dies soll durch folgende Mittel erreicht werden: die Erzeugung einer deutlich vom Wohnen geprägten Atmosphäre, die Einbeziehung der außergewöhnlichen Donaulandschaft sowie durch die Ausbildung städtischer Räume.

Hrvatska
Vukovar

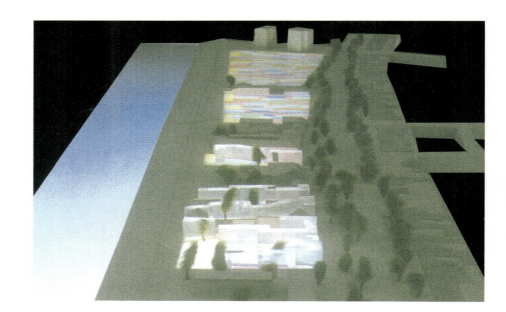

- Proposed buildings
- Public
- Collective
- Communal
- Private

Florian Migsch (A)
Andreas Krause (D)

Das Füllen der Leere Vukovar ist nicht ohne Leben, es fehlt jedoch ein verbindendes Zentrum administrativer und öffentlicher Gebäude, ein zentraler Platz oder ein zeremonieller Raum. Die Zerstörungen der Stadt durch den Bürgerkrieg in den Jahren 1990-1991 haben in der städtischen Struktur viele Leerräume hinterlassen. Der Entwurf befaßt sich mit den Lücken, die in der Struktur entlang des zentralen Boulevards entstanden sind, und mit dem ungeklärten Nutzungsprogramm. Ein Netzwerk aus Wohnungen, Läden, Büros und Studios soll entstehen, eine Verbindung zwischen den Aktivitäten entlang der Hauptstraße und der großartigen Donaulandschaft.

Eine Reihe schmaler Wohnblocks windet sich mäanderartig durch die tiefen Parzellen, wobei innerhalb der Grundstücke zwischen öffentlicher und privater Nutzung unterschieden wird. Um den wunderbaren Ausblick auf die Donau für möglichst viele Bewohner anzubieten, schlagen die Verfasser vor, die durchschnittliche Dichte zu verdreifachen, so daß in den nächsten fünf Jahren 226 Wohngebäude auf dem Wettbewerbsgrundstück entstehen könnten.

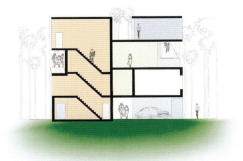

Italia

Ancona

Preis
Cherubino Gambardella (I)
Giulia Bonelli (I)
Pietro Salvatore Caliendo (I)
Lorenzo Capobianco (I)
Simona Ottieri (I)
Riccardo Rosi (I)
Marco Zagaria (I)

Ankauf
Roberto Angeloni (I)
Stefano Lo Parco (I)
Matteo Verzolini (I)

Catania

Preis
Francesco Nicita (I)
Ketti Muscarella (I)
Renato Viviano (I)
Clelia Parrinello (I)
Davide Spampinato (I)

Ankauf
Fabio Salvatore Dario
Scarcipino Patarello (I)
Domenico Di Guardo (I)
Sebastiano D'Urso (I)

Collegno

Preis
Andreina Mandara (I)
Francesco Calzolaio (I)
Maria La Tegola (I)
Tommaso Santostasi (I)
Susan Steer (GB)
Antonella Salerno (I)

Ankauf
Mauro Schiavon (I)
Laura Consiglio (I)
Gabriele Lunati (I)
Barbara Schirillo (I)
Stefano Silvano (I)

Palermo

Preis
Elisa Palazzo (I)
Bruno Pelucca (CH)
Angelo Toni (I)

Ankauf
Gianpiero Maria Latorre (I)
Rebbeca Raponi (I)

Roma

Preis
Birgit Schlieps (D)
Oliver Schetter (D)
Tom Richter (D)
Peter Arlt (D)

Ankauf
Alessandra Battisti (I)
Pietro d'Ambrosio (I)
Paola Guarini (I)
Fabrizio Tucci (I)
Fabio Battista (I)
Patrick Bröll (D)
Giorgio Campa (I)
Viola Marrucci (I)
Andrea Tempesta (I)

Savona

Preis
Giovanni Pogliani (I)
Marina Cimato (I)
Giancarlo Fantilli (I)
Mariaugusta Mainiero (I)
Roberto Morziello (I)
Giovanna Paola Piga (I)
Renato Quadarella (I)
Guendalina Salimei (I)
Roberto Grio (I)
Hans Loehr (D)
Antonella Luciani (I)
Luisella Pergolesi (I)

Torino

Ankauf
Gabriele Cigliutti (I)
Raffaella Bonino (I)
Giuseppe Bresciano (I)
Giorgio Gasco (I)
Stefanie Murero (A)

Ankauf
Giorgio Domenino (I)
Walter Camagna (I)
Massimiliano Camoletto (I)
Andrea Marcante (I)
Roberto Prete (I)
Annachiara Solero (I)
Marina Massimello (I)
Riccardo Balbo (I)
David Bodino (I)
Esteban Lopez Burgos (E)

Ankauf
Massimo Raschiatore (I)
Aurelia Vinci (I)
Raimondo Guidacci (I)
Cristina De Marco (I)

Ancona   Einwohner 100 000   Fiat di corso Alberto Amedeo   0,945 Hektar

 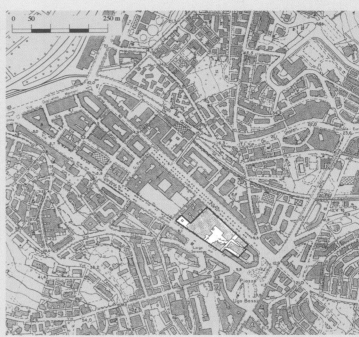

Im Anschluß an zwei Naturkatastrophen, dem Erdbeben
von 1972 und dem Erdrutsch von 1982, ist Ancona seit den
70er Jahren stark gewachsen.
Der Standort befindet sich in der historischen südlichen
Stadterweiterung, die als "Seconda Ancona" bezeichnet wird.
Das Gebiet ist flach und insgesamt städtisch erschlossen.
Es stehen dort eine FIAT Fabrik und das Gebäude des
Gemeinderats. In der Nähe des Grundstückes bildet der
Bahnhof einen wichtigen Knotenpunkt zwischen der Bahnlinie
Rom-Ancona und den Fischerei- und Güterhäfen.
Durch die Planung sollen die negativen Auswirkungen
der nahen Straßenkreuzung reduziert und eine neue
Perspektive für das Gebiet entwickelt werden. Dabei soll
das Stadtgefüge wiederhergestellt und das Gebiet mit einem
neuen Zentrum versehen werden. Dies soll durch eine
Verknüpfung von Wohnungsbau mit einer Vielzahl anderer
Funktionen erreicht werden
Die Aufteilung ist dabei folgendermaßen: 55 % Wohnbauten,
5 % Geschäfte, 10 % Parkplätze und die restlichen 30 %
öffentlich genutzte und private Räume.

174 Preis Italia
              Ancona

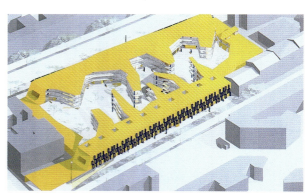

Cherubino Gambardella (I)
Giulia Bonelli (I)
Pietro Salvatore Caliendo (I)
Lorenzo Capobianco (I)
Simona Ottieri (I)
Riccardo Rosi (I)
Marco Zagaria (I)

"Kais" in Ancona Der Entwurf setzt sich zum Ziel, einen städtischen Block zu schaffen, der die Erinnerung an die Mehrdeutigkeit einer "Nicht-Stadt" lebendig erhält, ein "letztes Fragment der Stadt" werden kann. Diese Herangehensweise ergibt sich durch den Standort, an dem sich ehemals eine Autofabrik befand. Der Standort liegt in der Mitte eines Gebietes, in dem die Wohndichte so hoch ist wie im Zentrum der Stadt.
Eine Tiefgarage, die durch Öffnungen in dem darüber liegenden Fußgängerplatz einsehbar ist, sorgt für mehr als die benötigten 500 Parkplätze. Der Zugang zum Platz erfolgt über die beiden Straßen, die am Standort vorbei führen, durch einen Portikus mit Läden und Büros. Darüber befinden sich drei Ebenen mit einer Mischung von Büros, Gemeinschaftseinrichtungen und Wohnungen. Die "Kais", das sind externe Zugangswege, sowie die hängenden Gärten außerhalb der Häuser sind ein wesentlicher Bestandteil des Entwurfes. Die glatten Fassaden korrespondieren mit dem städtischen Umfeld, während der Platz ein urbanes Gestrüpp darstellt, ein von Menschen geschaffener Dschungel aus Kabeln, Konsolen und Fasern.

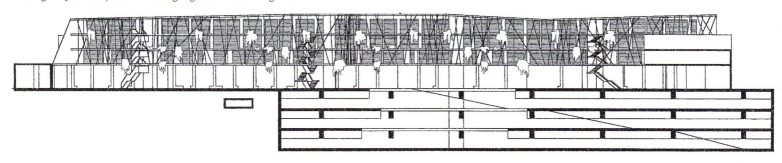

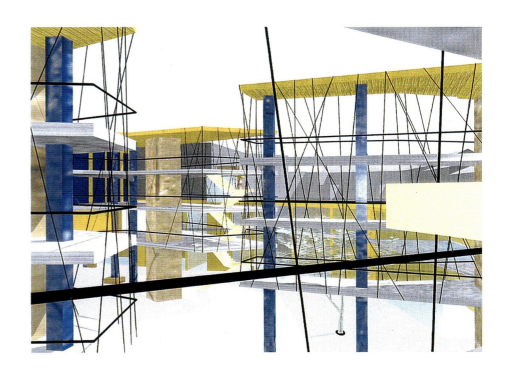

Durchschnittene Trennung Der Entwurf sucht nach einer Antwort auf die Anforderungen eines Nutzungsprogramms, das die Bebauung eines großen Teils des Standortes mit Wohnbauten, Büros, öffentlichen Einrichtungen sowie Geschäften vorsieht. Darüber hinaus sollen ausreichend Parkplätze und ein Fußgängerplatz geschaffen werden. Dies erfolgt, indem eine der beiden Straßen, die durch den gesamten Standort verläuft, in eine breite Fußgängerzone umgewandelt wird, von der Geschäfte sowie kirchliche, kulturelle und Sporteinrichtungen erschlossen werden. Ebenfalls entlang dieses Weges befinden sich Wohnbauten, die sechs Meter über dem Boden schweben und so "offene Wohnbereiche" schaffen. Dahinter liegt eine offene "Arbeitsplattform" mit Büros, aufgeständert auf Stützen in denen auch die Vertikalerschließungen untergebracht sind. Dadurch entsteht auf der Ergeschoßebene freier Raum für den vorgesehenen Fußgängerplatz, auf dem ein abstrakter Garten mit wellenförmiger Oberfläche angelegt werden soll, der auch der Belüftung der Tiefgarage dient. Die Typologie der Büros kann den wechselnden Bedürfnissen entsprechend verändert werden, indem die offenen Patios in geschlossene Räume umgewandelt werden.

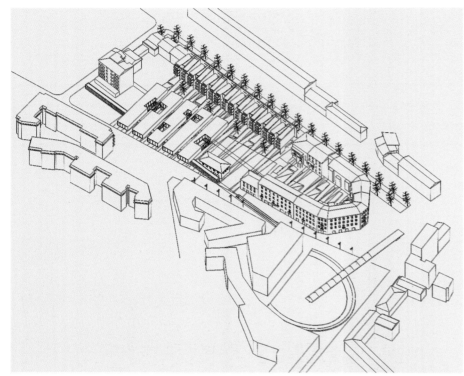

1:100

Catania   Einwohner 342 000   Antico corso   1 Hektar

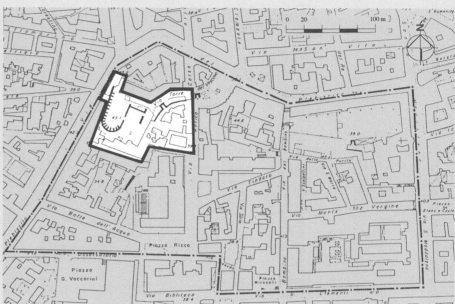

Catania, am Fuße des Étna, liegt in einer außergewöhnlichen Umgebung. Die Altstadt wurde nach dem Vulkanausbruch 1669 und dem Erdbeben 1693 nahezu vollständig wieder aufgebaut.
Der Standort befindet sich an der Grenze der nordwestlichen Befestigungsanlage.
Ziel des Entwurfes ist, den nie beendeten Wiederherstellungsprozeß des historischen Zentrums durch neue Wohnbauten und ein neues Straßennetz zu beleben.
Die städtische Struktur sowie Fußgänger- und Straßenverbindungen sollen neu geplant werden. Dabei sollen die monumentalen Ruinen der Antike als ein charakteristisches Merkmal berücksichtigt werden. Es ist beabsichtigt, die Fehler der letzten fünfzig Jahre zu korrigieren.

178 Preis Italia
              Catania

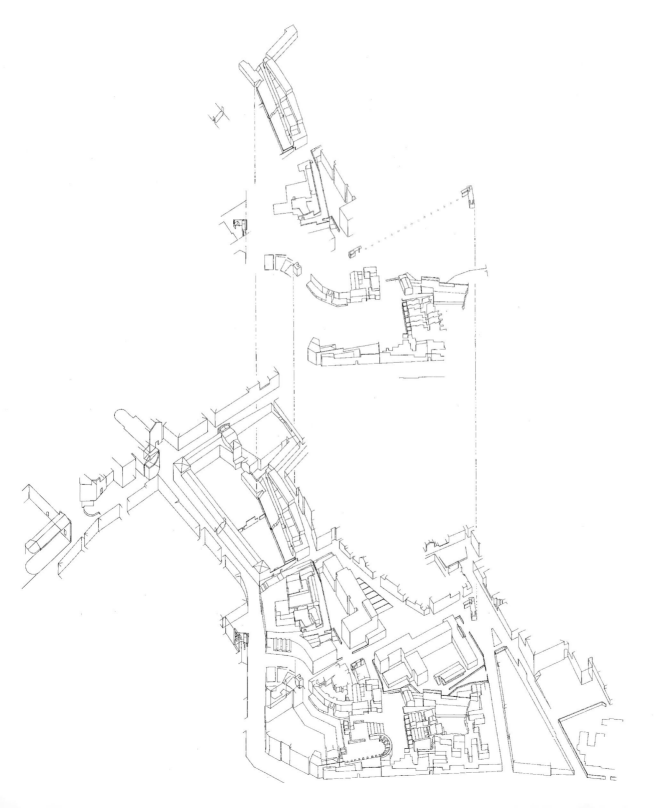

Francesco Nicita (I) Renato Viviano (I)
Ketti Muscarella (I) Clelia Parrinello (I)
                      Davide Spampinato (I)

Archäologische Fragmente für eine zeitgenössische Stadt Aus der Symbiose neuer Räume mit bestehenden kreiert der Entwurf eine räumliche Sequenz, eine parallel verlaufende Route. Die vorhandenen Räume weisen gemeinsame konstitutive Elemente auf: Fußwege, Mauern, Beziehungen zwischen verschiedene Ebenen und die Art, wie Niveauunterschiede überwunden werden. Ein partieller Abbruch durch einige einfache Maßnahmen ermöglicht einen besseren Zugang zu den stark verdichteten städtischen Strukturen und läßt neue morphologische Einheiten entstehen, die eine Grundlage für eine typologische Vielfalt herstellen. Jeder Eingriff erzeugt zusätzliche Kräfte: ein Kern, dem weitere Teile hinzugefügt werden, damit er der Vielfalt der Nutzungen entsprechen kann, die durch die neuen Anforderungen an städtische Funktionalität entstehen. Das architektonische Thema der Mauer als stützendes Element zeigt sich bereits im 19. Jahrhundert an Eingriffen, die an den Festungswällen vorgenommen wurden. Der Ausstellungsbereich des geplanten 'Stadtmuseums' hat das Potential, die gesamte durch die normannischen Mauern geprägte Fläche zu besetzen. Informationskioske mit neuen Mauerfragmenten aus Lavastein unterstützen die Beziehung zwischen dem Straßenraster und den neuen Verkehrssystemen.

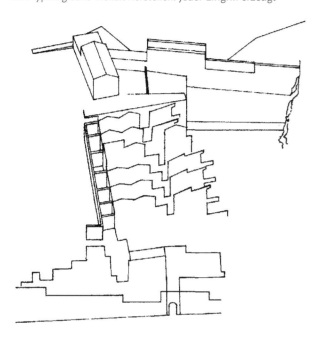
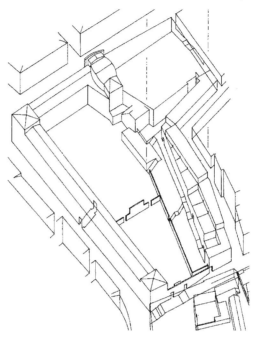

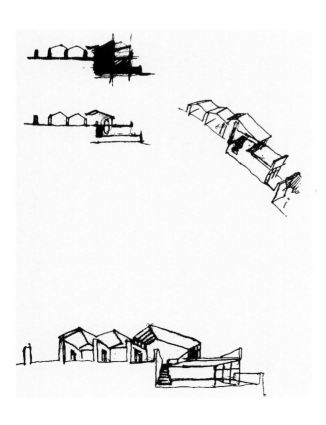
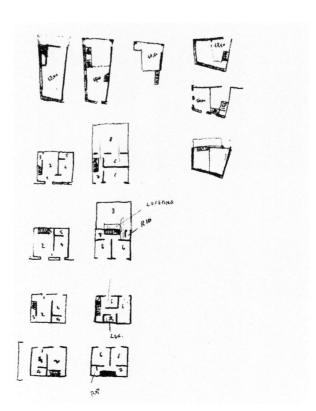

Fabio Salvatore Dario Scarcipino Patarello (I)
Domenico Di Guardo (I)
Sebastiano D'Urso (I)

Das Altertum erlebt ein aktuelles Comeback Der Entwurf konzentriert sich auf die Restaurierung, Freilegung und Wiederherstellung der Überreste der alten, befestigten Stadtmauer, auf ein Gebäude aus dem 16. Jahrhundert, in dem Menschen mit ansteckenden Krankheiten in Quarantäne genommen wurden, sowie auf einige alte, traditionelle Wohnbauten, die nicht mehr benutzt werden, da ihnen sanitäre Einrichtungen fehlen. Direkt neben diesen Häusern wurden in den letzten Jahrzehnten Gebäude (Krankenhaus, Schulen und Wohnbauten) errichtet, die jeglichen Bezug zu dieser Umgebung vermissen lassen und teilweise sogar den archäologischen Kontext verbergen. Der Entwurf sieht vor, diese alten Gebäude wiederherzustellen und in einen grünen Fußgängerbereich einzubetten. Darüber hinaus sind Parkmöglichkeiten sowie ein Minibusnetz geplant. So sollen nicht nur diese wichtigen Fragmente der Stadtgeschichte aus ihrer derzeitigen Bedeutungslosigkeit herausgeholt, sondern auch der Straßenverkehr erheblich reduziert werden. Darüber hinaus wird eine verbesserte Versorgung des Gebietes mit sozialen Einrichtungen angestrebt.

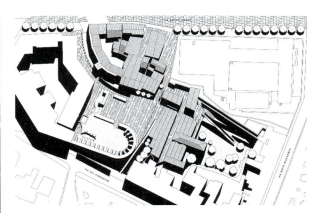
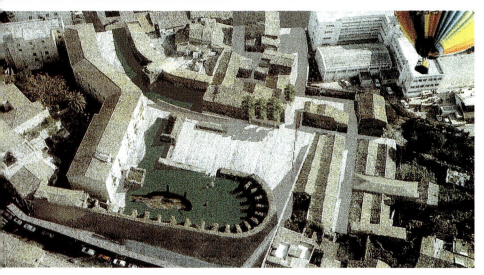

Collegno Einwohner 47 000 Mandelli 3 Hektar

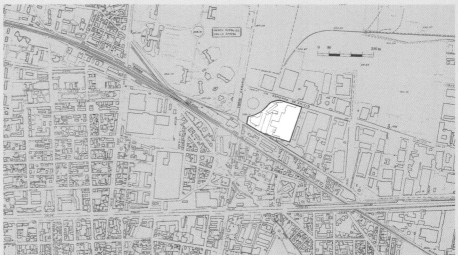

Collegno ist ein bedeutendes Zentrum der Eisen- und Stahl- sowie der Textil- und Konfektionsindustrie. Es liegt 15 km vom Stadtzentrum von Turin entfernt, genau dort, wo die Außenbezirke der beiden Städte aufeinandertreffen.
Das Grundstück des Standortes ist eben und wird von Straßen begrenzt: die erste verläuft entlang der Eisenbahnlinie Turin-Modane, die zweite führt zu einer Autobahnkreuzung, an der dritten ist ein U-Bahnhof der Linie 1 geplant. Das Gebiet Mandelli (eine ehemalige Gießerei) zeichnet sich durch eine Ansammlung von Büro- und Industriegebäuden aus.
Die Aufgabe ist die Planung eines gemischt genutzten Komplexes: vorwiegend Wohnnutzung, die durch Läden und Dienstleistungsangebote ergänzt werden soll. Die historische Struktur soll berücksichtigt werden, auch wenn von einem Abriß der Bausubstanz ausgegangen wird.

182 Preis Italia Collegno

Andreina Mandara (I)
Francesco Calzolaio (I)
Maria La Tegola (I)
Tommaso Santostasi (I)
Susan Steer (GB)
Antonella Salerno (I)

Mänaden Das Wettbewerbsgebiet liegt vergessen von den Bewohnern Collegnos, abgetrennt vom städtischen Kontext, eingeschlossen von seinen eigenen Grenzen. Die Stadt soll nun wieder Besitz von ihm ergreifen, ihm eine neue Bedeutung und Würde geben, indem nach den historischen Bezügen gesucht wird und diese als Grundlage für die Entwicklung einer neuen Struktur verwandt werden.

Die starken Elemente des Ortes sprechen bereits für sich selbst. Das Hauptgebäude des Mandelli Stahlwerks soll ausgeweidet werden, Stahlstruktur und Stahlskelett freigelegt werden. Dieser Rahmen soll den gesamten Block ordnen, als Mittelpunkt für die Strukturierung von Hierarchien unterschiedlicher Nutzungen, um ein komplexes Netzwerk zusammenzufügen. Dieses erstreckt sich von öffentlichen Räumen für die Technische Schule und Kultureinrichtungen bis zu den privaten Räumen des Studentenwohnheims und den Fassaden der Wohnbauten, die zum Park hin orientiert sind.

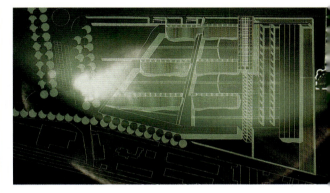

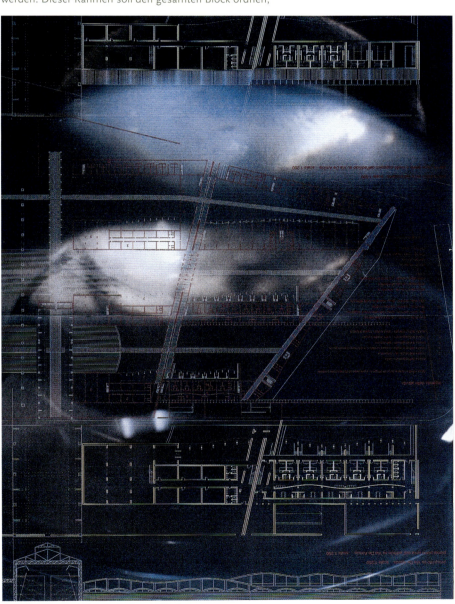

184 Ankauf Italia **Mauro Schiavon (I)** Barbara Schirillo (I)
              Collegno Laura Consiglio (I) Stefano Silvano (I)
                        Gabriele Lunati (I)

Mittelpunkte, Verbindungen und Grün Der Entwurf geht über ein monozentrisches Konzept der Stadt hinaus und schlägt dazu die Entwicklung einer "grünen Stadt" vor. Kleine Cluster-Bebauungen sind durch ein Netzwerk von Fuß- und Radfahrwegen verbunden, die eine Alternative zum System der Hauptstraßen bilden. Der Entwurf ist um Fußgängerwege (die die öffentlichen Gebäude mit den Wohn- und Einkaufsgebieten verbinden), öffentliche Freiräume und Grünzonen herum, als lineare Struktur mit sich abwechselnden Innen- und Außenräumen angeordnet. Dazwischen verlaufen grüne Bänder, die das Gebiet diagonal durchqueren.

Den öffentlichen Raum bildet ein großer Platz, auf dem sich ein multifunktionales Gebäude befindet (Wohnungen, Kultur, Freizeiteinrichtungen). Von hier aus gibt es einen Zugang zur Metro, zu den Parkplätzen und zu einem Informationsturm, der auch als visueller Bezugspunkt dient. Das architektonische und konstruktive Konzept berücksichtigt die Notwendigkeit einer flexiblen Nutzung. Der Entwurf sieht im Erdgeschoß Geschäfte und darüberliegend Wohnungen vor.

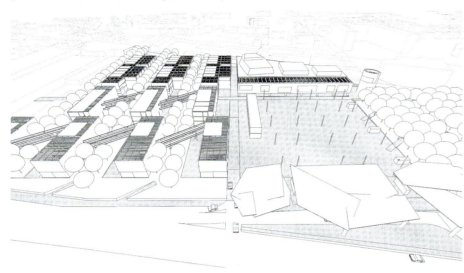
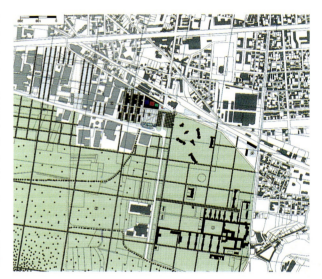
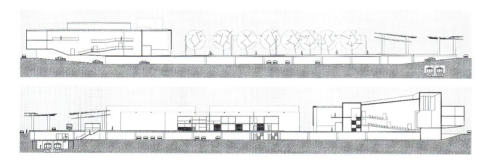

Italia

Palermo   Einwohner 700 000   Borgata Cruillas   2 Hektar

Palermo ist die Hauptstadt Siziliens und der Sitz der Regionalregierung.
Der Standort befindet sich in der Gemeinde Colli, die früher ein Dorf bei Palermo (Cruillas) war und in den 50er Jahren erbaut wurde. Der Standort besteht aus einer Reihe von Flächen, die entlang der gesamten neuen Landstraße mit Wohngebäuden bebaut werden sollen. Die neue Straße verläuft parallel zur alten Hauptstraße des Dorfes.
Die Aufgabe ist die Bildung eines neuen kleinen, urbanen Zentrums, in dem eine von Häusern gesäumte Straße vielfältige Möglichkeiten anbietet: öffentlich und privat genutzte Bereiche, Gemeinschaftseinrichtungen und traditionelle Tätigkeiten.

186   Preis   Italia
              Palermo

Elisa Palazzo (I)
Bruno Pelucca (CH)
Angelo Toni (I)

Lungoverde Der Entwurf sieht die Schaffung eines städtischen Parks durch den Erhalt landwirtschaftlich genutzter Flächen vor. Dies läßt die Rolle und die Form von Grünzonen in urbaner Umgebung in einem neuem Licht erscheinen. Die vorhandenen natürlichen Elemente des Gebietes werden einbezogen, der Blick über die Obstgärten dient dabei als Ausgangspunkt. Die neu angelegte Straße folgt der Struktur der Häuser des Dorfes, den Baumreihen und den alten Steinmauern, die derzeit das Gelände strukturieren. Die neuen Gebäude nehmen das lineare System des alten Dorfes auf.

Die Gebäudetypologien, Funktionen und öffentlichen Räume werden erst nach einer sorgfältigen Beurteilung ihrer Beziehung zur Landschaft geplant. Die neuen Gebäude im Zitrushain sollen eine deutlich definierte Grenze zwischen Dorf und Land schaffen. Die Schönheit des Standortes wird durch eine "Lungoverde", eine leicht erhöhte Promenade mit Aussicht, erlebbar.

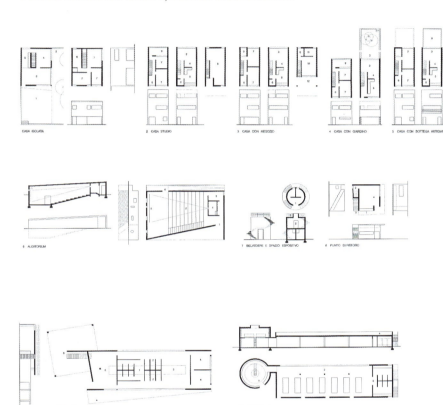

	Ankauf	Italia	Gianpiero Maria Latorre (I)
		Palermo	Rebbeca Raponi (I)

Raum-merkwürdigkeiten Die heutige Lebensweise kann inhaltlich wie lautmalerisch in folgenden Worten ausgedrückt werden: Geschwindigkeit, Allgegenwart, Informationsbeschleunigung, Freizeit, Mobilität, Nomadentum, Nachbarschaft, Nähe, Kreuzungen, Fragmente, Kontinuität, Diskontinuität, Überlagerungen, neurale Netze des Cyberspace: Energiefluß.
Der Entwurf versucht die Gegensätze der "Heterotopie" in zeitgemäßen Stadträumen miteinander zu versöhnen: das immer stärker werdende Bedürfnis nach Mobilität, den zunehmenden Konsum von Informationen, mit dem Bedürfnis nach Freizeit und einem Ort zum Nachdenken. Der Entwurf sieht eine "langsame Spur" vor, die eine Verbindung zur modernen Welt, zur globalen Ökonomie herstellt, jedoch eine eigene Geschwindigkeit und Identität beibehält. Symbolisch gesehen versucht der Entwurf jede einzelne urbane Realität sowohl zu synthetisieren als auch zu trennen, indem das urbane Netz zusammengefaßt wird, auf der anderen Seite aber jedes Ereignis als autonomes Geschehen ble bt.

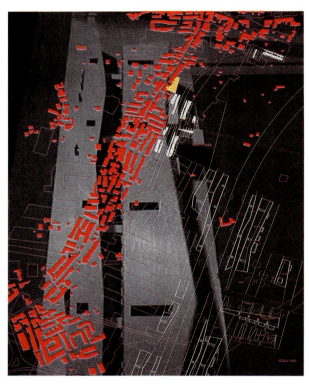

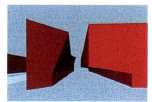

Italia

Roma Einwohner 2 500 000 San Basilio 3 Hektar

 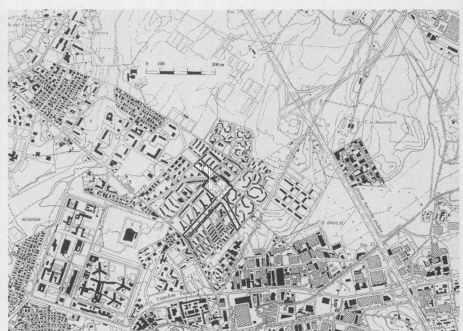

Rom, die heilige Stadt der Katholiken, liegt am Fluß Tiber, einige Kilometer von der Küste entfernt.
San Basilio befindet sich in den Außenbezirken der Stadt, die ältesten Bauten stammen aus den Jahren 1928-1930. Die Bebauung folgt einem dörflichen Grundriß.
Der Standort liegt in der Mitte des Viertels und umfaßt die IACP Wohngebäude, grüne Achsen, einen Park gegenüber der Kirche San Basilio und eine Zone mit niedrigen Schuppen, die zu IACP gehören.
Die Aufgabe ist, das Gelände zu überarbeiten, wobei die wichtigsten das Gelände umgebenden Straßen neu bestimmt werden sollen. Geplant ist ebenso, die interne Struktur des Gebiets und die Beziehung zur Umgebung neu zu entwickeln. Dies soll durch die Errichtung von Wohnbauten, öffentlichen Gebäuden und Geschäften erreicht werden.

190 Preis Italia
Roma

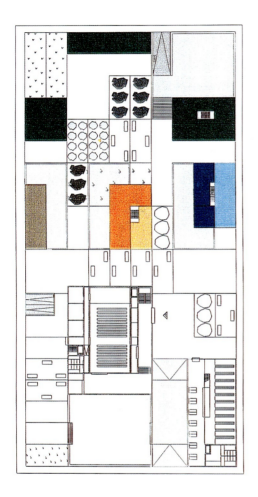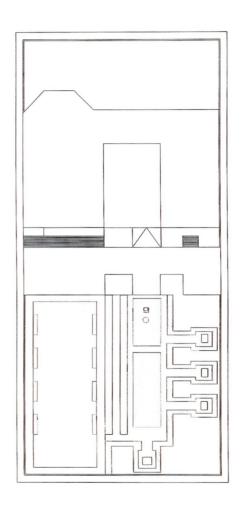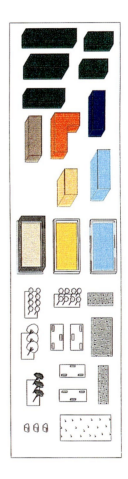

Birgit Schlieps (D)
Oliver Schetter (D)
Tom Richter (D)
Peter Arlt (D)

San Basilio lesen Der Entwurf nähert sich San Basilio auf drei verschiedenen Ebenen. Durch die Errichtung von Gebäuden auf den "Schwellen" des Ortes werden seine Zugänge betont und die Legitimität der Kirche unterstrichen. Der Zugang zu San Basilio wird durch einen Gewerbekomplex markiert, der als kompaktes Gebäudevolumen konzipiert ist, um die grüne Achse zwischen Gebäude und Kirche erhalten zu können. Die Arkaden und eine offene Passage bilden eine Verlängerung dieser Achse. Die obere "Schwelle" wird durch einen Wohnkomplex mit grüner Innenstraße, offenen Treppen und Laubengängen markiert. Als Übergang vom Park zur offenen Landschaft bildet das Gebäude eine solide Plattform, eine Art "Balkon" mit Blick auf die entfernten Berge, der, wenn er nachts beleuchtet ist, zu einem strahlenden Orientierungspunkt wird.

Zwischen diesen Schwellen und dem zentralen Bereich bleiben Grünflächen erhalten, die nicht bebaut werden. Im zentralen Bereich, gleich neben der Kirche, liegt das Kulturzentrum, das in drei Teile untergliedert ist: Gebäudekomplex, von Sitzstufen umrahmte Flächen sowie multifunktionale Räume für wechselnde Nutzungen.

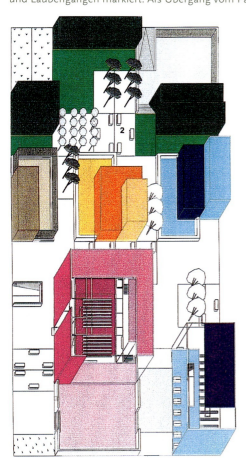

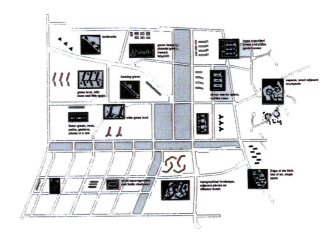

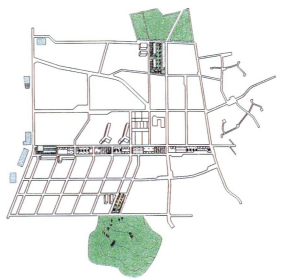

192 Ankauf Italia **Alessandra Battisti (I)** **Fabrizio Tucci (I)** Giorgio Campa (I)
Roma **Pietro D'Ambrosio (I)** Fabio Battista (I) Viola Marrucci (I)
Paola Guarini (I) Patrick Bröll (D) Andrea Tempesta (I)

Mah Jong - das Windspiel Der Entwurf vervollständigt das vorhandene Straßennetz, ordnet die lokalen Systeme primärer und sekundärer Urbanisierung neu und schafft die bisher in der Stadt fehlenden Treffpunkte. Desweiteren soll eine ökologische und bioklimatische Regeneration der Umwelt erreicht werden. Das städtebauliche Konzept befaßt sich mit folgenden Aspekten: mit der Interaktion zwischen Orten und ihrem Beitrag zum Prozeß städtischer Veränderung, der Aufgabe der Natur im Rahmen urbanen Wachstums als lebenswichtigem Element lokaler, sozialer und klimatischer Beziehungen sowie mit dem Thema ökologisch nachhaltiger Mobilität.

Das architektonische Konzept beruht auf dem Potential bioklimatischer Interaktionen mit lokalen klimatischen Bedingungen (Sonneneinstrahlung, natürliche Ventilation). Die Gehwege im "Sonnenpark der Themengärten" schleusen südwestliche Sommerwinde ein. Das Kulturzentrum zeigt die Durchführbarkeit passiver, bioklimatischer Interaktionen zwischen Architektur und Umwelt. Das Dickicht schützt vor winterlichen Nordwinden und dient, was das lokale Mikroklima anbetrifft, als "grüne Lunge".

Italia

Savona   Einwohner 66 000   Foce Letimbro   1 Hektar

Savona, im Nordwesten Italiens, liegt auf dem linken Ufer des Flusses Letimbro, in der Nähe eines natürlichen Hafens, in dem zur Zeit der neue Hafen gebaut wird. Im Hintergrund beginnen die ligurischen Apenninen.
Der Standort fungiert als Verbindungsstück zwischen der Hauptstraße und einer Eisenbahnlinie, die beide wichtige Elemente des Infrastrukturnetzes der Stadt sind. Das alte Stadtzentrum, der Hafen und der Letimbro Fluß, der die Umweltqualitäten des Standortes aufwertet, sind in die Standortplanung einbezogen. Für das Straßensystem muß eine neue Hierarchie festgelegt werden.
Die Aufgabe ist, ein Stück städtischer Brachfläche in einen neuen städtischen Kern einzubeziehen. Zu diesem Zweck sollen High-Tech Firmen angesiedelt und Wohnbauten realisiert werden.

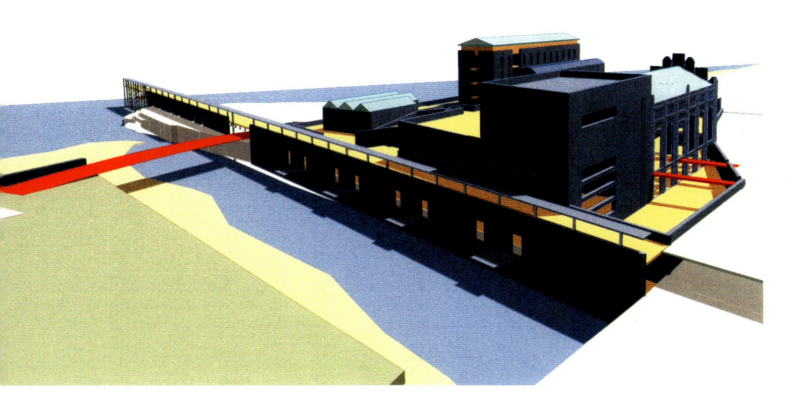
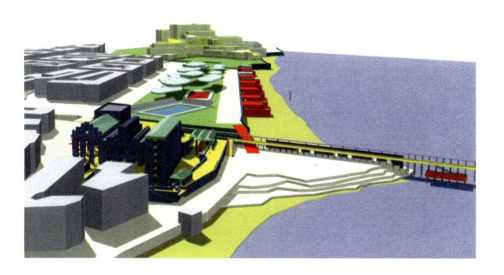

Giovanni Pogliani (I)
Marina Cimato (I)
Giancarlo Fantilli (I)
Mariaugusta Mainiero (I)
Roberto Morziello (I)
Giovanna Paola Piga (I)
Renato Quadarella (I)
Guendalina Salimei (I)
Roberto Grio (I)
Hans Loehr (D)
Antonella Luciani (I)
Luisella Pergolesi (I)

Enklave Ein tatsächliches Zentrum ist ein Ort, an dem sich die Bewohner der Stadt und der Umgebung treffen. Dieser Prämisse folgend skizziert der Entwurf einer "telematischen Stadt" einen Mikrokosmos, dessen Umgebung zwar die gesamte Welt einschließt, der jedoch aufgrund existierender physischer Grenzen zu einem Platz öffentlicher Interaktion wird. Neben dem Ziel, reale und virtuelle Bedürfnisse zu befriedigen, sollen die Planungen durch diesen neuen Treffpunkt eine Vielzahl von Aktivitäten und Ereignissen anregen, um unterschiedlichste Funktionen, die am selben Ort stattfinden, zu verbinden.

Der Entwurf versucht eine Neuinterpretation der industriellen Geschichte der Stadt und der Uferlage des Standortes. Ein künstliches Gelände soll geschaffen werden, auf dem ein urbanes Gebiet entstehen kann, das vorhandene positive Elemente betont und überflüssige, unattraktive herunterspielt. Alle diese Elemente sollen Teil eines größeren und komplexeren Systems werden, das die Heterogentität des Standortes und der Stadt offenbart.

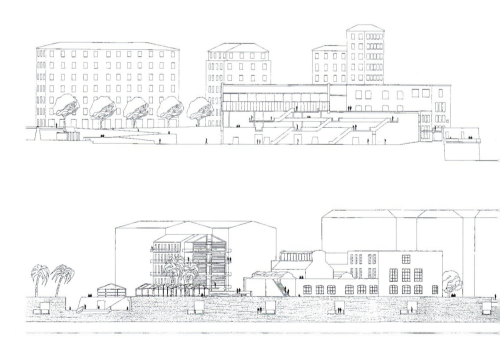

Torino Einwohner 914 000 Antonelliana Mole 1,3 Hektar

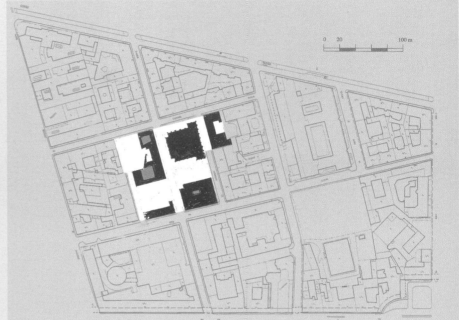

Turin ist die größte Stadt der Region Piemont im Nordwesten Italiens. Die Lage der Altstadt auf der linken Seite des Flusses Po ist einzigartig.
Der Standort liegt im alten Zentrum und schließt ein wichtiges Baudenkmal ein, das für die Stadt symbolisch ist: die Antonelliana Mole, ein 167,50 m hoher Kuppelbau mit einem Turm, der 1863 von Alessandro Antonelli entworfen wurde. Ziel der Planung ist die Rekonstruktion der historischen Struktur und der dazugehörigen Gebäude. Das Straßensystem soll neu konzipiert werden. Von der Piazza Chateau zur Piazza Vitorio Veneto ist eine Kultur- und Tourismusachse geplant, dort werden sich Museen, Universitätsinstitute, Büchereien, ein Theater und ein Auditorium befinden.

197　Ankauf　Italia　**Gabriele Cigliutti (I)**　Giorgio Gasco (I)
　　　　　　　Torino　Raffaella Bonino (I)　Stefanie Murero (A)
　　　　　　　　　　　Giuseppe Bresciano (I)

Nachklingende Erinnerung Die alte Stadtmauer Turins existiert zwar nicht mehr. Die Erinnerung an sie klingt aber nach, da ihr ehemaliger Verlauf als Trennlinie zwischen den Blocks um dem Standort der Antonelliana Mole spürbar ist. Der Entwurf beabsichtigt, die Spuren der Mauer mit der Massivität der Mole zu konfrontieren, indem die lang vergangenen Erinnerungen in einem strukturierten Band materialisiert werden, das sich hin und her schlängelt und auf verschiedenen Ebenen neue Räume und Umfelder schafft, die durch Stufen und Plattformen miteinander verbunden sind. Durch die Schaffung von Fußgängerwegen und Einschnitten in das städtische Gewebe nimmt die offene Struktur der Höfe eine intensive Beziehung zur Achse der Via Verdi auf.
In der Servicezone neben dem geplanten Kinomuseum sind Ausstellungsflächen und temporäre Wohnfunktionen geplant, die mit dem Gebäude des alten Scribe Theaters verbunden sind. Neue Museumsaktivitäten stehen im Mittelpunkt des Entwurfs, wodurch eine starke Verbindung zu den anderen geplanten Aktivitäten von RAI (Italienisches Fernsehen) hergestellt werden soll.

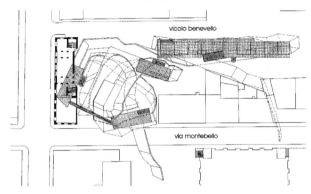

198 Ankauf Italia
Torino

Giorgio Domenino (I)
Walter Camagna (I)
Massimiliano Camoletto (I)
Andrea Marcante (I)

Roberto Prete (I)
Annachiara Solero (I)
Marina Massimello (I)
Riccardo Balbo (I)

David Bodino (I)
Esteban Lopez Burgos (E)

Nicht vorhandener Raum und die Technologie der darstellenden Künste Das Rückgrat dieses Entwurfs bilden die darstellenden Künste. Ziel ist es, ein zusammenhängendes Bild der vorhandenen Strukturen zu vermitteln und den miteinander verknüpften Bedürfnissen nach einer Vielzahl neuer, kultureller Funktionen zu entsprechen. Es ist geplant, öffentliche Räume mit vielfältigen Sichtbezügen auf die symbolbehaftete und monumentale Antonelliana Mole zu schaffen.
Der Charakter der neuen Strukturen soll sich hauptsächlich an ihren Funktionen orientieren. Schwerpunkte sind dabei Theater-, Musik-, Radio- und Kinoproduktionen, einschließlich anderer künstlerischer und kultureller Aktivitäten. Dies äußert sich in einem Nutzungsprogramm mit den folgenden Überschriften: High-Tech Multimedia, archivarisches Forschungszentrum, "Infobox" als Schaufenster für die wichtigsten Events in der Stadt, temporäres Wohnen für die Organisatoren von Ausstellungen, Ausstellern und Besuchern, Museum für interaktives Fernsehen und Kino. Diverse Auftrittsmöglichkeiten, öffentliche Räume und eine Tiefgarage ergänzen dieses Nutzungsprogramm.

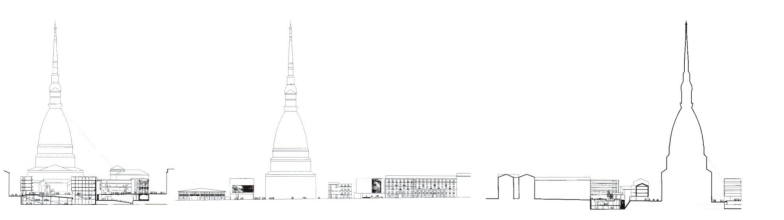

Massimo Raschiatore (I)
Aurelia Vinci (I)
Raimondo Guidacci (I)
Cristina De Marco (I)

Centroartemole Der Entwurf schlägt vor, die Wohnbauten aus dem 19. Jahrhundert abzureißen, um der Antonelliana Mole, diesem symbolträchtigen, monumentalen Bauwerk, das den gesamten Standort dominiert, Raum zu verschaffen, um angemessen wirken zu können. Der Entwurf impliziert ein übergeordnetes kulturelles Projekt, um die unterschiedlichen Aktivitäten zusammenzubringen, die hier bereits stattfinden. Der Hauptzugang zum Kulturzentrum erfolgt über das Scribe Theater. Ein rundes Hofgebäude, komponiert als ein dynamisches Spiel zweigeschoßiger Körper und von dem Theater durch einen Portio getrennt, erlaubt von seiner Aussichtsterrasse aus gerahmte Blicke auf die Mole herab. Die Galerie nimmt die Form der Mole auf, als langer, flacher, vom Boden abgehobener Riegel, der mit gewagten technischen Lösungen aufwartet.
Der Platz im Untergeschoß trennt die langgestreckte Galerie von der Mole. Kernstück des Projektes ist der Kirchplatz, eine großzügige Fläche, auf der die Mole ruht und ein Gegenüber für weitere Planungen bildet.

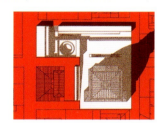
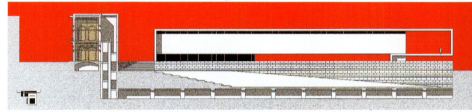
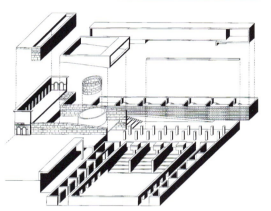
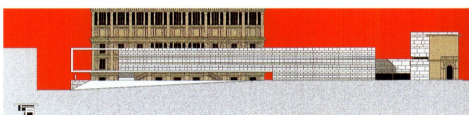
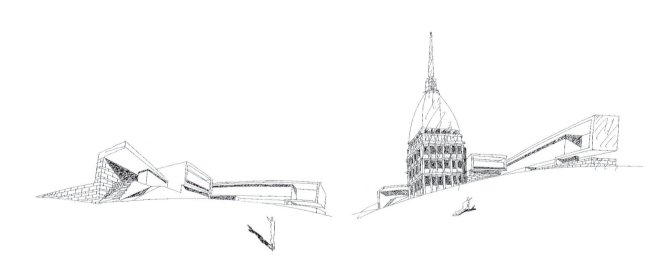

Nederland

Almere

Preis
Alberto Nicolau Corbacho (E)
Montse Dominguez Iglesias (E)

Preis
Siebold Nijenhuis (NL)
Aldo Vos (NL)

Ankauf
Jens Studer (CH)
Philipp Hirtler (CH)
David Leuthold (CH)
Matthias Stocker (CH)

Amsterdam

Preis
Joost Glissenaar (NL)
Klaas Van Der Molen (NL)
Marlies Quack (NL)
Martine Nederend (NL)

Ankauf
John Lonsdale (GB)
Maarten Van Den Oever (NL)
Nynke Joustra (NL)
Volker Ulrich (NL)
Luke Engelback (GB)

Haarlemmermeer

Preis
Gijs Raggers (NL)
Krijn Geevers (NL)

Ankauf
Bob Heuwekemeijer (NL)

Ankauf
Machiel Spaan (NL)
Patrick Mac Cabe (IRL)

Rotterdam

Preis
André Kempe (D)
Oliver Thill (D)
Chris Mac Carthy (GB)
Battle Mac Carthy (GB)
Walter Spangenberg (NL)
Luke Engleback (GB)
Jan-Piet Van Den Weele (NL)
Bastiaan Ingenhousz (NL)
Ron Steiner (USA)
Johannes Kühne (D)

Ankauf
Roel Ten Bras (NL)
Bart Eijking (NL)
Patrick-Olaf De Louwere (NL)
Jasper Baas (NL)

Almere   Einwohner 120 000   Tussen Spoor en Evenaar   Untersuchungsgebiet - 10 Hektar
Standort - 3 Hektar

Almere-Buiten ist einer der drei Kerne in der vollständig neu erbauten Stadt Almere, einer polyzentrischen Stadt, die seit 1968 entwickelt wird.
Der Standort liegt zwischen der Eisenbahnstrecke Amsterdam-Lelystad und der Hauptzufahrtsstraße nach Almere-Buiten. Der Bezirk wird von zwei Bahnhöfen aus erschlossen.
Der Standort liegt zwischen einem Grünstreifen und einem Kreisverkehr. Es handelt sich um ein längliches unbebautes Grundstück, auf dem städtische Wohngebäude mit innovativen Formen errichtet werden können. Das Nutzungsprogramm beinhaltet 200 Wohnungen, 5.000 qm für ein internes Verkehrssystem, 5.000 qm für überdachte Parkplätze, 10.000 qm für Geschäfte und Dienstleistungsunternehmen, von denen mindestens 50 % öffentliche Funktionen haben müssen. Weiterhin soll ein "Zentrum zeitgenössischer Dienstleistungen" entstehen.

Preis Nederland
       Almere

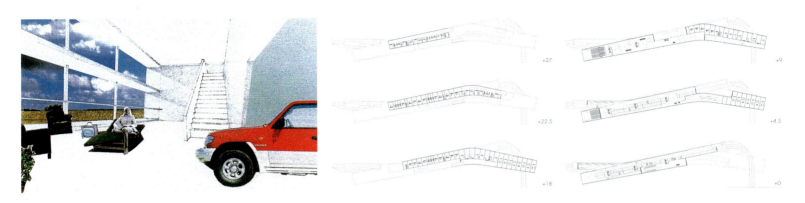

Alberto Nicolau Corbacho (E)
Montse Dominguez Iglesias (E)

Suburbane Schleife Die holländische Landschaft stellt sich mit zwei nahezu nicht unterscheidbaren Ebenen vor: das flache Feuchtland und der schwere, flache Himmel. Um den Raum zwischen diesen beiden Ebenen zu nutzen, wird ein langer suburbaner Streifen entwickelt, der sich zu einer Schleife dreht und dabei aufrichtet.
Die Oberfläche des metall- und glasverkleideten Gebäudes erscheint wie die Haut einer Schlange. Die Ansichten der Schleife wurden so entworfen, daß der Maßstab ihrer Strukturen sich nur auf den Baukörper selbst bezieht, ohne einen Bezug zu bekannten Größen in der Umgebung aufzunehmen. Im Gebäude befinden sich, von unten nach oben betrachtet, Parkplätze, Fahrradabstellplätze, ein Ausstellungsgelände, Läden, Büros und Wohnungen.
Die Wohnungen sind sehr großzügig geschnitten und die Bewohner können mit ihrem Auto oder Fahrrad auf dem Dach der Schleifen bis direkt zur Wohnung fahren und dort parken. Die Loft-Wohnungen im oberen Teil des Komplexes sehen auch eine flexible Nutzung als Büros vor. Die Grundrisse sind offen gestaltet, nur die Küchen, Bäder und Toiletten befinden sich in geschlossenen Boxen und geben dem Raum eine Gliederung.

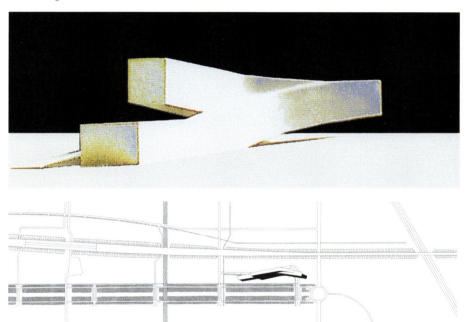

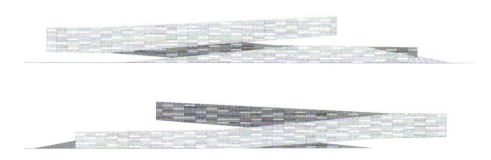

204 Preis Nederland
              Almere

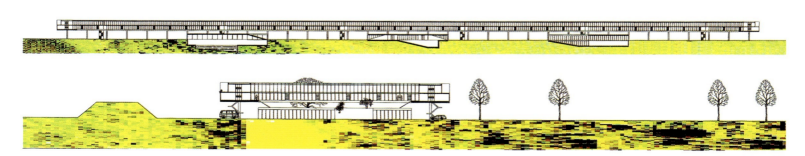

Siebold Nijenhuis (NL)
Aldo Vos (NL)

Omega Um die Weite und Großzügigkeit der Polder- Landschaft nicht zu zerstören entwickeln die Verfasser einen riesigen Blockrand aus Wohneinheiten, der auf Stützen aufgelagert, über dem Erdboden zu schweben scheint. Im Grünen leben heißt hier über dem Grünen leben. Die Wohneinheiten wurden aus einem quadratischen Grundraster entwickelt, um eine optimale Aussicht über die Landschaft und den inneren Hof zu gewähren. Innerhalb des riesigen Innenhofes werden drei Gebäudekörper untergebracht, in denen sich die Wohnfolgeeinrichtungen befinden: ein Sportzentrum, Supermarkt und Gemeinschaftszentrum.

Jedes Haus hat einen eigenen Außenraum, der größer als bei üblichen niederländischen Häusern ist. Dieser Außenraum stellt in Form von Loggien oder Verandas den Bezug zwischen der Wohnung und der Natur her. Die Garagen befinden sich an der Straße unter den Wohnungen. Es gibt lediglich vier Wohnungsgrundtypen, die alle auf demselben Raster basieren und um einen Versorgungsbereich angeordnet sind. Im Versorgungsbereich befindet sich ein Schacht, der die Ver- und Entsorgungsleitungen aufnimmt. Die Fassaden sind vollständig verglast.

LANDSCAPE POSSIBILITY — FORREST

LANDSCAPE POSSIBILITY — FARMLAND

LANDSCAPE POSSIBILITY — LAKES

206 Ankauf Nederland Almere

Jens Studer (CH)
Philipp Hirtler (CH)
David Leuthold (CH)
Matthias Stocker (CH)

Hybrid urbanity-vertical garden city Der lange, schmale Streifen entlang des Boulevard soll zu einem städtischen Zentrum für die Wohngegenden im Norden und im Süden der Eisenbahnlinie, die am Rande des Standortes verläuft ausgebaut werden. Die Verfasser planen dort sechs hybride, multifunktionale Flachbauten. Jeder einzelne soll intern wie eine kleine selbständige Stadt funktionieren.
Die Gestalt der Gebäude ergibt sich aus einer Transformation der horizontalen rasterartigen Struktur der umgebenden künstlichen Polder-Landschaft in die vertikale Ebene der Fassade. Bepflanzte Terrassen schaffen in dieser "vertikalen Gartenstadtstruktur" eine weitere künstliche Landschaft.
Das konstruktive Konzept der Gebäude besteht aus einer Reihe von Vierendel Trägern mit extrem hoher Belastungskapazität, da sie über die gesamte Höhe eines Stockwerkes verlaufen. Sie sind so angeordnet, daß sie einen strukturellen, dreidimensionalen Raum-Rahmen bilden, der im Ausbau ein größtmögliches Maß an räumlicher und gestalterischer Freiheit erlaubt.

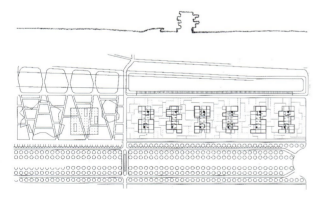

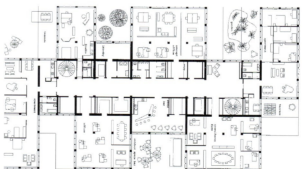

Amsterdam Einwohner 715 000 Polderweg Distrikt Untersuchungsgebiet - 11 Hektar
Standort - 2,7 Hektar

Der Polderweg Distrikt liegt im Osten von Amsterdam, eingekeilt zwischen zwei befahrenen Eisenbahnlinien, einem Ringkanal und einer Einkaufsstraße, die eine radiale Verbindung zwischen den westlichen Außenbezirken und dem Stadtzentrum herstellt. Aufgrund der ehemaligen Industrienutzung ist der Boden hochgradig kontaminiert. Die derzeitigen Strukturen bestehen hauptsächlich aus niedrigen Gebäuden, offenen Räumen und großflächigen Lagerhäusern.
Die Gemeinde beabsichtigt, den Polderweg Distrikt durch eine Mischung von Geschäften, Wohnbauten, gewerblichen Aktivitäten und Einkaufsmöglichkeiten zu verdichten. Das Nutzungsprogramm umfaßt 100 bis 150 Wohneinheiten, 5.000 bis 7.000 qm Gewerbe- und Ladenflächen und ca. 250 Parkplätze. Dies soll durch eine optimale Flächenausnutzung und Nutzungsverdichtung erreicht werden.

208 Preis Nederland
              Amsterdam

HOUSING TYPES

Joost Glissenaar (NL)
Klaas Van Der Molen (NL)
Marlies Quack (NL)
Martine Nederend (NL)

Sandwich city "Sandwich City" versucht einer kleinen unstrukturierten Enklave an der Peripherie eine neuartige städtische Struktur zu verleihen. Der Entwurf untersucht die Entwicklungsmöglichkeiten innerhalb eines nicht hierarchischen Rahmens. Innerhalb eines strengen städtebaulichen Systems soll ein Höchstmaß an Vielfalt ermöglicht werden. So kann auf Veränderungen eingegangen und gewährleistet werden, daß die Übersichtlichkeit des Gebietes erhalten bleibt.
Im bewußten Kontrast zur geschlossenen Blockbebauung der Umgebung besteht "*Sandwich city*" aus 15 horizontalen, 12 Meter hohen und 12 Meter breiten Bebauungs-"ships". Die Erdgeschoßzone und der umgebende öffentliche Raum wird als zusammenhängende Fläche verstanden, er birgt Einrichtungen wie Sportplätze, Parkplätze, Grünzonen, Gebäuderiegel. Einzelnen Grundstücksstreifen werden jeweils charakteristische Funktionen oder ein bestimmter Haustyp zugeordnet. Auf den einzelnen "Ships" soll eine gemeinschaftliche Atmosphäre, eine Nachbarschaft auf Länge entstehen.

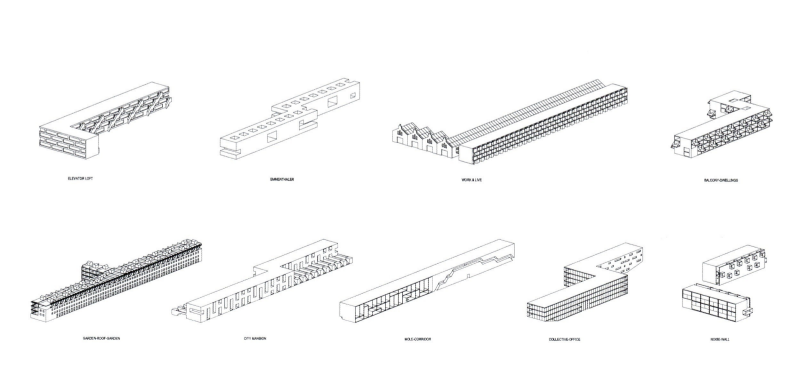

John Lonsdale (GB) Nynke Joustra (NL)
Maarten Van Den Oever (NL) Volker Ulrich (NL)
Luke Engleback (CB)

Unbekannte Territorien Das Projekt nutzt die Chance, die sich aus der Randlage des Wettbewerbgebietes ergibt, mit Hilfe eines Vegetationskonzeptes einem Rahmen für die städtebauliche Entwicklung zu schaffen. Dazu wird zunächst eine zeitliche Planung auf Grundlage der Zeit, die benötigt wird um den belasteten Boden zu dekontaminieren, entwickelt. In einer zweiten Schicht werden klar definierte Grenzen der städtischen Struktur festgelegt, um das Vegetationsgebiet vor weiterem Wachstum der Stadt zu schützen. Diese "Grenzsteine" betonen die vertikale Rasterung bebauter und begrünter Flächen entlang der Ränder des Gebietes.

Ein Weg durchquert den Standort, er soll eine horizontale Gliederung erzeugen. Die Wohnbauten können wachsen und schrumpfen, indem "Fassadenschichten" aus austauschbaren Standardkomponenten hinzugefügt oder entfernt werden.

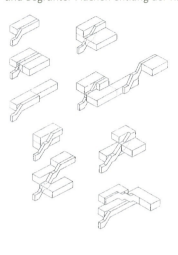

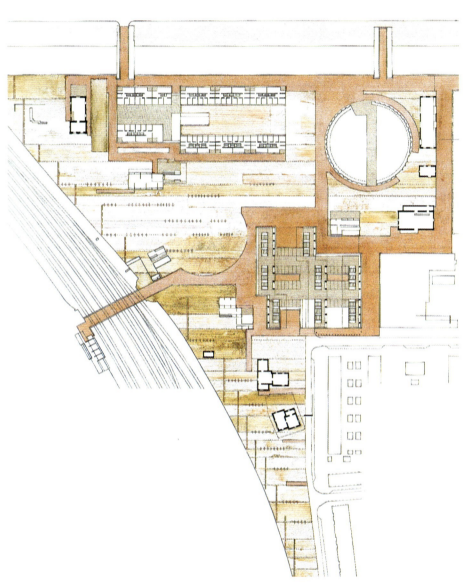

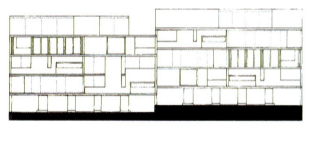

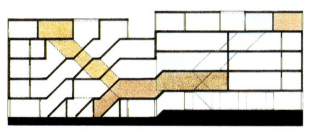

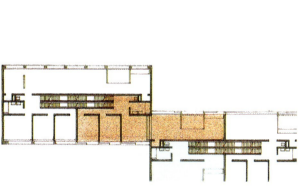

Haarlemmermeer   Einwohner 109 000   Hoofddorp-IJtochtzone   Untersuchungsgebiet - 60 Hektar
Standort - 3 Hektar

Nederland

 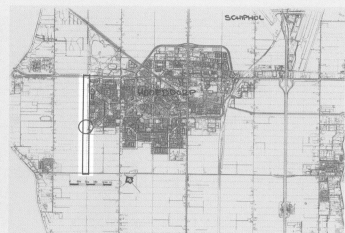

Hoofddorp ist der größte Polder in Haarlemmermeer und liegt im Südwesten von Schipol (Amsterdamer Flughafen). Dieser Polder ist einer der ältesten in den Niederlanden und wurde vor ca. 150 Jahren angelegt.
Die Gemeinde beabsichtigt, das Vorstadtgebiet von Hoofddorp bis zum Jahre 2005 zu entwickeln, indem 7.000 Wohnungen errichtet werden, wovon 30% im sozialen Wohnungsbau gebaut werden sollen. Die Stadt möchte dem Gebiet dadurch eine zusammenhängende räumliche Identität verleihen.
Die "IJtochtzone" ist ein 200 m breiter und 3.000 m langer Streifen zwischen einem kleinen Kanal und einer Hochspannungsleitung. Dieses Gebiet soll als Übergangszone zwischen der vorhandenen Bebauung und den zukünftigen Wohngebäuden dienen.
Die Planung umfaßt 250 einstöckige Wohneinheiten, mehrere Schulen, Sporthallen und eine Reihe von Grünräumen.

Preis Nederland
Haarlemmermeer

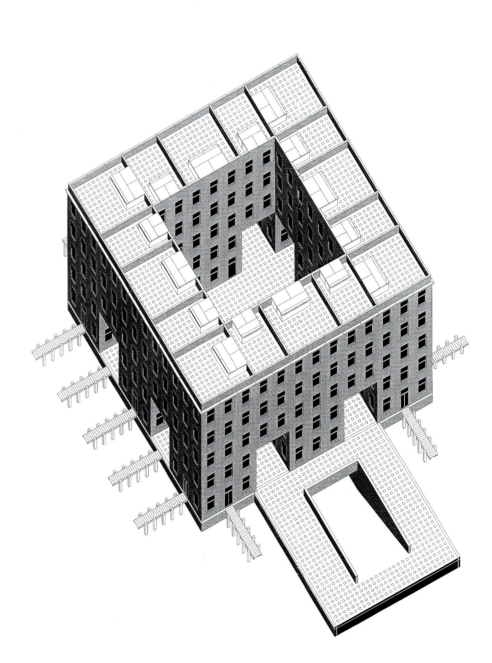

Gijs Raggers (NL)
Krijn Geevers (NL)

Wasser und Land Der Entwurf sieht zwölf gedrungene Gebäude vor, die sich an einem künstlichen See über einen 2,5 Kilometer langen und 70 Meter breiten Streifen des Standortes "IJtochtzone" erstrecken. Die Zugänge erfolgen jeweils über eine Brücke von der Straße aus, die parallel zum See verläuft. Rund um den See ragen Piers in das Wasser hinein. Der quadratisch angelegte Grundriß der Wohnbauten mit einer zentralen Hofanlage erweckt Assoziationen an eine zeitgenössische Form einer Festung. Pro Gebäude sind jeweils 17 bis 22 Wohnungen vorgesehen. In den Erdgeschoßzonen können wahlweise anstelle der Wohnungen öffentliche Funktionen untergebracht werden, eine Apotheke, eine Arzt- und eine Krankengymnastikpraxis, eine Polizeiwache, ein Gemeinschaftszentrum, eine Kirche und eine Kindertagesstätte, werden vorgeschlagen. Eine Tiefgarage bietet Parkmöglichkeiten für jeweils 40 Autos.
"Grüne" Einrichtungen konzentrieren sich auf dem zentralen IJ- Park. Der Teil der IJtochtzone außerhalb des IJ liegt wird in IJ- Wasser umgewandelt und soll zukünftig der natürlichen Wasseraufbereitung dienen.

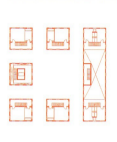  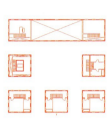 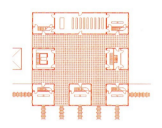

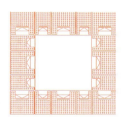 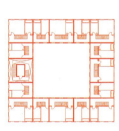 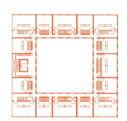 

Luftschlösser Die zunehmende Mobilität hat den Menschen von seinen Wurzeln getrennt. Vorhandene soziale Strukturen weichen einem breiteren Netzwerk im städtischen, regionalen und letzten Endes im globalen Maßstab (Internet). Dieses Projekt versucht einerseits ein Laboratorium für diese neuen sozialen Strukturen zu sein und versucht andererseits die traditionelle Beziehung des Menschen zur Landschaft wiederherzustellen.
15 gleichgroße Gebäuderiegel strukturieren einen drei Kilometer langen Polder-Steifen. Dieser Streifen wird so zu einem "Polderpark", zu einem Flickenteppich mit Landwirtschafts- und Freizeitfunktionen. Öffentlich zugängliche, sogenannte "Agrozentren", sind verantwortlich für Pflege und die Nutzung des Parks. Die Wohnriegel bestehen aus einer Struktur von 95 ähnlichen Elementen, die in einer Vielzahl von horizontalen und vertikalen Formaten kombiniert werden können. Eine doppelte Glashaut schafft auf der Südseite eine thermische Pufferzone. Im Sommer kann die innere Haut geöffnet werden, um die Wohnungsfläche zu vergrößern. Die äußere Haut der vertikalen Verbindungselemente kann ebenfalls geöffnet werden, so daß dort überdachte Terrassen entstehen.

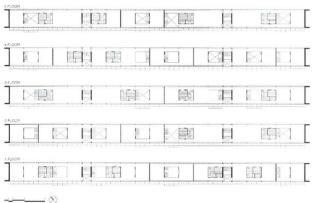
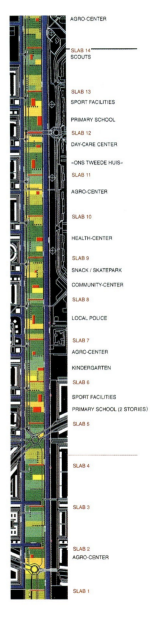
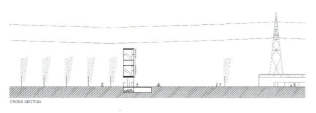
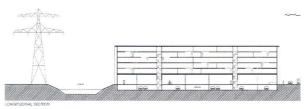

Machiel Spaan (NL)
Patrick Mac Cabe (IRL)

Territorien, Netzwerke, Typologien Eine Untersuchung des Standortes Haarlemmermeer zeigt, daß dort vier wichtige von einander getrennt funktionierende Netzwerke existieren. Jedes Netzwerk repräsentiert ein spezielles System mit unterschiedlichen visuellen, kompositorischen und organisatorischen Qualitäten. Eine differenzierte Entwicklung dieser Netzwerke kann eine Vielzahl von Verknüpfungen von Funktionen begünstigen, zum Beispiel zwischen Wohnen und Arbeiten oder Wohnen und Freizeit. Jedes Netzwerk verfügt über eine eigene urbane Ausprägung mit eigenen Entwicklungsprozessen, Regeln und visuellen Qualitäten. Indem die potentiellen Verästelungen dieser urbanen Formen ins Extreme gezogen werden, wird sichtbar gemacht, wie bestimmte Netzwerke bestimmte Lebensstile fördern und so die Entwicklung neuer Haustypologien mit sich bringen. Diese Typologien werden bezogen auf die vielschichtigen Bedeutung der kulturellen Landschaft entwickelt. Einige beziehen sich auf die geomorphologische Vergangenheit, wie zum Beispiel die Wiederherstellung von Sumpfgebieten im Zusammenhang mit den "Baumtürmen", oder sie beziehen sich auf aktuelle landschaftliche Probleme, wie der Umgang mit Aushubmaterial. Dieses Thema wird im Kontext neuer Wohnbauten, d.h. den "Bagger Woningen" behandelt.

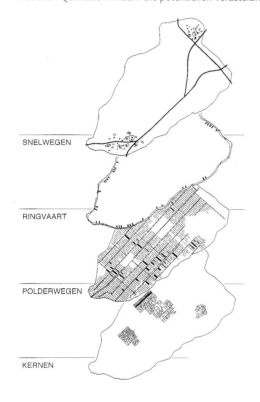

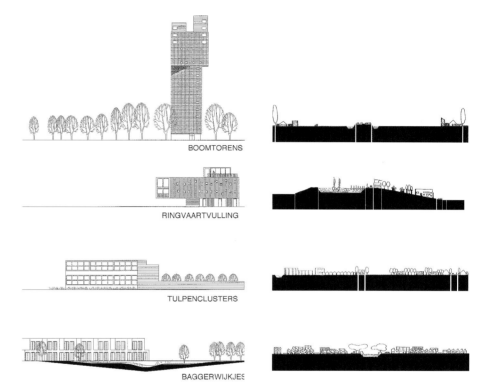

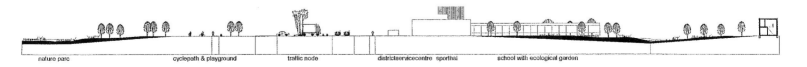

Rotterdam   Einwohner 593 000   Noordzijde Gelände Kop van Zuid   Untersuchungsgebiet - 18 Hektar
Standort - 2,3 Hektar

Rotterdam an der Maas hat den größten Hafen der Welt. Das Areal Kop van Zuid liegt am Südufer des Flusses, gegenüber des Stadtzentrums. Bis zu den 80er Jahren befand sich hier ein Hafengelände mit den dazugehörigen Aktivitäten und Gebäuden.
Das Untersuchungsgebiet Kop van Zuid teilt die neu gebaute Straße, die eine der wichtigsten Zufahrtsstraßen ins Stadtzentrum darstellt. Der Standort befindet sich im Norden des Distriktes und bildet eine Übergangszone zwischen den großen, städtischen Gebäuden weiter im Norden und der grüneren Zone im Süden.
Das Nutzungsprogramm sieht 1.200 Wohneinheiten und Parkplätze sowie einen 10.000 qm großen Komplex für Geschäfte und Gemeinschaftseinrichtungen vor.
Das städtebauliche Leitbild für den neuen Bezirk ist das eines "durchgrünten Wohnquartiers".

Roel Ten Bras (NL)
Bart Eijking (NL)
Patrick-Olaf De Louwere (NL)
Jasper Baas (NL)

Comeback der Leichtindustrie Der Entwurf befaßt sich mit Wohnen und Arbeiten und den entsprechenden wechselseitigen Beziehungen. Unter der Prämisse, daß der Begriff Industrie einen rationalen Prozeß und nicht Gebäude mit Schornsteinen definiert, wird das Industriegelände als ein Werkzeug betrachtet, das städtische Strukturen regenerieren und Arbeitsplätze schaffen kann. Arbeit wird zum integralen Bestandteil eines Wohngebietes, und Wohnungen werden zum Bestandteil des Industriegebietes. Eine ausrangierte Stadttypologie wird neu entdeckt. Das Gegenüberstellen von Wohnbauten und Leichtindustrie geht über die gewöhnliche Kombination von Wohnungen/Läden in Blocks oder das Tele-Heim hinaus, wodurch neue Typologien entstehen können. Der Entwurf sieht drei Arten von City-Blocks mit unterschiedlicher Durchmischung vor. In dem für die Leichtindustrie bestimmten Block ist eine 125 qm große Wohnung von der 500 qm großen Industriefläche abgeteilt. Die 100 qm großen Wohnungen im Handwerksblock sind mit einer 100 qm großen Werkstatt verbunden. Die 250 qm große Wohn- und Arbeitsfläche in dem für Geschäfte und Dienstleistungen vorgesehenen Block ist für frei zu gestaltende, loft-artige Zonen entwickelt worden.

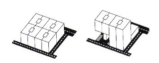

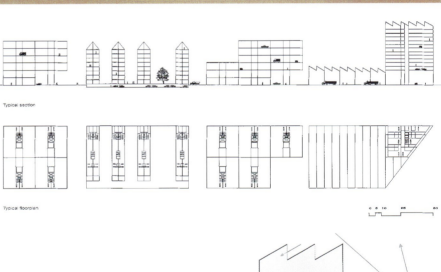

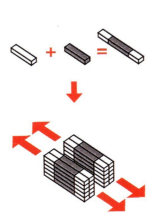

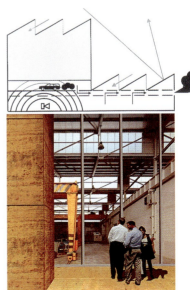

Preis   Nederland
        Rotterdam

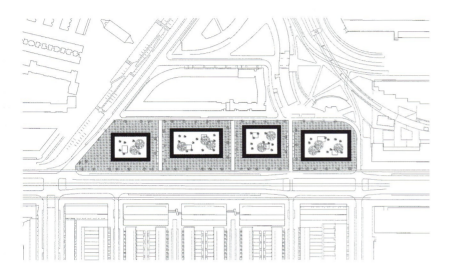

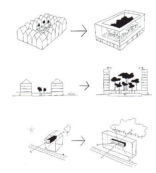

André Kempe (D)
Oliver Thill (D)
Chris Mac Carthy (GB)
Battle Mac Carthy (GB)
Walter Spangenberg (NL)
Luke Engelback (GB)
Jan-Piet Van Den Weele (NL)
Bastiaan Ingenhousz (NL)
Ron Steiner (USA)
Johannes Kühne (D)

Ein Hof als Wintergarten In vier "Wohnblocks" mit einer Grundfläche von 45 m mal 60 m und sieben bis neun Stockwerken befinden sich ca. 300 Wohnungen. Jeder Block besteht aus durchschnittlich 80 Wohnungen. Die nur fünf Meter "tiefen" Wohnungsgrundrisse bilden die Schnittstelle zwischen dem lebendigen städtischen Leben auf der Straße und dem Rückzugsbereich in dem großen Wintergarten im Innern des Blocks. Die durch einen Fahrstuhl zu erreichenden Wohnungen sind einfache "Cascos" mit Glasfassaden; sie erinnern an Farnsworth Häuser, die zu einem Block zusammengesteckt wurden. Die Fassaden können vollständig geöffnet werden, dann wird die gesamte Wohnung zu einer Terrasse. Das Zusammenspiel zwischen Wohnung, Stadt und Natur ermöglicht eine Vielzahl unterschiedlicher Grundrißvariationen, die den unterschiedlichsten Vorstellungen und Lebensstilen der Bewohner entsprechen. In den Wintergärten sollen große Bäume gepflanzt werden, die im Sommer Schatten spenden und im Winter das Sonnenlicht aber durchlassen. Am Boden und an Teilen der Fassade wachsen kleinere Pflanzen und Sträucher, die für frische und saubere Luft sorgen. Durch die leicht unterschiedlichen Dimensionen in den Abmessungen der einzelnen Blocks entwickelt sich aus der eher traditionellen Blockform ein abwechslungsreicher "eleganter Tanz der Volumen".

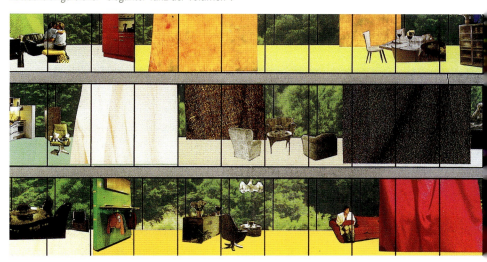

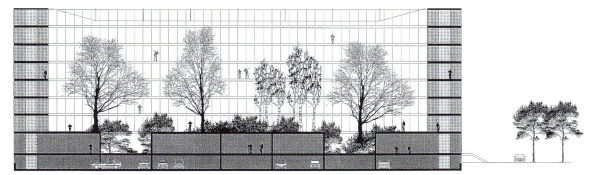

Portugal

Lisboa-Chelas

Preis
José Adrião Martins (P)
Pedro Pacheco (P)
Sebastião Pereira (P)
Maria Moita (P)
Alexandra Cruz (P)

Ankauf
Samuel Torres De Carvalho (P)
Pedro Palmero Cabezas (E)
Rosa Cano De Las Heras (E)
Jesus Crespo Alcoceba (E)
Jesus Hierro Sureda (E)
Angel Pizarro Polo (E)
Jose Manuel Silvares Poyo (E)
Sara Sole Wert (E)
Javier Cruz Treviño (E)
Pedro Martinez Escobar (E)
Eduardo Verdejo Cesteros (E)
Immaculada Vera Martinez (E)
Mar Secades Pérez (E)
Ulrike Mönning (D)

Loures-Sacavém

Preis
Gonçalo Leitão (P)
Horacio Figueiredo (P)
Luis Neuparth (P)
Nuno Almeida (P)
Pedro Carreira (P)

Vila Nova de Gaia

Preis
Fanny Perier (F)
Kristina Hellhake (D)
Julien Graves (F)
Emmmanuel Donval (F)

Ankauf
Mariam Shambayati (CDN)
Carlos Infantes (E)
Philomène Rowe (F)

Ankauf
Harald Weber (A)
Christof Isopp (A)
Clemens Rainer (A)

Portugal

Lisboa-Chelas   Einwohner 600 000   Chelas   1 Hektar

Chelas liegt im Osten von Lissabon und ist eine der ärmsten Gegenden dieses Ballungsraumes. Außerdem hat es äußerst schlechte Verbindungen zur urbanen Struktur der Stadt und verfügt weder über ausreichend Einkaufsmöglichkeiten noch über eine angemessene Infrastruktur. Historisch gesehen handelt es sich um ein ländliches Gebiet, dessen Entwicklung erst in den 50er Jahren mit der Errichtung von Sozialwohnungen begann.
Der Standort befindet sich an den Abhängen des Chelas Tales und ist vollständig mit Hütten bebaut: ein Wohnghetto.
Ziel der Planung ist die Anlage einer prägnanten städtischen Form, mit der der Standort besser mit der Stadt verbunden werden soll. Dabei sollen auch soziale und kulturelle Einrichtungen, sowie Grünräume gestaltet werden. Es sollen Gebäude entstehen, die vorwiegend von den derzeitigen Bewohnern des Gebiets bewohnt werden sollen. Es werden zusätzlich Flächen für andere Nutzungen benötigt: Geschäfte, Unternehmen, sowie Parkplätze.

222 Preis Portugal Lisboa-Chelas

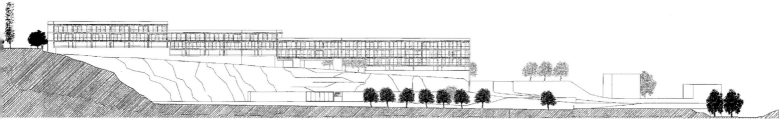
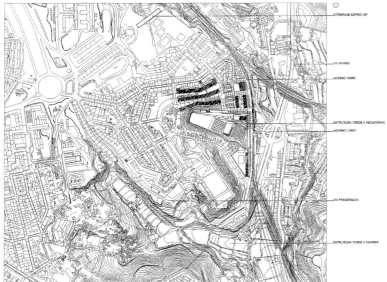
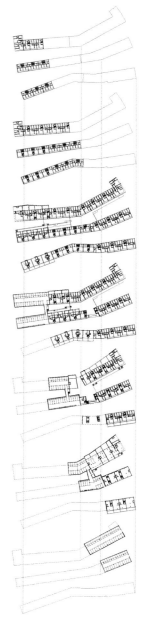

José Adrião Martins (P)
Pedro Pacheco (P)

Sebastião Pereira (P)
Maria Moita (P)
Alexandra Cruz (P)

Festsetzung urbaner Codes Bei diesem Entwurf sollen "Codes" festgelegt werden, um die Besetzung bestimmter Flächen mit Wohnbauten und öffentlichen Einrichtungen in geregelte Bahnen zu lenken Es handelt sich dabei um einen Lösungsansatz für einen der ärmsten Bezirke der Stadt, indem komplexe urbane Systeme durch Slumbauten, Hütten und ungeeignete Bebauungen vollständig zerstört sind.
Drei Bänder von Gebäuden gehen schrittweise von einem städtischen Straßenblocksystem in ein System über, indem das urbane Konzept enger mit der Landschaft verbunden ist. Durch die Schaffung einer neuen südlichen Frontseite für diesen Abschnitt der Stadt soll der unregelmäßige Anschluß dieses abgelegenen Standortes geordnet werden.
Ein System von Terrassen mit Wegen und Rastplätzen definiert eine Reihe von unterschiedlichen Räumen und Ausblicken auf der Nordseite. Die öffentlichen Einrichtungen befinden sich auf der untersten Ebene dieses Systems, sie verstärken und schützen die steil abfallenden Hänge, auf denen ein städtischer Park angelegt werden soll. Das Gelände um das bestehende Bauernhaus herum soll direkt bepflanzt werden, um das Tal als unbebaute Ausgleichsfläche zu erhalten, die vor allen Bewohnern genutzt werden kann.

Ankauf	Portugal Lisboa-Chelas	**Samuel Torres De Carvalho (P)** **Pedro Palmero Cabezas (E)** Rosa Cano De Las Heras, Jesus Crespo Alcoceba, Jesus	Hierro Sureda, Angel Pizarro Polo, Jose Manuel Silvares Poyo, Sara Sole Wert, Javier Cruz Treviño, Pedro Martinez	Escobar, Eduardo Verdejo Cesteros, Immaculada Vera Martinez, Mar Secades Pérez (E), Ulrike Mönning (D)

Ein Haus aus einer Decke Für Lissabons wohlhabende Elite ist dies ein schäbiges Viertel, das besser von der Bildfläche verschwinden sollte. Wenn man jedoch durch die Straßen und über die Plätze dieses Viertels spaziert und mit den Bewohnern spricht, erscheint alles vernünftig zu sein, die richtige Größe zu haben und den Bedürfnissen zu entsprechen. Daher sieht der Entwurf vor, mit allen Bewohnern ins Gespräch zu kommen, um herauszufinden, was sie an dem Ort mögen an dem sie leben. So soll ein gemeinsamer Nenner festgelegt werden, der in eine Struktur übersetzt wird, die baubar und wiederholbar ist. Zusätzlich müssen einige flexible Elemente hinzugefügt werden: Parkplätze, Läden und Garagen, die jedoch im Laufe der Zeit verändert werden können, so daß sie sich mit den Menschen entwickeln und die Menschen nicht dazu zwingen, sich ihnen anzupassen. Der Entwurf sucht eine Anpassung an die Topographie und schafft Charakteristika, die den bereits vorhandenen entsprechen. Wenn sich ein Kind ein Haus aus einer Decke "baut", um darin zu spielen, geben sich die Eltern nie die Mühe herauszufinden, was dem Kind an dem Haus gefällt. Dieses Projekt beabsichtigt das Deckenhaus zu bauen, das einem Kind gefallen würde.

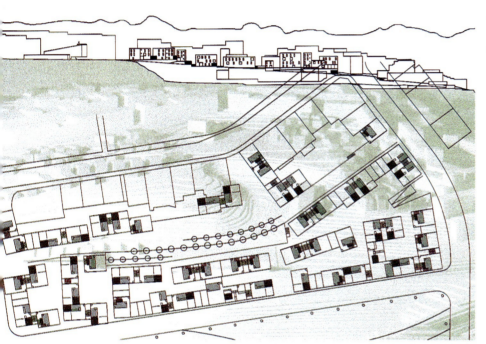

Loures-Sacavém Einwohner 17 000 Sacavém 4 Hektar

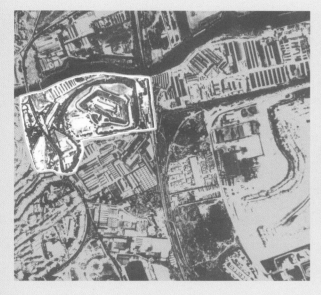

Sacavém ist ein kleines Wohngebiet, das ehemals industriell genutzt wurde. Es gehört zu den Lissaboner Außenbezirken und wird von einer Nationalstraße und der Eisenbahnlinie durchschnitten, die Lissabon und Porto verbindet.
Das Grundstück liegt im Zentrum von Sacavém. Hier befinden sich eine alte Militärfestung und ein neuer Bahnhof. Es ist erforderlich, das Planungsgebiet in dem sich Kultureinrichtungen, Läden und Wohnungen befinden werden, mit dem bestehenden Stadtgefüge zu verbinden. Die Erneuerung der öffentlichen Räume ist dabei eine grundlegende Maßnahme um zukünftig städtisches Leben zu ermöglichen.

Preis   Portugal
        Loures-Sacavém

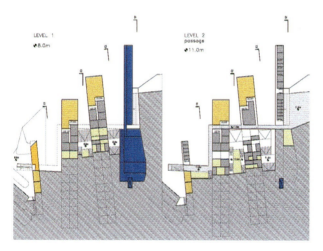
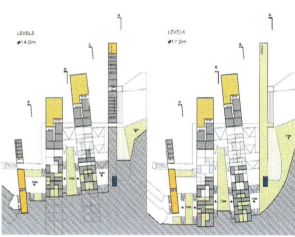

Gonçalo Leitão (P)
Horacio Figueiredo (P)
Luis Neuparth (P)
Nuno Almeida (P)
Pedro Carreira (P)

Neuer Kontext, neue urbane Landschaft Keines der vorhandenen Elemente des Standortes kann eine der territorialen Grenzen festlegen, die für die Definition räumlicher Beziehungen notwendig wären. Die bestehenden Baukörper stehen weder in einer Ordnung noch in einer Hierarchie zueinander. Die städtische Entwicklung, die für diesen Standort vorgeschlagen wird, ist eher durch Spontanität als durch einen geplanten Prozeß gekennzeichnet. Bezüge zu einer Vergangenheit, die nun obsolet gewordene Funktionen auf dem Standort hinterlassen hat, sollen aufgenommen werden. Dabei soll die führende Rolle der Industrie bei der Entwicklung der Stadt analysiert werden, um sie in einen neuen Kontext zu stellen, in dem eine neuartige Stadtlandschaft entstehen kann.

Durch die Definition des transitorischen Raums und durch die Schaffung vielfältiger Hausformen versucht der Entwurf, eine feste Beziehung zwischen privaten und öffentlichen Räumen herzustellen. Ein öffentlicher Platz wird zu einem Ort, von dem aus die Stadt erlebt und genutzt werden kann, ein Ort der Konstanz, "eine permanente Form einer bestimmten Wahrnehmung". Ein leerer Raum, der die Form der Stadt weiterführt.

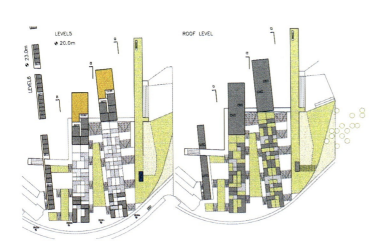

Vila Nova de Gaia Einwohner 60 000 Gaia 4 Hektar

Gaia ist ein Wohnvorort von Porto, Portugals zweitgrößter Stadt nach Lissabon. Er liegt gegenüber von Porto auf der anderen Seite des Flusses, in diesem Gebiet wurden die Weinkeller und Lagerhäuser errichtet.

Das Grundstück erstreckt sich vom höchsten bis zum tiefsten Punkt des Geländes, zwischen der alten und der neuen Brücke, die weiter im Osten entstehen soll. Die vorhandenen Gebäude sind äußerst baufällig.

Es soll das Gefühl entstehen sich in einem zentralen Bereich zu befinden: Um dies zu erreichen, ist beabsichtigt dort unterschiedliche Nutzungen anzusiedeln: z.B. touristische und kulturelle Einrichtungen sowie Wohngebäude. Ganz allgemein ist es erwünscht die umgebenden Rahmenbedingungen zu verbessern. Eine neue U-Bahnlinie zwischen Porto und Gaia wird die Anbindung des Standortes entscheidend verbessern.

| 229 | Ankauf | Portugal
Vila Nova de Gaia | **Mariam Shambayati (CDN)**
Carlos Infantes (E)
Philomène Rowe (F) |

Sœwing™ on the rocks Der Standort Vila Nova de Gaia muß als Ort verstanden werden, an dem sich jedes Entwicklungsprojekt, um Erfolg zu haben, mit dem Thema Distanz auseinandersetzen muß. Dies sowohl vom räumlichen als auch vom zeitlichen Standpunkt aus gesehen: physisch zwischen Kloster und Fluß, psychologisch zwischen Vila Nova und Porto, technisch zwischen den Gebäuden der alten Stadt und den neuen Transstrukturen und historisch zwischen dem Kloster, der Brücke und den neuen touristischen Einrichtungen am Ufer, die sich von der Mündung des Douro bis zum Wettbewerbsgebiet erstrecken, das zum Kulminations- und landschaftlichen Bezugspunkt wird. Der Lösungsvorschlag arbeitet entlang des schmalen Grats, der öffentliche und private Geschwindigkeiten trennt. Jede kontextuelle Lösung ist "soewn™" (eine Wortschöpfung aus sow und sew; d.h. säen und nähen) mit der beständigen Oberfläche des Felsens. Rampen verbinden das Kloster und das Flußbassin, die Metro-Station mit dem Forschungsinstitut für Kunstkommunikation sowie den Morro Gärten. Jedes Element bildet ein spezielles Projekt, das in einen Dialog mit seinen Nachbarn tritt.

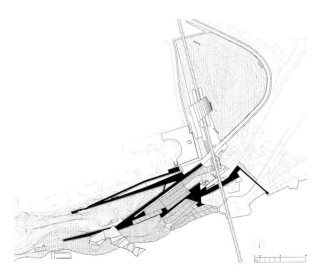

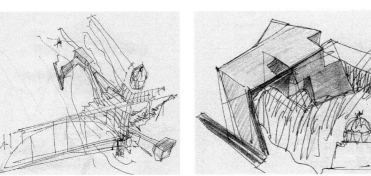

230 Preis Portugal
              Vila Nova de Gaia

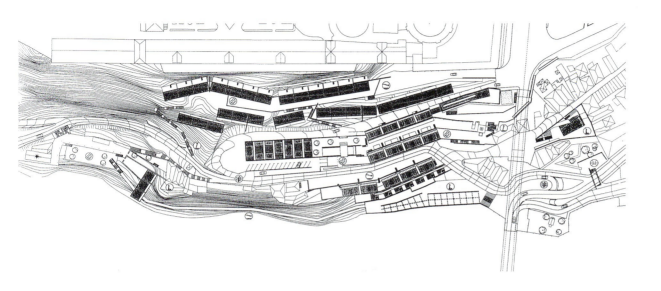

Fanny Perier (F)
Kristina Hellhake (D)
Julien Graves (F)
Emmmanuel Donval (F)

Schrittweises Vorgehen In Gaia überlagern sich geologische mit Eingriffen von Menschenhand. Das alte Lagerhaus und die bestehenden Wohngebäude, wurden bei dem Versuch, das Gelände zu "domestizieren", in den Granit eingebettet. Einer der Grundsätze des Entwurfes ist es, zum natürlichen Bodenniveau Distanz zu halten und nur an bestimmten Punkten mit dem Abhang in Berührung zu kommen. Dies läßt die Bebauung des Standortes zu einem weiteren Schritt innerhalb des geologischen Prozesses werden.
Das Projekt stellt Verknüpfungen zwischen dem Straßennetz, den Gewohnheiten der Bewohner und der Landschaft her und verwandelt den Standort so von einem Fragment zu einem Segment der Stadt. Eine Kennzeichnung der zukünftigen Knoten des Netzwerkes (Schnittlinien zwischen Wohnbauten, öffentlichen Einrichtungen, Straßen) und die Erstellung eines sequenzhaften Szenarios (Rhythmus der Touristensaison, Tag/Nachtleben des Viertels) ermöglichen das Implantieren von Verankerungspunkten für eine weitergehende Entwicklung. Diese "Entwicklungsinitiatoren", deren Funktionen je nach Zeit und Raum variieren, bilden die Grundlage für die Erstellung eines neuen Wohnbaugebietes mit gemischten Nutzungen.

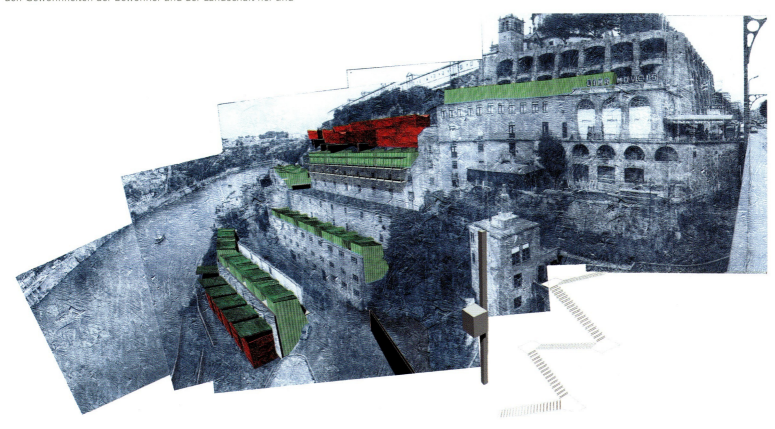

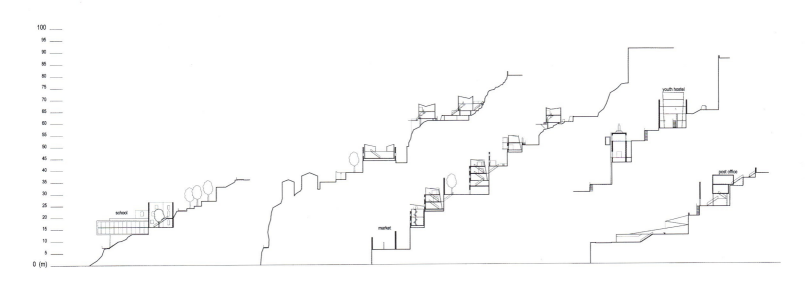

Ankauf — Portugal, Vila Nova de Gaia — Harald Weber (A), Christof Isopp (A), Clemens Rainer (A)

Das Dazwischenliegende Das Hauptanliegen dieses Entwurfes ist es, Teile der Stadt, die zwar räumlich sehr eng beieinander liegen, zur Zeit jedoch in keiner Verbindung miteinander stehen zu verknüpfen. Es ist beabsichtigt "neue Arten von Treffpunkten", sowohl für Bewohner als auch für Besucher zu schaffen. Auf dem Gebiet, das durch die geplante Brücke "erschlossen" wird, soll eine Reihe verschiedener Wohnbauten entstehen, die in dem neuen Quartier eine gemischte Bevölkerungsstruktur entstehen lassen. Um Raum für eine künftige Entwicklung Vila Novas zu schaffen, soll der Abhang nicht weiter bebaut sondern die bestehenden Räume neu interpretiert werden. Um dieses Ziel zu erreichen, werden ungenutzte Räume gesucht, Mauern geöffnet und neue, mitunter mechanische Verbindungen eingefügt, um leere Räume mit Leben zu füllen. Die Räume sollen nicht explizit für spezifische Funktionen definiert, sondern Impulse für die Zukunft geschaffen werden, indem das Dazwischenliegende und bereits Definierte erhalten wird.

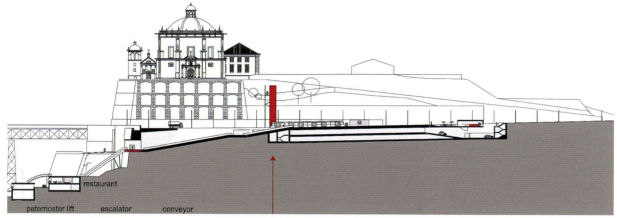

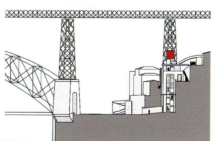

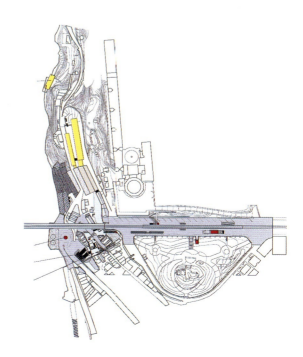

Suisse/Svizzera/Schweiz

Aarau

Ankauf
Bertram Ernst (CH)
Erich Niklaus (CH)
Ursina Fausch (CH)
Hannes Henz (CH)

Bern-Ausserholligen

Preis
Holger Gladys (D)
Madir Shah (IND)
Letizia Collela (CH)
Petra Klimek (D)
Hajime Narukawa (J)
Angelika Fuchs (D)

Ankauf
Andreas Quednau (D)
Sabine Müller (D)

Biel/Bienne

Preis
Massimiliano Marchica
Nicoletta Artuso (I)
Andrea Balestrero (I)
Gianandrea Barreca (I)
Antonella Bruzzese (I)
Maddalena De Ferrari (I)
Francesca De Vita (I)
Umberta Dufour (I)
Fabrizio Gallanti (I)
Silvia Pericu (I)
Matteo Leonetti (I)
Emanuela Patrocchi (I)
Eva Robert (I)
Peter Scupelli (I)

Ankauf
Urs Primas (CH)
Ed Ravensbergen (NL)
Valéry Didelon (F)
Marie-Noëlle Adolph (CH)
Martijn Van Den Ban (NL)
Christelle Gualdi (F)

Genève

Preis
Marina Lathouri (GR)
Maurice Van Eijs (NL)

Ankauf
Caroline Aubert (CH • F)

Lenzburg

Preis
Fabienne Couvert (F)
Guillaume Terver (F)
Xavier Beddock (F)

Massagno

Ankauf
Carolina Somazzi (CH)
Carmen Campana (CH)
Udo Oppliger (CH)
Andreas Pedrazzini (CH)

Zug

Ankauf
Fortunat Dettli (CH)
Albert Nussbaumer (CH)

Zürich-Affoltern

Preis
Fréderic Levrat (CH)
Zolaykha Sherzad (AFG)
Antoine Robert-Grandpierre (CH)
Stéphanie Glatz (D)
Jesse Seppi (USA)
Chris Lasch (USA)
Maiko Cheng (TWA)
Filipe Pereira (USA)
Ore Shaked (ISR)
Suk Joon Roh (KOR)
Pule Swai (TZ)

Ankauf
Thomas Hildebrand (CH)
Cito Gianni (I)
Ludo Grooteman (NL)
Frances Hsu (USA)
Heikki Heer (SF)
Barbara Schaub (CH)
Maya Huber (CH)
Dave Williams (GB)
Sonja Williams (GB)
Mark Michaeli (D)

Aarau Einwohner 16 000 Scheibenschachen 3 Hektar
(Großraum 74 000)

 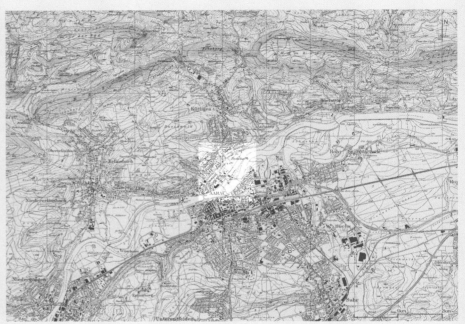

Zwischen den Großstädten Zürich und Basel hat sich Aarau
unabhängig entwickelt.
Der Wettbewerbsstandort wurde bis zum Jahre 1994 als
Schießstand genutzt und ist Teil einer Entwicklungszone,
die in die angrenzende Gemeinde übergeht.
Ein Wasserkraftwerk verursacht Lärmemissionen.
Der Geräuschpegel fällt jedoch in einer Entfernung von
150 bis 200 m vom Kraftwerk so weit ab, daß das Gebiet für
Wohnzwecke geeignet ist.
Ziel des Entwurfes ist die Errichtung eines Wohngebietes mit
150 bis 200 Wohneinheiten. Diese werden im Zentrum einer
Stadt entstehen, die über exzellente Verkehrsverbindungen
zu den wichtigsten Schweizer Zentren verfügt.
Die Landschaft soll als integraler Bestandteil der
Gesamtplanung berücksichtigt werden.

Die Bedeutung und der Buchstabe ... Beschrieben als "die Bedeutung und der Buchstabe: wie ein Rhythmus, der die Zeit abschreitet" sieht das Konzept die Schaffung städtischer Wohnbauten nach dem Prinzip eines rotierenden Zweifeldersystems vor. Dies erfolgt durch die "Schichtung" bebauter und grüner Felder, entlang einer "feldübergreifenden Mobilitätsachse", die die Stadt mit den angrenzenden Bezirken verbindet. Bebaute Felder repräsentieren die Qualitäten einer Stadt: Plätze, Straßen, Nähe und zwischenmenschliche Kontakte. Grüne Felder, die die Viertel mit der Landschaft verbinden, heben die Qualitäten der Landschaft hervor.

Die "feldübergreifende Mobilitätsachse" drückt eine neue und andersartige Mobilität aus: der öffentliche Raum der individuellen Mobilität.
Die Wohnbebauung bildet die Schnittstelle zwischen grünen und bebauten Feldern und erzeugt eine private Beziehung zu Stadt und Landschaft. Ein doppelgeschoßiges "Landschaftszimmer" als Bestandteil jeder Wohnung öffnet sich nach außen und "fängt" die szenischen und öffentlichen Qualitäten des Ortes ein. Die Umgebung soll so Bestandteil des täglichen Lebens werden.

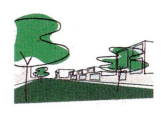
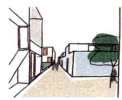

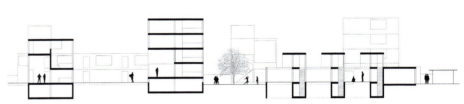

Bern-Ausserholligen	Einwohner 126 000 (Großraum 319 000)	Gangloff	1,7 Hektar

Die Bundeshauptstadt Bern hat eine historische Altstadt, die sich auf der Unesco-Liste des Weltkulturerbes befindet. Der Standort liegt an der westlichen Grenze der Altstadt in einer bewaldeten Enge zwischen den Hügeln. Das Areal ist äußerst klein und von einer Reihe von Verkehrswegen durchzogen, die ihre Spuren in der Topographie hinterlassen haben und erhebliche Lärmprobleme verursachen (Autobahn, Eisenbahn, Kantonstraße).
Der kürzlich in Kraft getretene Flächennutzungsplan sieht eine besonders dichte und stufenweise Entwicklung des fraglichen Gebietes vor. Das bedeutet, daß Büros, Handwerksbetriebe, Erholungsgebiete, ein Konferenzzentrum, öffentlich genutzte Räume und Wohnbauten (30%) vorgesehen sind.
Die Linienführung einer geplanten Straßenbahn muß bei der Planung des Projektes berücksichtigt werden.

Andreas Quednau (D)
Sabine Müller (D)

Isotop: urbane Muster durch verdichtete Landschaft
Der Entwurf sucht nach Gleichartigem und Verbindendem im Umfeld des Wettbewerbgebietes. Eine Mischung aus Motel und Sportanlage wird als alternatives Bauprogramm vorgeschlagen, das die tangentialen Infrastrukturen an den Ort binden soll. Mit privaten finanziellen Mitteln sollen die öffentlichen Einrichtungen instandgehalten werden. Die neue Bebauung fügt sich in die örtliche Struktur ein, aktiviert weitere Sequenzen von Freizeiträumen, sichert landschaftliche Kontinuität und schafft einen Anziehungspunkt für die Menschen, die aus der Stadt kommen.

Die Verbindung verschiedener Programme am selben Ort, mit ihren unterschiedlichen Anforderungen, führt zu einer heterogenen Oberflächenbildung. Die Morphologie ergibt sich aus dem Bedürfnis nach Schutz gegen Lärm und nach verbindender Durchlässigkeit. Es entsteht ein parkähnliches Artefakt. Die verspiegelte Fassaden vervielfältigen das Grün des Rasendachs. Der Entwurf überträgt das Prinzip Synthese und Koexistenz in ein dreidimensionales urbanes Muster.

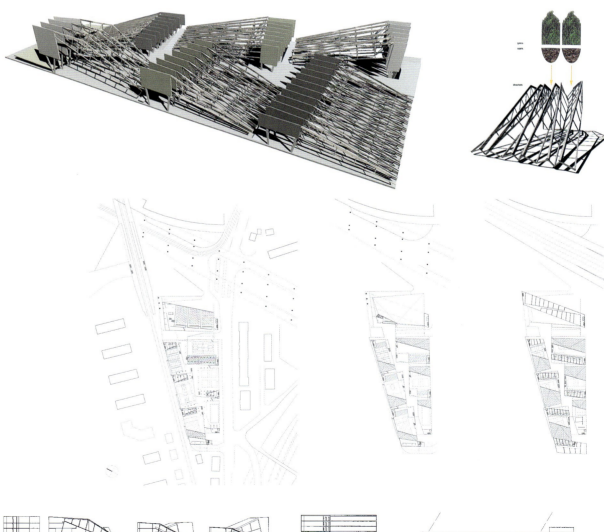

Holger Gladys (D)
Madir Shah (IND)
Letizia Collela (CH)

Petra Klimek (D)
Hajime Narukawa (J)
Angelika Fuchs (D)

Erweiterter Urbanismus Die heutige städtebauliche Diskussion ist mit Schwellensituationen konfrontiert, die aufgrund der sich verändernden Ausgangssituationen entstanden sind. Vor dem Hintergrund expandierender städtebaulicher Prozesse ist die Umwelt radikalen Veränderungen ausgesetzt. Die Auswirkungen dieser schnellen Veränderungen müssen erforscht, behoben und ausgeglichen werden.
Ein großes Gebäude ist am ehesten in der Lage eine Umsetzung von programmatischer Vielfältigkeit und eine Anpassung an den zeitlichen Wandel zu ermöglichen.

Eine massive Schallschutzzone auf der Eisenbahn zugewandten Seite des Geländes überschneidet sich an verschiedenen Stellen mit dem Grundriß der Wohnungen und stellt so eine Beziehung zwischen dem Baukörper und seiner Umgebung her. In den Schallschutzzonen sollen die Haupterschließungswege des Komplexes sowie verschiedene erst in Zukunft zu definierende Nutzungen untergebracht werden. Im obersten Geschoß soll ein großer Wintergarten entstehen.

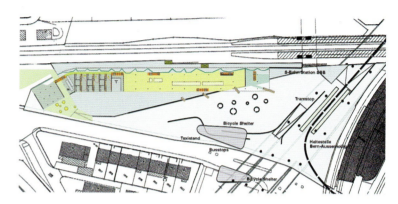

 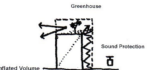 

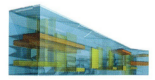 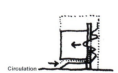 

 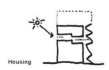

Biel/Bienne Einwohner 50 000   Weidteile   Untersuchungsgebiet - 20 Hektar
Grundstück - 3 Hektar

 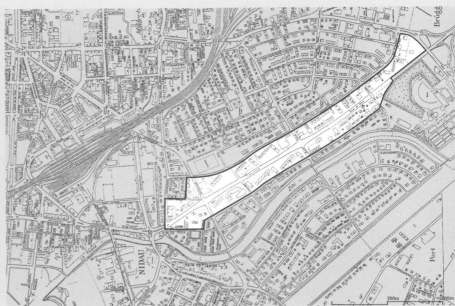

Die Stadt Biel liegt im Zentrum eines Ballungsgebietes, das aus 18 Gemeinden besteht. Die Einwohnerzahl beträgt insgesamt 85.000. Die Stadt liegt an der Kreuzung von zwei sich im Bau befindlichen Autobahnen, der A5 am südlichen Fuße des Jura und der A16, der "Transjura".
Der Bezirk "Weidteile" befindet sich im Süden des Stadtzentrums zwischen den Gemeinden Biel und Nidau. Das städtische Gefüge setzt sich heute aus Hochhäusern und Zeilenbebauungen zusammen. Hierbei handelt es sich hauptsächlich um Wohngebäude, die von Wohnungsbaugenossenschaften verwaltet werden.
Die Sanierung und Entwicklung dieses Bezirkes wird durch den Bau einer teilweise unter die Erde verlegten vierspurigen Straße, durch ein neues Nutzungsprogramm für die Erdgeschosse der Wohnbauten und durch die Erneuerung der Infrastruktur unterstützt.

241 Ankauf Suisse/Svizzera/Schweiz **Urs Primas (CH)** Martijn Van Den Ban (NL)
Biel/Bienne **Ed Ravensbergen (NL)** Christelle Gualdi (F)
Valéry Didelon (F)
Marie-Noëlle Adolph (CH)

Untergrund Wenn eine Straße unter die Erde verlegt wird, bedeutet dies, daß sie vollständig unabhängig von ihrer Umgebung wird. Der Entwurf beschäftigt sich mit dem Paradoxon, daß diese endgültige "Loslösung" neue Beziehungen zwischen den spezifischen örtlichen Qualitäten und der eigenen Welt einer Hauptverkehrsstraße herzustellen in der Lage sein könnte.

Das Projekt entwickelt eine Schnittstelle zwischen der Straße und dem Bezirk Weidteile. Eine "langsame Spur" verbindet die Parkplätze direkt mit der Straße. Busse und Straßenbahnen stellen eine Anbindung zum bestehenden öffentlichen Verkehrsnetz her. Zusätzliche Nutzungen profitieren von der ausgezeichneten Zugänglichkeit des Standortes und tragen so zum spezifischen lokalen Kontext bei.

Statt neue Wohnbauten zu errichten, geht dieser Entwurf der Frage nach, in wie weit die Nähe zur Straße die vorhandenen Gebäude beeinträchtigt. Die Antwort besteht in einer Umwandlung der Wohnungen in temporär vermietete Unterkünfte, zum Beispiel in ein Motel oder in langfristige Unterkünfte mit Restaurant und Freizeiteinrichtungen.

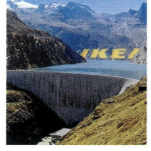

programme
A - new Housing on the park
B - swimming pool
C - children playground
D - sunbathing
E - boulevard
F - playing fields
G - relaxation area

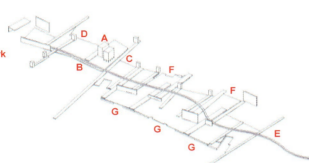

green strategy
A - birches
B - limes
C - maples

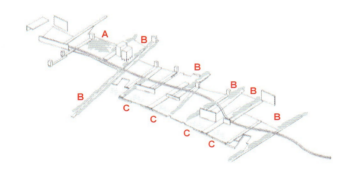

surfaces
grass
gravel
tartan
wood

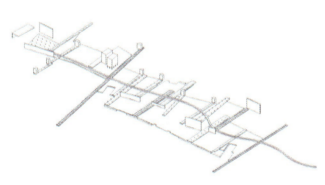

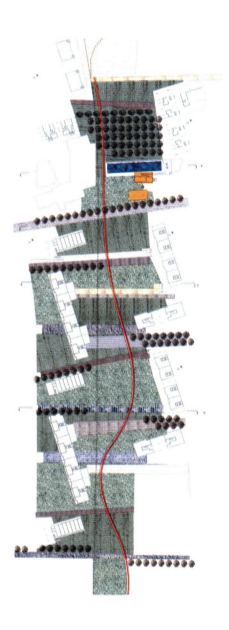

**Massimiliano Marchica
Nicoletta Artuso, Andrea
Balestrero, Gianandrea
Barreca, Antonella Bruzzese**

**Maddalena De Ferrari,
Francesca De Vita, Umberta
Dufour, Fabrizio Gallanti,
Silvia Pericu (I)**

Matteo Leonetti, Emanuela
Patrocchi, Eva Robert,
Peter Scupelli (I)

Durchgestaltung Der Entwurf nutzt die Streckenführung der neuen Autobahn durch den Standort als Gelegenheit, die Freiräume zwischen den Gebäuden neu zu definieren. Leitvorstellung dabei ist die Auffassung, daß der gesamte Raum des Grundstückes als Einheit zu entwickeln ist. Auf dieser Grundlage kann sowohl ein Bezug zu den vorhandenen Gebäudetypologien und den landschaftlichen Elementen der Gegend (See, Fluß), als auch zu dem fragmentierten System privater Grünbereiche auf dieser Seite der Stadt hergestellt werden.

Ein künstlicher Sockel, der sich über weite Teile des Grundstückes erstreckt und die Erdgeschosse der Gebäude, die am meisten durch die Streckenführung der Autobahn beeinträchtigt sind, teilweise einschließt, ermöglicht die Schaffung großzügiger Bereiche für Geschäfte und öffentliche Räume und sorgt für zahlreiche Parkplätze. Der Entwurf zieht seine Energie aus dem "Boden", besetzt vorhandene Räume, verändert die existierenden Verbindungen und schafft neue Verknüpfungen zwischen Teilen, die bisher keinen Bezug zueinander hatten.

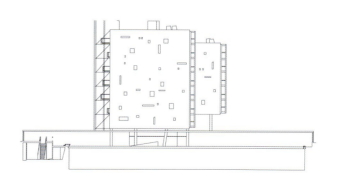

Genève   Einwohner 175 000   Bahnhof Eaux-Vives   Untersuchungsgebiet - 6,5 Hektar
Grundstück - 4 Hektar

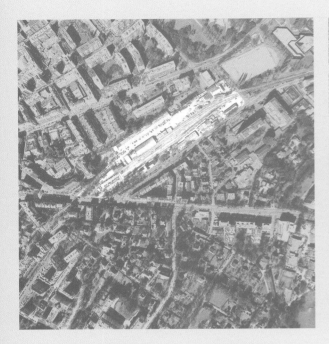
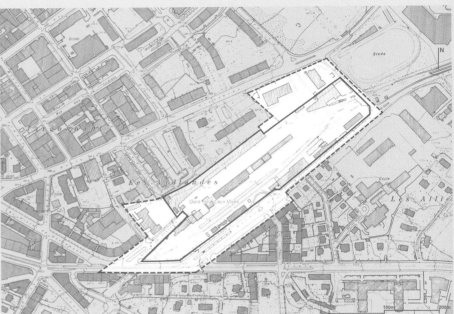

Genf liegt an der Grenze zu Frankreich und bildet den Mittelpunkt eines grenzübergreifenden Ballungsgebietes mit 550.000 Einwohnern. Der Bahnhof Eaux-Vives wurde im Jahre 1888 an der Eisenbahnlinie Genf-Annemasse am Stadtrand erbaut. Einige Jahre später wuchs der Bezirk mit der Stadt zusammen. Der Bahnhof wurde zu einer Enklave in dem neu entstandenen Stadtgefüge.
Rund um diesen Bahnhof herum soll ein neuer Stadtteil entstehen. Seine künftige Entwicklung hängt von einer Anbindung an die Infrastruktur ab, die sich aus den vorhandenen Eisenbahnverbindungen und einer noch zu bauende Straßenbahn zusammensetzt.
Ein Ziel der Planung ist eine ausgewogene Mischung verschiedener Funktionen (Verbindung zwischen regionalen öffentlichen Verkehrsmitteln, Wohnnutzungen, Dienstleistungseinrichtungen, Geschäfte, Handwerksbetriebe, öffentliche Einrichtungen, etc.).

Ankauf — Suisse/Svizzera/Schweiz — Genève — Caroline Aubert (CH • F)

Jenseits der Grenzen Der Entwurf sucht eine Verbindung städtebaulicher und architektonischer Elemente, deren Funktionen, angefangen vom Badezimmer bis zum Eck-Café klar durch ihre Morphologie zuzuordnen sind. Vom städtebaulichen Standpunkt aus gesehen, ist das Wettbewerbsgebiet in vier verschiedene Zonen unterteilt: einen zentralen Wohnbereich, terrassierte Gärten, die mit den Gärten der vorhandenen Häuserblocks verbunden sind, ein mit Bäumen bepflanzter, städtischer Platz und eine Schule. Die als Boxen gestalteten und jeweils von einer anderen Baumart eingesäumten Geschäfte sind klein und bilden städtische Referenzpunkte. Da es im Inneren der Wohnungen keine tragenden Wände gibt, entsteht eine Vielzahl verschiedener Typologien, angefangen von offenen Lofts bis hin zu klassischen Apartments. An den Außenseiten der Konstruktion sind vorgefertigte Module mit Bädern und Küchen befestigt, die kein Bestandteil des inneren Raumsystems sind.

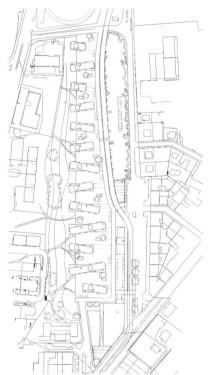

Preis — Suisse/Svizzera/Schweiz
Genève

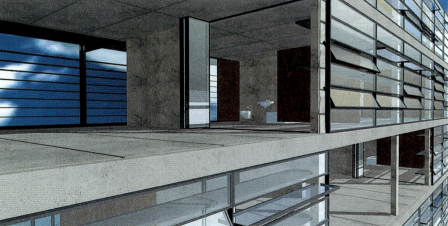

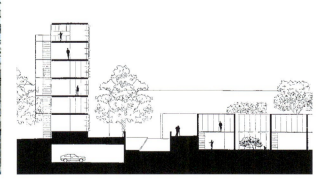

Marina Lathouri (GR)
Maurice Van Eijs (NL)

Urbaner Filter Eaux-vives, eine kleine, wenig frequentierte Bahnstation trennt zur Zeit die verschiedenen Teile der fragmentierten städtischen Struktur. Das in diesem Entwurf angewandte Filterkonzept versucht zwischen bestehenden und geplanten Elementen zu vermitteln. Eine neue Straßenbahnlinie ermöglicht eine dauerhafte, städtische Anbindung. Der Grundsatz von Kontinuität in bezug auf die vorhandene Infrastruktur und das Nutzungsprogramm sollen verwirklicht werden.
Die Architektur berücksichtigt eine mögliche Weiterentwicklung des Nutzungsprogrammes, damit alle Bestandteile des Standortes auch in Zukunft miteinander verbunden werden können. Wohn-/Arbeitsräume sind konstante Elemente innerhalb eines flexiblen, strukturellen Rahmens, sie sind vertikal in "Linien" und horizontal in "Feldern" angeordnet und fügen sich so problemlos in eine größere städtebaulichen Struktur ein. Kultur- und Bildungseinrichtungen bilden standortspezifische Schwerpunkte. Der Entwurf schlägt eine allgemeine Struktur für eine Reihe von Filtern vor, mit denen sowohl die programmatische als auch die visuelle Umgestaltung unterstützt und artikuliert werden können.

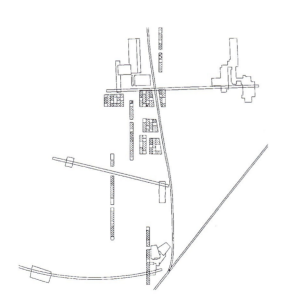
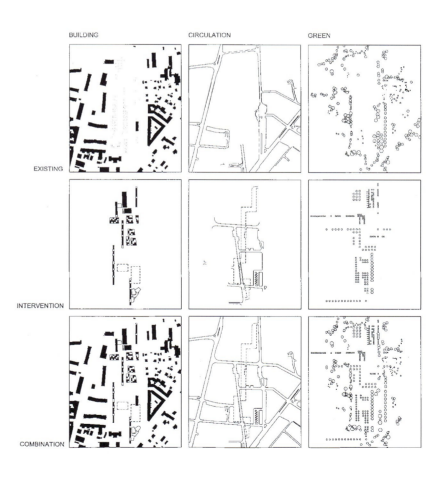

Suisse/Svizzera/Schweiz

Lenzburg   Einwohner 7 700   Hero   1,7 Hektar
(Großraum 30 000)

Lenzburg ist eines der vielen sekundären Zentren einer Region, die über eine besonders gute Anbindung an die wichtigsten Linien des nationalen Straßen- und Eisenbahnnetzes verfügt. Die Stadt weist eine direkte Zugverbindungen zu den Flughäfen Zürich und Genf auf.
Das Grundstück liegt zwischen einer staatlichen Eisenbahnlinie, einer Nationalstraße, einem Gewerbegebiet und einem Wohnviertel. Aufgrund der unmittelbaren Nähe zur Autobahn und zur Eisenbahnlinie müssen Schallschutzmaßnahmen für die Wohnbauten berücksichtigt werden. Die Aussicht auf das Schloß, das Jura und den Wald sollte bei der Planung beachtet werden.

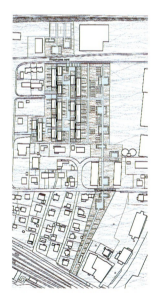
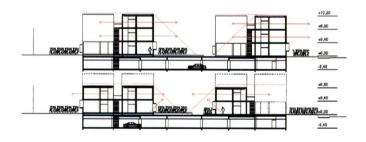

Fabienne Couvert (F)
Guillaume Terver (F)
Xavier Beddock (F)

Gartenwohnungen Im Rahmen eines Straßensystems, das auf zwei großen Durchgangsstraßen basiert, gewährt ein Netzwerk untergeordneter Straßen Zugang zu den verschiedenen Elementen des vorgeschlagenen Nutzungsprogrammes. Die kleinen Wohnblocks sollen so angeordnet werden, daß eine maximale Distanz zwischen ihnen entsteht, die einen unverbauten Blick ermöglicht und eine Ausrichtung der Wohnzimmer nach zwei Seiten erlaubt. Die Gestaltung der Gebäude, soll dem Gebiet einen eigenständigen Charakter und eine besondere Identität geben. Im nördlichen Teil des Standortes befindet sich ein gemeinschaftlicher Parkplatz.

Die im Erdgeschoß gelegenen Wohnungen haben einen eigenen Garten. Zu den anderen Wohnungen gehört jeweils eine 40 qm große Gartenparzelle mit einer kleinen Hütte, so daß alle Wohnungen über einen privaten Außenbereich verfügen. Eine transluzente Glaswand läßt Licht in die Durchgangsflure, schützt aber gleichzeitig vor neugierigen Blicken. In das verglaste "Versorgungs-/Technikband" mit Küchen, Bädern etc. dringt indirektes Licht. Das "Wohnband" kann in verschieden große Einheiten unterteilt werden.

252 Suisse/Svizzera/Schweiz

Massagno Einwohner 5 600 Cappella delle Due Mani 3 Hektar
(Großraum 113 000)

Massagno ist einen Teil des Ballungsgebietes Lugano, verfügt
jedoch über eine klar definierte Einheit mit eigener sozialer
Identität.
"Cappella delle Due Mani" ist eine Schnittstelle, an der ein
großer Teil des Verkehrs aus Lugano zusammenläuft.
Eine Studie über das Verkehrsaufkommen und die
Umstrukturierung des Straßennetzes dieses Gebietes hat
ergeben, daß ein großes Potential an Flächen vorhanden ist,
die bebaut werden können. In bezug auf die Aufteilung
der verschiedenen Nutzungen (Dienstleistungen,
Handwerksbetriebe, Wohnbau) oder die Größe der Gebäude
wurden keine quantitativen Einschränkungen festgelegt.
Sobald ein endgültiger Entwurf vorliegt, wird der
Planungsprozeß mit den Projekten abgestimmt.

Ankauf Suisse/Svizzera/Schweiz Massagno

Carolina Somazzi (CH)
Carmen Campana (CH)
Udo Oppliger (CH)
Andreas Pedrazzini (CH)

Eine Brücke als strukturierendes Gebäude Der Entwurf versucht alle wertvollen Elemente aus den vorhandenen Strukturen zu extrahieren und die wesentlichen Merkmale des Standortes hervorzuheben, die bisher noch keinen eigenen Ausdruck gefunden haben. Ein neuer Ort soll geschaffen werden, ein tatsächlicher Treff- und Identifikationspunkt für die Bewohner des Vorortes, ein lesbares Tor als Zugang zur Stadt Lugano.

In einem ersten Schritt soll, Ordnung in das derzeitige städtebauliche Durcheinander gebracht werden. Die "Brücke" wird in ein Gebäude umgewandelt, von diesem ausgehend entwickelt sich eine Struktur, die die nähere Umgebung einbezieht. Die Brücke bildet das Rückgrat für neu entstehende Räume. Die übrigen Straßen von und nach Vezia, Savosa, Breganzona, Massagno und Lugano führen in eine Art Rotunde, die sich aus der Geometrie der vorhandenen Straßen ergibt.

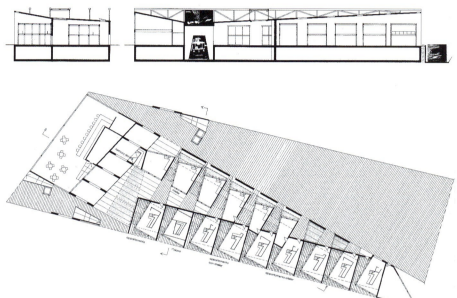
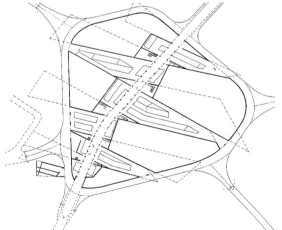

Suisse/Svizzera/Schweiz

Zug Einwohner 23 000 Zeughaus-Areal 1,5 Hektar

Die Stadt und der Kanton Zug liegen in der Zentralschweiz, in der Nähe des Kantons Zürich.
Das Grundstück befindet sich im Norden der Stadt an der Grenze zur Nachbargemeinde Baar. Es wird von einer Eisenbahnlinie und einer Hauptverkehrsstraße begrenzt, die ein Zubringer zur Autobahn ist. Diese Lärmverursacher müssen bei der Planung besonders berücksichtigt werden. Das Gebiet, das durch eine in die Stadt führende Straße begrenzt wird, ist durch Zugangsstraßen gut erschlossen. Die derzeit vorherrschende industrielle und militärische Nutzung soll in eine hoch verdichtete Nutzungsmischung umgewandelt werden. Das Gebiet soll einen zukunftsweisenden, städtischen Charakter erhalten.

Multifunctions Das Arsenal ist eine von mehreren verwahrlosten Flächen in Zug. Als verbindendes Element schlägt der Entwurf eine homogene Oberflächengestaltung des gesamten Geländes vor, in die drei rechteckige mit Bäumen bestandene Kiesbereiche eingefügt sind. Die Bebauung soll aus drei Türmen und einer Reihe niedrigerer Gebäude bestehen. Diese Struktur soll unterschiedliche Unternehmen anziehen, die im Erdgeschoß der Gebäude ihre Produkte präsentieren können, während die Türme hauptsächlich für Wohnnutzungen bestimmt sind. Diese Kombination der Elemente schafft eine räumliche Struktur, die sich in den vorhandenen städtischen Kontext einpassen kann.

Die Türme haben die gleiche Höhe wie die Gebäude der Stadt aus dem späten 19. Jahrhundert. Im Erdgeschoß und in den ersten beiden Obergeschossen befinden sich Geschäfte und Büros. Die Raumaufteilung sollte so flexibel wie möglich gestaltet werden, um potentiellen Käufern und Mietern sowohl vertikal als auch horizontal schaltbare Einheiten anbieten zu können.

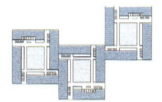
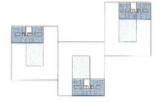

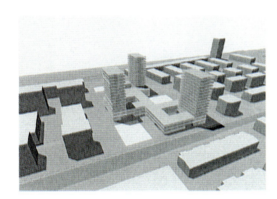
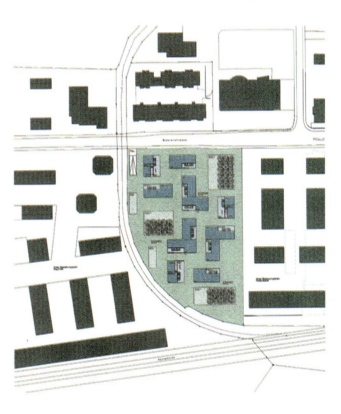

Zürich-Affoltern Einwohner 341 000 CeCe-Areal 3,7 Hektar
(Großraum 930 000)

Zürich ist das größte Ballungsgebiet der Schweiz, wobei die Entwicklung jedoch durch eine zunehmende Entstädterung gekennzeichnet ist.
Der Bezirk Affoltern liegt an der nordwestlichen Stadtgrenze in der Nähe des Flughafens.
Der Standort befindet sich zwischen dem regionalen Expreßbahnhof Affoltern und einer Autobahnausfahrt.
In der Nähe liegen zwei Erholungsgebiete: der "Hänggerberg" und der "Chatzensee".
Auf dem Gelände befinden sich zur Zeit zwei große Fertigungshallen, Werkstätten und ein Verwaltungsgebäude. Einige dieser Gebäude werden zwar als erhaltenswert eingestuft, dies ist jedoch nicht unbedingt erforderlich.
Ziel der Planung ist die Errichtung einer Bruttofläche von ca. 43.000 qm, von der 60% auf Wohnbauten und 40% auf Gewerbe entfallen. Desweiteren sollen 300 Parkplätze entstehen.

Ankauf — Suisse/Svizzera/Schweiz Zürich-Affoltern

Thomas Hildebrand (CH)
Cito Gianni (I)
Ludo Grooteman (NL)
Frances Hsu (USA)
Heikki Heer (SF)
Barbara Schaub (CH)
Maya Huber (CH)
Dave Williams (GB)
Sonja Williams (GB)
Mark Michaeli (D)

Auf den Kopf gestellt Dieses Projekt stellt den gesamten Standort auf den Kopf. Gebäude, die ehemals von der privatwirtschaftlichen Industrie genutzt wurden, werden nun mit öffentlichen Aktivitäten gefüllt. Der Anschluß an die Umgebung wird durch neue Fußgängerwege, programmatische Maßnahmen und neue Sichtverbindungen gewährleistet. Der ehemals offene, aber introvertierte Ort wird verdichtet und in einen extrovertierten verwandelt. Die beiden mit Fabrikschuppen bebauten Bereiche nehmen die Funktion der im Rahmen dieses Projektes vorgesehenen öffentlichen Räume auf. Die lange Fertigungshalle am nordwestlichen Ende des Standortes wird in einen gemeinschaftlichen Garten, eine Art "Gewächshaus", umgewandelt. Ein neues, rampenähnliches Gebäude, stellenweise durch offene Höfe unterbrochen, erhebt sich aus dem Boden. Es beherbergt Wohnungen für Familien und Studenten, ein Hotel sowie Räumlichkeiten für Handwerker, Dienstleistungen und Geschäfte.

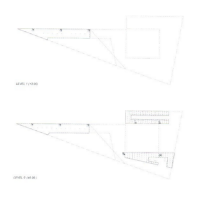

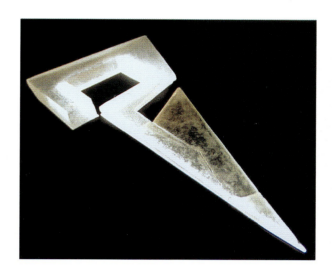

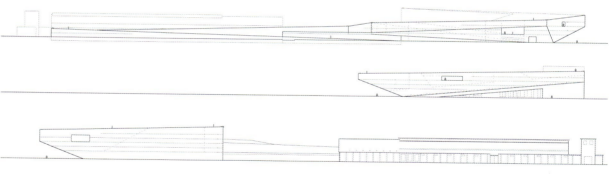

258 Preis Suisse/Svizzera/Schweiz
Zürich-Affoltern

Fréderic Levrat (CH)
Zolaykha Sherzad (AFG)
Antoine Robert-Grandpierre (CH)

Stéphanie Glatz (D)
Jesse Seppi (USA)
Chris Lasch (USA)
Maiko Cheng (TWA)

Filipe Pereira (USA)
Ore Shaked (ISR)
Suk Joon Roh (KOR)
Pule Swai (TZ)

Nähe-Typologien Die "mechanische Maschine" verdichtet Raum, indem sie die Geschwindigkeit erhöht. Das "elektronische Paradigma" hat jedoch weitaus größere Auswirkungen auf unser räumliches und zeitliches Verständnis der Umwelt. Der Entwurf entwickelt folgende Idee: Wenn sich die Geschwindigkeit des Lebens erhöht, dann wird Raum zunehmend verdichtet. Dies erzeugt eine intensivierte Sequenz von Räumen: vom öffentlichen zum Privaten, von der Natur zum Künstlichen, von der Freizeit zur Arbeit. Selbst der Park wird als eine Sequenz von Ereignissen gesehen, in der unterschiedliche natürliche Biotope nebeneinander stehen.

Es gibt drei "Nähe-Typologien", ein städtisches Pied-a-terre, ein Block kleiner Wohneinheiten als Mischung aus Hotel und privater Wohnung, eine Wohnungs-Arbeitsplatz-Achse, die als Sequenz modularer Varianten gegliedert ist, in der Breite des Balkens durch eine Reihe von Höfen unterbrochen, die Schlafzimmer und Büros mit Licht versorgen, und schließlich eine Anzahl von Gemeinschaftsgebäuden, die verstreut in dem zerklüfteten Park liegen. Zusätzliche halb-öffentliche Funktionen erweitern den privaten Wohnbereich.

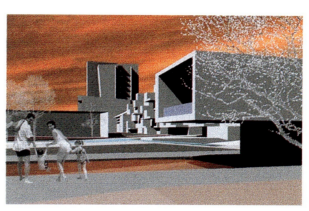
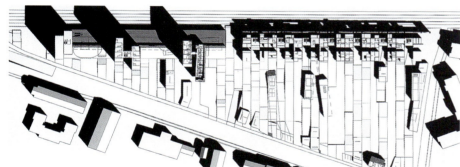

HABITAT
Flexibility / generosity / Pravicy

Within a 8.40 meter module the apartments are responding to a sequence of variations depending on their level.

Suomi-Finland

Rovaniemi

Preis
Noora Koskivaara (SF)
Pia Kilpinen (SF)
Pasi Kinnunen (SF)
Minna Soukka (SF)

Ankauf
Hannu Tikka (SF)
Matias Manninen (SF)
Teemu Palo (SF)
Pauliina Skytta (SF)

Turku

Preis
Bart Van Der Velde (NL)
Pascal Grosfeld (NL)

Ankauf
Cristina Gastón Guirao (E)
Xavier Vidal Manzano (E)
Isidre Roca I Burés (E)

Ankauf
Mladen Jadric (A)
Michael Bieglmayer (A)
Roland Graf (A)
Paria Jadric (A)
Julia Jadric (A)

Vantaa

Preis
Fabian von Köppen (D)
Carina Skoglund (SF)

Ankauf
Nicola Worton (GB)
Oliver Froome-Lewis (GB)

Rovaniemi   Einwohner 36 000   Stadtzentrum   2,3 Hektar

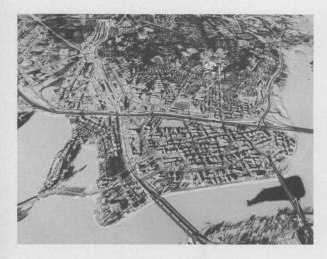

Rovaniemi ist die Hauptstadt von Lappland und liegt am nördlichen Polarkreis. Dort befindet sich auch der Zusammenfluß zweier Flüsse. Während des Zweiten Weltkrieges wurde die Stadt fast vollständig zerstört. Daraufhin entwickelte Alvar Aalto seine viel beachtete, unter der Bezeichnung "Reindeer's Antlers" bekannte städtebauliche Planung, die ein ungehindertes Wachstum ermöglichte. Der Architekt entwarf und baute verschiedene Gebäude, zu denen auch das berühmte Kulturzentrum gehört. Das Grundstück liegt hinter dem Stadtzentrum, an der Kreuzung von zwei Straßen, die in das Zentrum führen. Es gehört zum Stadtgebietes und wird gegenwärtig als Depot für Straßenwartungsgeräte genutzt.
Bei der Planung muß das gesamte umliegende Gebiet berücksichtigt werden, das Grundstück selbst ist für Wohnungsbau reserviert. In den Erdgeschossen der einzelnen Gebäude sollen Büros und standortverträgliche Handwerksbetriebe untergebracht werden.

Suomi-Finland

262 Preis Suomi-Finland
Rovaniemi

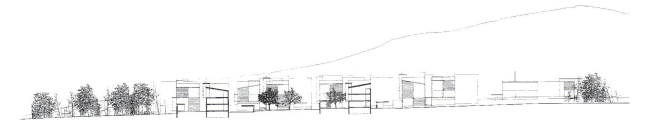

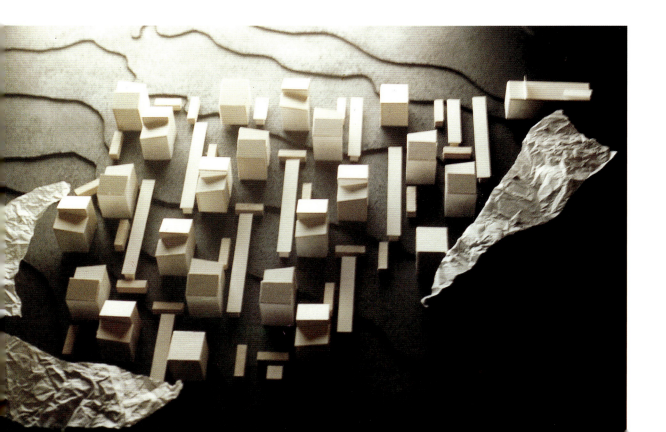

Noora Koskivaara (SF)
Pia Kilpinen (SF)
Pasi Kinnunen (SF)
Minna Soukka (SF)

Verdichtete Monaden Das Projekt orientiert sich an der Konzeption des archetypischen nordeuropäischen Hauses: kompakt und mit klaren Abgrenzungen. Von Natur, Straßen oder Parkplätzen umgebene, einzelne Wohnblocks oder "Monaden" sind ein typisches Bild in Rovaniemi. Paarweise dicht beieinander stehend, formen die kleinen "Monaden" ein Schachspiel, bei dem die Räume zwischen den Gebäuden genauso wichtig sind wie die Bauten selber. Das Konzept der Paarbildung zieht sich durch den gesamten Entwurf: dreigeschossige, transparente Treppenschächte unterteilen die Gebäude in Paare mit kleineren Einheiten. Der Rhythmus der Dächer und Fassaden gehorcht dem gleichen Prinzip. Die Konstruktion soll im wesentlichen in Holz ausgeführt werden.

Das Konzept der verdichteten Struktur, ein kompositorisches Spiel des Zusammenfügens getrennter Gebäude, markiert Bereiche mit unterschiedlichen Graden an Privatheit: das heißt, Apartments und private Höfe, kleine Gärten und Spielplätze zwischen den Parzellen und schließlich der Wald am Rande des Wettbewerbsgebietes.

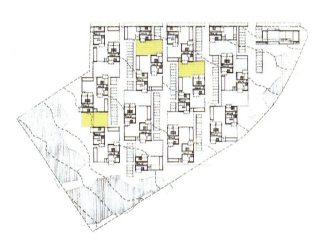

264 Ankauf Suomi-Finland Rovaniemi

Hannu Tikka (SF)
Matias Manninen (SF)
Teemu Palo (SF)
Pauliina Skytta (SF)

Grüner Fluss Entlang der zwei belebten Hauptstraßen, die den Standort begrenzen, werden die gebauten Massen in zwei Reihen von Blocks unterteilt. Als Schutz vor dem Verkehrslärm sind die Blocks rechtwinklig zur Straße angeordnet. Sie werden durch den Wald verbunden, der sich wie ein "grüner Fluß" zwischen den Gebäuden entlang schlängelt. Jedes Haus hat seinen eigenen privaten Garten, mit eher städtischen Charakter. Der "zentrale" Wald beherbergt zahlreiche Geheimnisse: grüne Erholungsräume, Kinderspielplätze sowie ein kleines Gemeinschaftszentrum.

Es gibt drei Arten von Häusern, und die Bewohner können zwischen verschiedenen Ausführungen der Balkone wählen: Furnierholz, Polycarbonat oder Streckmetall. Die wesentlichen Gebäudestrukturen bestehen aus Holz. Deren Klarheit sowie die übersichtlichen Gebäudeformen schaffen äußerst flexible Grundrisse, die zukünftige Veränderungen zulassen.
Die Fassaden auf den Hofseiten bestehen aus vorgefertigten Holzpaneelen. Die im Norden gelegenen Häuser sind zum Schutz gegen die Kälte aus widerstandsfähigeren Materialien, aus verputzten Ziegeln und Steinen konstruiert.

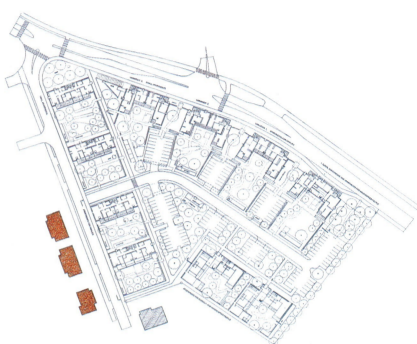

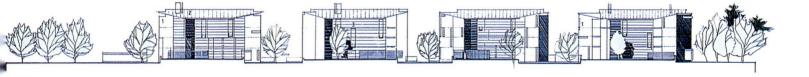

Suomi-Finland

Turku Einwohner 167 000 Insel Hirvensalo Untersuchungsgebiet - 7,8 Hektar
Grundstück - 3,5 Hektar

 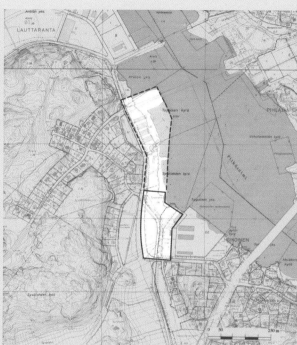

Turku, die alte finnische Hauptstadt, liegt an der Ostsee, an der Mündung des Flusses Aurajoki. Die Stadt schaut auf ein ausgedehntes Inselarchipel, das sich bis zur schwedischen Küste erstreckt und das für seine außergewöhnliche Schönheit bekannt ist. Das Grundstück liegt im Südwesten des Stadtzentrums an der Westküste der Insel Hirvensalo, am Fuße einer neuen Brücke, die die Insel mit dem Stadtzentrum verbindet.
Eine Analyse muß die Möglichkeiten einer Wohnbebauung klären, die sich durch eine Verbindung gegensätzlicher Anforderungen ergeben: die Erhaltung der natürlichen Qualitäten der Küstenlandschaft, die Definition eines neuen Straßennetzes, sowie die Errichtung einer urbanen Struktur.

266 Preis Suomi-Finland
Turku

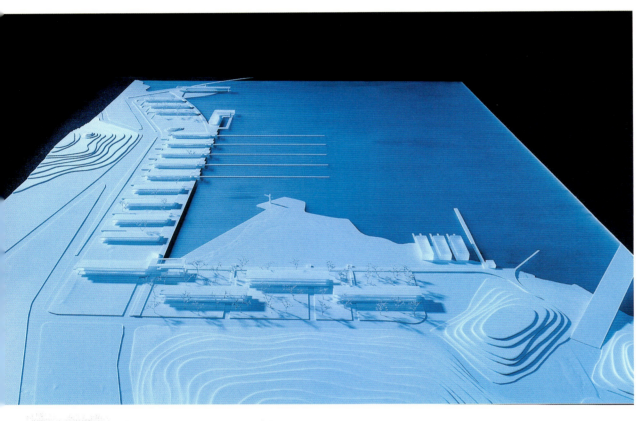

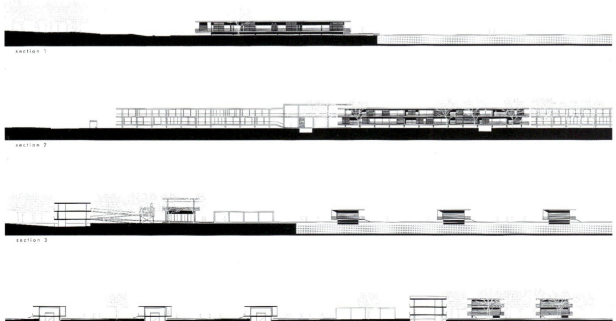

0 5 10 15   35

Bart Van Der Velde (NL)
Pascal Grosfeld (NL)

Zwischen Linien Der Entwurf schlägt eine Art "zurückhaltende Urbanisierung" vor, die eine klare Unterscheidung zwischen Bauten in der Stadt und denen auf den Inseln beibehält. Typische Aspekte der umgebenden Landschaft sind dabei die bestimmenden Faktoren: die Dichte der Bäume und die Leere des früheren Meeresbodens, die klare Ordnung der Piers und Boote, die Bewegung der Schiffe und Menschen. Ein wesentliches Element des Entwurfes ist die leicht erhöhte, hölzerne Strandpromenade, die Wohngebäude, Freizeiteinrichtungen und die öffentlichen Räume miteinander verbindet. Die Lage der Gebäude entlang dieser Strandpromenade erinnert an die gleichmäßige Anordnung der Boote an den Piers.

Das Wohnungsbaukonzept basiert auf dem Prinzip dünner, horizontaler Platten, zwischen denen Wohnfunktionen angeordnet sind und die sich leicht über das Niveau der Strandpromenade und das Niveau des Standortes erheben. In Anbetracht des deutlich öffentlichen Charakters des Standortes schaffen große Terrassen-Balkone die erforderliche Privatsphäre. Die nach Süden ausgerichteten Gebäude fangen auch die spärlichsten Strahlen der Wintersonne ein.

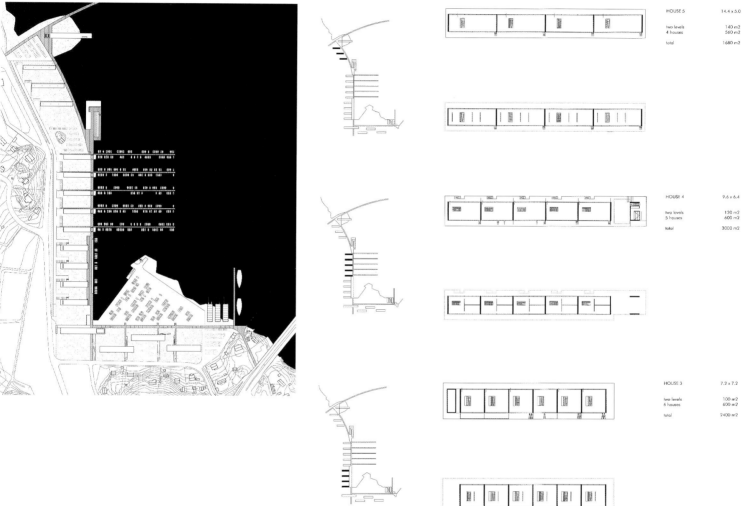

Cristina Gastón Guirao (E)
Xavier Vidal Manzano (E)
Isidre Roca I Burés (E)

Hofhäuser Der Entwurf basiert auf einer Struktur von Hofhäusern, dies berücksichtigt die Tatsache, daß keine hohe Dichte gefordert wurde und der Standort vollkommen eben ist. Die einstöckigen Häuser sind so geplant, daß sie den freien Blick auf den Horizont nicht stören. Die Horizontalität der niedrigen Mauern steht dabei im Gegensatz zur Vertikalität der Bäume. Der Küstenstreifen ist Freizeiteinrichtungen und öffentlichen Räumen vorbehalten. Er wird von den Häusern durch eine mit Sträuchern bepflanzte Zone abgesetzt als Übergang vom bebauten Bereich zum öffentlichen Raum.

Die Wohnbauten bilden Blocks aus jeweils sechs Häusern und einem gemeinschaftlichen Parkplatz. Die Größe der einzelnen Blocks (60m x 40m) entspricht der Größe der vorhandenen Wohngebäude des Viertels. Die einzelnen Wohnungen bilden "ein Stück Landschaft", das von einer Mauer eingefaßt ist. Ein Dach definiert den geschützten Bereich, eine Glaswand die Grenze zwischen Innen und Außen. Die Bewohner können die Aufteilung des Innenbereichs selbst festlegen und entsprechend den Veränderungen ihrer Lebensumstände umgestalten.

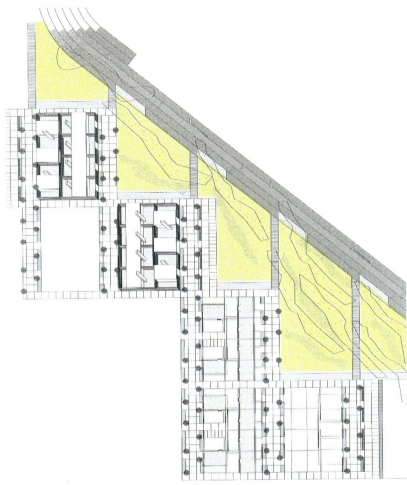

269　Ankauf　Suomi-Finland　**Mladen Jadric (A)**　Paria Jadric (A)
　　　　　　　　Turku　　　Michael Bieglmayer (A)　Julia Jadric (A)
　　　　　　　　　　　　　　Roland Graf (A)

Ein Wohnbauprojekt für Wohn-Arbeitsplätze   Der Entwurf beschäftigt sich mit der Tendenz, daß Menschen zunehmend zu Hause arbeiten. Licht ist insbesondere in den nördlichen Sphären ein grundlegendes Planungselement. Deshalb sind die Häuser in einen Winter- und einen Sommerbereich sowie in einen festen und einen mobilen Teil unterteilt. Sie sind so ausgerichtet, daß sich die Nachbarhäuser nicht gegenseitg den Blick verstellen. Sehen oder gesehen werden muß immer eine Option bleiben und darf nicht zum Zwang werden. Grüne, offene Bereiche haben höchste Priorität und werden ebenso als bewohnbare Räume betrachtet wie die geschlossen.

Die Häuser unterliegen keinen weiteren festgelegten Vorgaben. Jeder einzelne kann sich das Haus so gestalten, daß es seinen Bedürfnissen entspricht.
Es gibt keine klare Trennung der Räume in Wohn- oder Schlafbereiche. Alle Räume sind so ausgestattet, daß ihre Funktion ohne weiteres verändert werden kann.

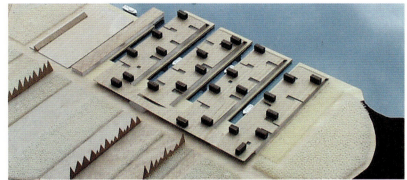
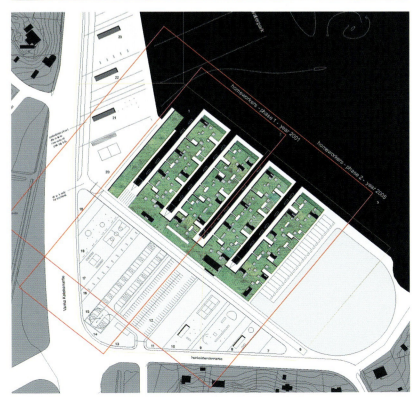

Vantaa   Einwohner 170 000   Koivukylä   Untersuchungsgebiet - 6,8 Hektar
Grundstück - 3 Hektar

Vantaa, die viertgrößte Stadt Finnlands, gehört zum Großraum
Helsinki und ist eines der gut entwickelten Gebiete des
Ballungsraumes. Die wichtigsten Straßen- und
Eisenbahnverbindungen zur Hauptstadt verlaufen durch
Vantaa. Finnlands größter Flughafen liegt ebenfalls im
Zentrum der Stadt. Die am schnellsten wachsenden Gebiete
konzentrieren sich entlang der Hauptstrecke der Eisenbahn.
Der Standort liegt in Koivukylä, einem der dynamischen
Zentren. Im Mittelpunkt der Planung steht die Lage des
Standortes, der sich zwar am Stadtrand befindet, jedoch
über eine direkte Zugverbindung zur Hauptstadt verfügt.
Die Planung soll die architektonische Infrastruktur und
die Verkehrsnetzer miteinander verbinden, so daß
ein geschlossenes Stadtgefüge entsteht.

Suomi-Finland Vantaa — Nicola Worton (GB), Oliver Froome-Lewis (GB)

Zusammenhang weicher Körper Die Begriffe "Beförderung" oder "Transfer-Station" implizieren Pläne, Kapazitäten, Mechanisierung, eine kalte unpersönliche Terminologie. Wenn jedoch dem zu transportierenden Gut Beachtung geschenkt wird, ist die Realität reich und freundlicher. Koivukyla ist kein Standort für den Umschlag harter Waren, sondern für weiche, rosafarbene, fleischige Körper. Durch die Anwendung einer auf dem menschlichen Verhalten basierenden Syntax kann "Transfer-Station" zu einem "Zusammenhang weicher Körper" werden, der die Menschen in einer modernen, technologischen Umwelt mit Wärme und Zärtlichkeit verbindet. Die architektonische Komposition vermittelt zwischen den Annehmlichkeiten der Geschwindigkeit, der Freude der Ankunft, der Orientierung, der Definition von Gemeinschaft durch symbolische Räume; zwischen der Einbindung der Natur, der Erinnerung an die Freuden des Konsums und der Transformation des Geistes zwischen Introvertiertheit und Extrovertiertheit. Die verwendeten ausdrucksstarken Komponenten sollen die Menschen dazu anregen, diese Übergänge nachzuvollziehen, um so den Gegensatz zwischen den zwar unterschiedlichen, jedoch gleich bedeutsamen Werten Flüchtigkeit und Langlebigkeit, Nähe und Distanz, natürlich und künstlich zu genießen.

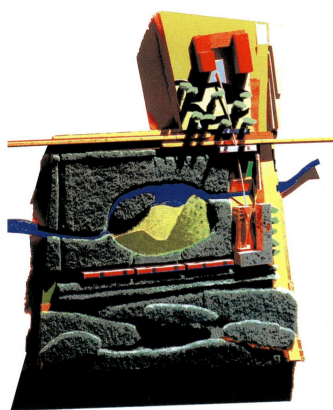
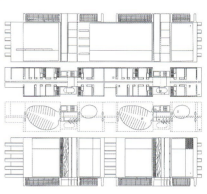
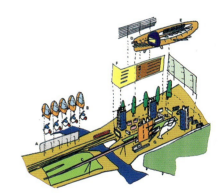
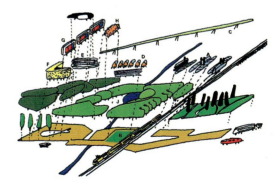
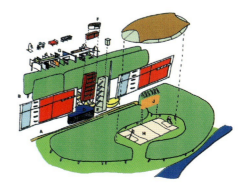

272 Preis Suomi-Finland
Vantaa

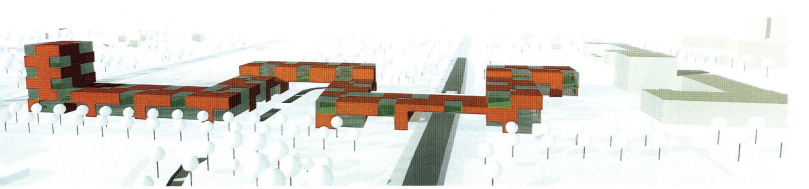

Fabian Von Köppen (D)
Carina Skoglund (SF)

Die Peripherie verbinden Ein Gebäudekomplex windet sich in Form eines Mäanders über das Wettbewerbsgelände: eine Form die stark genug ist, der ungeklärten Vorstadtsituation eine neue Identität zu geben. Der Komplex symbolisiert die Integration von Verkehr, Gewerbe, Kultur und Wohnungsbau. Eine Eisenbahnlinie durchschneidet die Vorstadt von Koivukylä in zwei Fragmente. Der Mäander verbindet sie durch die Schaffung vier unterschiedlicher Räume: Kulturforum, Busbahnhof, Marktplatz und Park-and-Ride Bahnhof. Von Norden nach Süden laufen drei Bewegungsströme durch den Komplex, die eine zusätzliche Dynamik in die gebaute Struktur bringen.

Großzügige Wintergärten sind in die Bausubstanz eingeschnitten, sie bieten friedvolle "Außenräume" und sollen ein aktives nachbarschaftliches Leben anregen. Fünf wichtige ökologische Merkmale kennzeichnen das Gebäude: flexible Grundrisse, wirtschaftliche Nutzung der vorhandenen Fläche, ein Minimum an umbauten Hofflächen, Wintergärten mit der Funktion von Pufferzonen, sonnige Plätze und die Verwendung ortsüblicher Materialien.

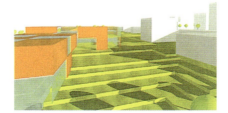

United Kingdom

Dartford

Ankauf
Stephen Witherford (GB)
Christopher Watson (GB)
William Mann (GB)
Kara Taylor Adams (GB)
Max Fordham (GB)
Dearle Henderson (GB)

Nottingham

Preis
Maarten Van Bremen (NL)
Folkert Van Hagen (NL)
Jaap Van Dijk (NL)
Adam Visser (NL)
Eelker Van Hagen (NL)

Ankauf
Michael Hussey (IRL)
Conor Kinsella (IRL)
Desmond Hourihane (IRL)
Yolanda Martinez (E)
Martin O'Toole (IRL)
Peter Tansey (IRL)

Sheffield

Preis
Chris Bannister (GB)
Barbara Dunsire (GB)

Ankauf
Michael Dillon (IRL)
Lucy Clark (GB)
Ioana Sandi (ROM)
Darren Andrews (GB)
Francis Henderson (GB)

Ankauf
André Viljoen (GB)
Katrin Bohn (D)
Thomas Müller (D)
Eva Benito (E)

United Kingdom

Dartford   Einwohner 80 000   Bahnhof Dartford   Untersuchungsgebiet - 3,5 Hektar
Grundstück - 2 Hektar

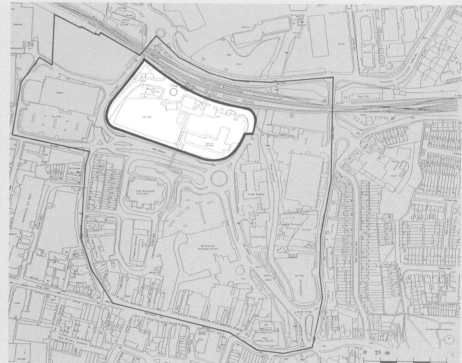

Dartford liegt in Nordkent am südöstlichen Rand des
Großraumes London, gerade noch innerhalb des
Autobahnrings M 25. Die vorhandene Eisenbahnanbindung
dieses Gebietes ist nicht ausreichend.
Der Standort umgibt den vorhandenen Bahnhof, der sich auf
einem Plateau befindet, das sieben Meter über dem
umgebenden Gebiet liegt. Abgesehen vom Bahnhof, umfaßt
der Standort Parkplätze und ein großes Bürogebäude, das vom
Dartford Borough Council genutzt wird. Nicht weit entfernt
verläuft im Osten der Fluß Darent.
Das Areal ist gekennzeichnet durch ein dichtes Nebeneinander
kleiner Gebäude und Straßen, sowie kürzlich erbauter großer
Komplexe mit den dazugehörigen Parkmöglichkeiten.
Diese neuen Bebauungen außerhalb Dartfords werden
die Rolle des Stadtzentrums grundsätzlich verändern.
Das Nutzungsprogramm sollte eine Mischung von
Wohnbauten und anderen Funktionen beinhalten.

276　Ankauf　　United Kingdom　　**Stephen Witherford (GB)**　Kara Taylor Adams (GB)
　　　　　　　　Dartford　　　　　　**Christopher Watson (GB)**　Max Fordham (GB)
　　　　　　　　　　　　　　　　　　William Mann (GB)　　Dearle Henderson (GB)

Landschaft als ein Vehikel für strategisches Denken
Die Intensivierung des Lebens im Stadtzentrum, die Aufwertung von Fußgängerwegen und die Schaffung einer kompakten Ansiedlung unter Ausnutzung der Topographie der städtischen Tallandschaft bilden das Leitkonzept dieses Entwurfes. Die Dächer der Wohnhäuser sind mit einheimischen Gräsern bepflanzt, wodurch die lokale pflanzliche Vielfalt erhöht und der beständigen Kraft der natürlichen Topographie der Gegend Rechnung getragen wird. Die neuen Gebäude werden entlang den schon jetzt stark frequentierten Fußgängerwegen, zwischen der bestehenden Bebauung des östlichen Hügels und dem Bahnhof angeordnet. Durch die Planung von Wohnbauten und Gemeinschaftseinrichtungen an beliebten Wegeverbindungen werden Begegnungen zwischen alten und neuen Bewohnern ermöglicht. Zweistöckige Patio-Häuser sind entlang der beiden Straßen angeordnet und nach dem einfallenden Sonnenlicht ausgerichtet. Eine "Wand" vier- und fünfstöckiger Blocks mit Wohnungen/Maisonetten im Norden des Standortes schirmt den Lärm der Eisenbahnlinie ab, ohne Schatten auf die angrenzenden Patio-Häuser zu werfen.

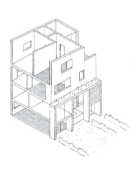 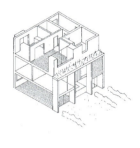

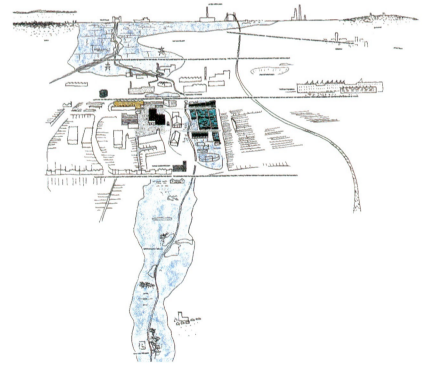

 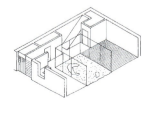

Nottingham Einwohner 285 000 Brook Ho, Alfreton road, Untersuchungsgebiet - 1,8 Hektar
(Großraum 650 000) Radford Grundstück - 0,8 Hektar

Nottingham ist die Hauptstadt der Region East Midlands und liegt an der Autobahn M 1, Großbritanniens wichtigster Nord/Südverbindung.
Der Standort befindet sich zwischen zwei Straßen, wobei eine davon die Hauptverbindung zwischen Nottingham und der Auffahrt 26 zur Autobahn M 1 ist. Das Gebiet ist durch dreistöckige Reihenhäuser aus dem 19. Jahrhundert gekennzeichnet. Auf dem Grundstück befinden sich folgende Gebäude: das Strella House, eine ehemalige Spitzenfabrik, das Brooke House, das einst eine Zigarettenfabrik beherbergte, sowie einfache, einstöckige Werkstätten und ein umgewandeltes Industriegebäude mit einem großen Parkplatzareal, das derzeit als Büroraum genutzt wird.
Das Nutzungsprogramm sieht eine neue intensive Verwendung dieses wichtigen Standortes vor.
Die Industriegebäude sollen umgewandelt werden, wobei teilweise Wohnbauten geplant sind.

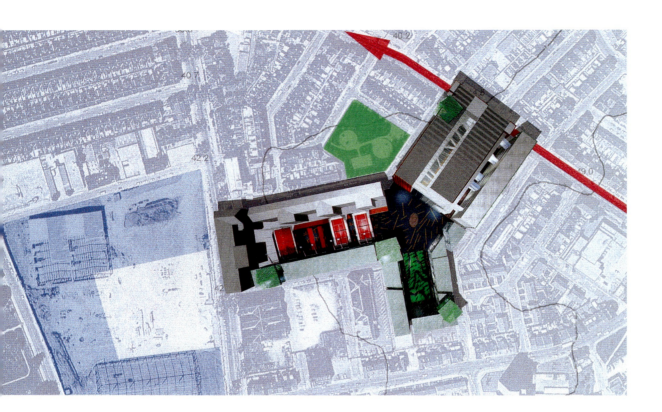

Maarten Van Bremen (NL)
Folkert Van Hagen (NL)
Jaap Van Dijk (NL)
Adam Visser (NL)

Eelker Van Hagen (NL)

Plattformen Indem der Standort umgenutzt und seine Funktionen ausgeweitet werden, erhöht sich seine Komplexität. Dadurch wird versucht, dem derzeitigen industriellen Abbau entgegenzuwirken. Die Schaffung eines "Innenhofes" soll die Abhängigkeit des Standortes von seiner Umgebung reduzieren. Die Verdichtung der bereits bebauten Flächen läßt größere Freiräume zwischen ihnen zu. Hier entsteht über der Freifläche eine erhöhte Plattform, die in drei Zonen aufgeteilt ist: Sporteinrichtungen, Grünzone/Freizeit und "kreativer" Citybereich.

Die Parkplätze sind unter den Gebäuden und dem Innenhof angeordnet. Neben der alten Brook House Fabrik entsteht ein Apartmentgebäude mit Schlafzimmern, Küchen und Bädern. Die Wohn- und Arbeitsbereiche der Apartments liegen in der Fabrik, verbunden mit diesen über Erschließungsstege. Alt und neu gehen eine nicht trennbare Symbiose ein. Diese Kombination aus Wohnen und Arbeiten soll Mobilität/Verkehr reduzieren, Ressourcen einsparen und die Umweltbelastung verringern.

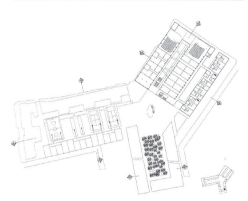
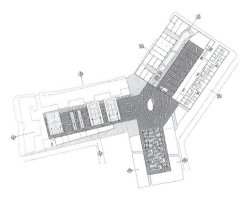
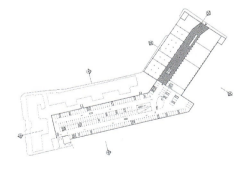

		United Kingdom	**Michael Hussey (IRL)**	Yolanda Martinez (E)
	Ankauf	Nottingham	Conor Kinsella (IRL)	Martin O'Toole (IRL)
			Desmond Hourihane (IRL)	Peter Tansey (IRL)

Temporäre Formen Der Entwurf befaßt sich mit den Grenzen der gegenwärtigen Planungspolitik und deren Fähigkeit Formen zu generieren. Die Idee von Systemen, die temporäre Formen kreieren und Antworten auf die Unbestimmtheit und Veränderlichkeit der heutigen Stadt geben, entstand. Die vorgeschlagene Regenerierung der vorhandenen Brook und Stella Gebäude in Verbindung mit der Errichtung neuen Wohnraums im Süden des Standortes bildet die entsprechende Grundlage.
Wenn dieses System auf die feststehende Form eines vorhandenen Gebäudes angewandt wird, um eine variable Matrix zu schaffen, hat dies eine Vielzahl von Auswirkungen. Bei Überlagerung der Matrix mit der bestehenden Bausubstanz paßt sich das System dem Gebäude an. Dabei werden Kräfte aktiviert, die zu einer "Erosion" der Außenhaut der bestehenden Substanz führen. Bei Überlagerung der Matrix mit der Struktur einer neuen Bebauung, paßt sich das Gebäude dem System an. Durch diesen "Erosionsprozeß" entsteht eine Reihe hängender Gärten, die innerhalb der Matrix willkürlich auf verschiedenen Ebenen angeordnet sind. Die Landschaft wird nach oben "extrudiert", wodurch grüne Räume für die Bewohner der angrenzenden "Wohnwürfel" geschaffen werden.

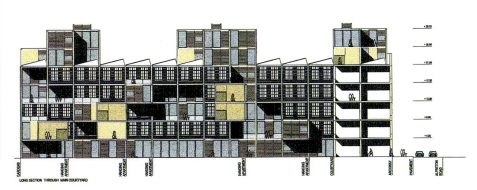

Sheffield Einwohner 550 000 Manor Estate 3 Hektar

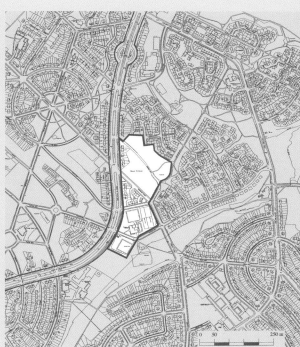

Sheffield liegt im Norden Englands auf halber Strecke zwischen Liverpool und der Flußmündung des Humber. Die Stadt ist an der Autobahn M 1 gelegen, Großbritanniens wichtigster Nord/Süd Straßenverbindung.
Das Grundstück erstreckt sich entlang Sheffields Ringstraße und besteht aus einem aufgegebenen Gemeinschaftszentrum sowie aus Grundstücken, auf denen die Wohnbauten abgerissen wurden.
Das Nutzungsprogramm verlangt städtische Lösungen, die die Nachhaltigkeit der Wohnungsbauentwicklung entlang der vorhandenen und verbesserten Verkehrswege stärkt. Dabei kommt der Beachtung der Stadtlandschaft eine besondere Bedeutung zu.

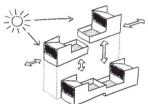
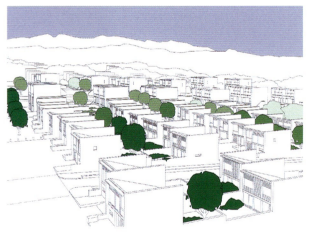

Chris Bannister (GB)
Barbara Dunsire (GB)

Urbane Landschaften - paralleles Wohnen Die Wohnbauten sind rechtwinklig zur Hauptstraße angeordnet, so daß ein direkter Zugang zu den öffentlichen Transportadern möglich ist, die Häuser aber dennoch gegen den Lärm, die Verschmutzung und die Unannehmlichkeiten dieser viel befahrenen Straßen abgeschirmt sind. Die Gliederung des Geländes ergibt sich aus seiner Nähe zu öffentlichen Verkehrsrouten. Die Fußgängerzonen sollen soziale Interaktion fördern und den Autoverkehr einschränken, die Verringerung von Kreuzungen mit der Hauptstraße verbessert den Verkehrsfluß. Vorhandene Freiräume sollen ausgedehnt werden, um ein Netzwerk ökologischer Korridore zu schaffen. Die Trennwände der Häuser sind in Nord-Süd-Richtung orientiert. Sie ermöglichen eine physische und psychische Trennung zwischen den Wohnungen und erlauben eine Anpassung an die unterschiedlichen Geländeniveaus. Im allgemeinen haben die Wohnbauten ein einheitliches Erscheinungsbild, wobei die Wohnräume nach Süden ausgerichtet sind, um so passive Solarenergie optimal nutzen zu können. Nahe an den wichtigen öffentlichen Verkehrsverbindungen befinden sich flexible Nutzungseinheiten, die bei Bedarf problemlos in Büros, Geschäfte oder Studios umgewandelt werden können.

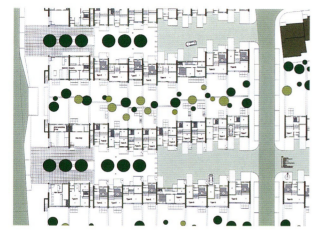

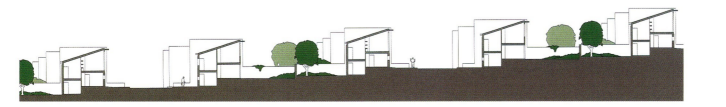

United Kingdom
Sheffield

Michael Dillon (IRL)
Lucy Clark (GB)
Ioana Sandi (ROM)

Darren Andrews (GB)
Francis Henderson (GB)

Regenerierung durch Bekräftigung Die Stärkung der bereits vorhandenen Identität des Standortes soll hier die Basis einer Strategie zur Regenerierung des Gebietes bilden. Die Landschaft, insbesondere die expressive Topographie, soll von einem zufällig "anwesendem" Element in eine regenerative Kraft transformiert werden. Die Konturen der Landschaftstopographie werden als physische Strukturen manifestiert, die den Rahmen für eine schrittweise Entwicklung auf einer Vielzahl von Ebenen bilden. Dies bewirkt einen Wandel von einer kurzfristigen, vorstädtischen Identität zu einem integrierten und strukturierten ländlich nachhaltigen Charakter.

Strategische gewerblich/kommerzielle Gebäude entstehen entlang der Hauptverkehrsachse, um wirtschaftliche Investitionen in der Region zu fördern. An den Stellen an denen Wohnbauten geplant sind, werden die Grundstücke in Parzellen mit einer einheitlichen Größe von 200 qm unterteilt. Variierende Landschaftskonturen führen zu unterschiedlichen Grundstücksformen, wodurch eine differenzierte, standortspezifische Planung der Wohnbauten ermöglicht wird.

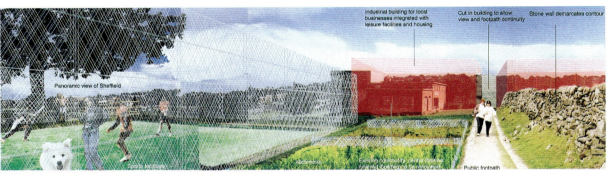

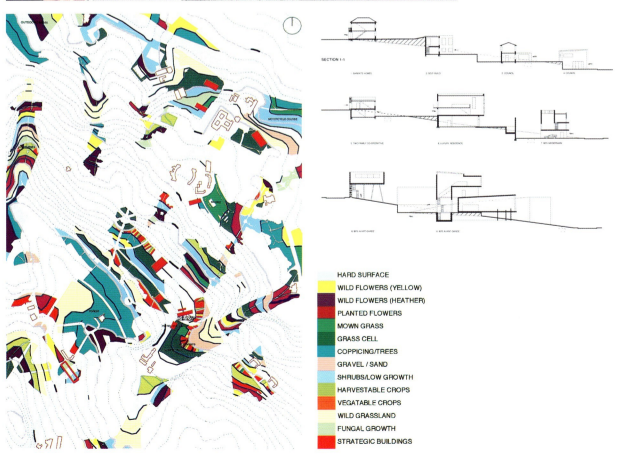

André Viljoen (GB)
Katrin Bohn (D)
Thomas Müller (D)
Eva Benito (E)

Elasticity "Elastizität ist die Fähigkeit, sich mit der Situation zu verändern - sich auszudehnen oder auch zusammenzuziehen, sich an die mit der Zeit verändernden Bedürfnisse anzupassen." Der diesem Entwurf zugrunde liegende Gedanke verwebt städtebauliche und architektonische Aspekte, macht sie untrennbar. Reisen und Verweilen, kontinuierliche Landschaften, die Nähe zum Land, nachhaltige Niedrigenergiehäuser sollen hier auf allen Ebenen von Elastizität funktionieren. Sie werden in einen urbanen Kontext übertragen, sind direkt am Ort entwickelt und architektonisch "verfeinert".

Wachstum und Flexibilität erlauben die Umsetzung des Entwurfes über einen nicht definierten Zeitraum und mit wechselnder Intensität, die jeweils den tatsächlichen Bedürfnissen entspricht. Der Ort kann immer weiter wachsen, so bleiben wie er ist oder sich zusammenziehen. Die einzelnen der vier geplanten Phasen "Urbarmachung - Bebauung - Ausdehnung - Elastizität" können in ihrer Gesamtheit oder schrittweise umgesetzt werden, ohne daß sie ihre Identität als eine Einheit verlieren.

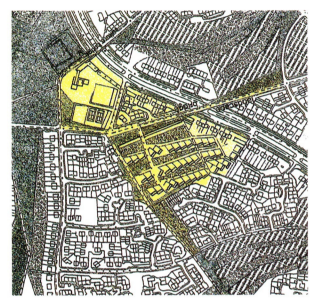

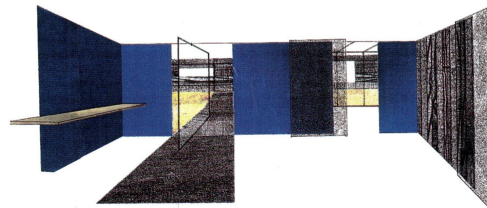

Partnerländer

Bălgarija
Sofia

Ankauf
Antonio Gonella (I)
Marilena Baggio (I)
Margarita Kroucharska (BUL)
Ferruccio Redaelli (I)

Eesti
Tallinn

Preis
Katariina Vuorio (SF)
Tuomas Hakala (SF)
Marja Sopanen (SF)
Olli Sarlin (SF)

Kypros
Pafos-Anavargos

Ankauf
Dominique Guilhem (F)
Christine Branger (F)
Fabien Brion (F)
Laurent Seyfritz (F)
Christos Tsangaris (CY)
Jean Trevisan (F)

Magyarország
Budapest

Ankauf
Franz Ertl (A)
Jasmina Tochmakova (BUL)
Johann Brandtner (A)

Ankauf
Christian Kern (D)
Thomas Repper (D)
Annette Köbl (D)

Österreich
Graz

Preis
Dietger Wissounig (A)

Ankauf
Ingrid Schaberl (A)
Lydia Wissa (A)
Martina Schaberl (A)
Holzer Gudrun (A)

România
Timisoara

Preis
Urs Friedrich (D)
Tobias Hanig (D)
Mathias Bauer (A)

Slovensko
Košice

Preis
Maroš Fečik (SLO)
Štefan Polakovič (SLO)
Roman Halmi (SLO)

Sofia Einwohner 1 220 000 "U-Bahn" 4,5 Hektar

Bălgarija

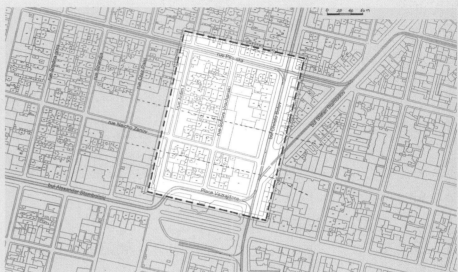

Sofia ist von einer polyzentrische Struktur geprägt.
Das Zentrum besteht überwiegend aus Wohngebäuden,
die wirtschaftlichen Aktivitäten finden in den Außenbezirken
statt. Aufgrund der unzureichenden
Kommunikationsinfrastrukturen hat die Stadt entschieden,
eine U-Bahnlinie zu bauen, die durch Teile des historischen
Zentrums führen wird. Die "offene Tunnelbauweise" (Aushub,
Bau des Tunnels von oben und dann Abdeckung) hat ein
Fünftel der Stadt in eine Baustelle verwandelt und 21% des
Stadtgefüges zerstört. Die erforderlichen Enteignungen haben
die Grundeigentumsverhältnisse zu einem Drittel verändert.
Das Grundstück befindet sich im Stadtzentrum. Es handelt
sich um einen Bezirk mit alten Wohnbauten, dessen Gefüge
durch den Bau der U-Bahn brutal durchtrennt wurde, wobei
ehemals durchgehende Straßen zu Sackgassen geworden sind.
Die städtische Struktur muß in der gesamten Umgebung der
U-Bahn rekonstruiert werden.

288 Ankauf Bălgarija Sofia

Antonio Gonella (I)
Marilena Baggio (I)
Margarita Kroucharska (BUL)
Ferruccio Redaelli (I)

Ökologischer Korridor Der Entwurf bezieht sich auf den Bereich, der sich vom alten Stadtzentrum, der Rotonda, bis zum Boulevard Konstantin Velitchkov im Westen erstreckt. Dieser Boulevard könnte eine Grenzlinie bilden zwischen der hohen Dichte im Stadtzentrum, und dem Bereich niedrigerer "urbaner Spannung", die charakteristisch für die eher zu Wohnzwecken genutzten Vororte im Westen der Stadt ist. Ein ökologischer Korridor soll entstehen, der zu einem Bestandteil des Ökosystems der Stadt wird. Der Korridor wird in drei städtische Zonen unterteilt: Park mit dem Berg Vitosha, baumbestandene Straßen sowie einzelne Bäume oder Baumgruppen und kleine Gärten. In einer Symbiose gewährleisten diese Elemente die Kontinuität des Ökosystems der Stadt. Die Gestaltung ist durch eine Differenzierung der unterschiedlichen Ebenen und Funktionen charakterisiert. Auf Erdgeschoßebene sind Läden, Kultur- und Freizeiteinrichtungen untergebracht. Darüber befinden sich öffentliche Einrichtungen, Büros und eine grüne Plattform, deren modulares Gitternetz durch vertikale Öffnungen unterteilt ist sowie ein System von Rampen, Treppen und Fahrstühlen. Auf der Untergeschoßebene entstehen ein neuer städtischer Boulevard, Parkmöglichkeiten und eine neue U-Bahnstation.

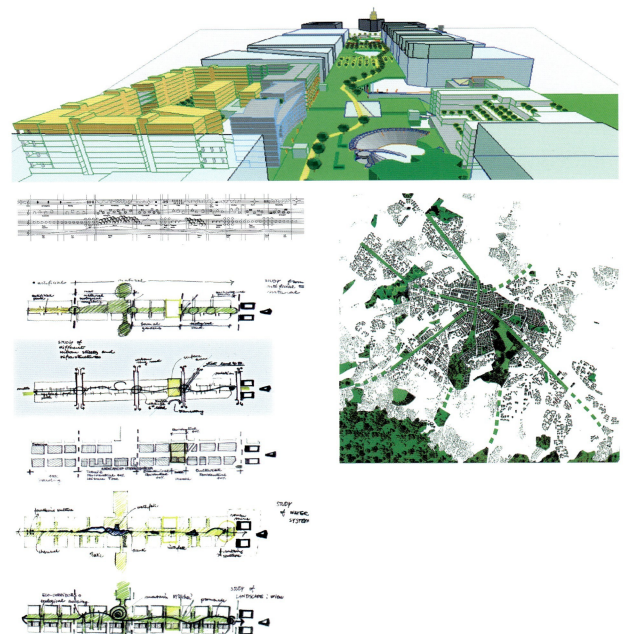

Tallinn Einwohner 430 000   Kopli   4,6 Hektar

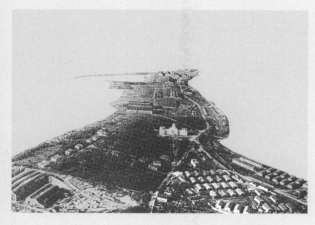 

Tallinn, die Hauptstadt der Republik Estland, ist das wichtigste wirtschaftliche und kulturelle Zentrum des Landes. Derzeit findet ein schneller Wandel auf allen Ebenen statt.
Der Standort liegt auf der Halbinsel Kopli, 4 km im Nordwesten des Stadtzentrums. Im Jahre 1912 baute hier die Baltisch-Russische Vereinigung einen Arbeiterstadtteil mit Fabriken, Gewerkschaftslokalen und Wohnbauten. Allein durch seine Größe beherrscht das 1913 errichtete Hauptgebäude immer noch das gesamte Areal. Die Wohngebäude aus Holz hatten zwei Stockwerke und verfügten über keinerlei sanitäre Einrichtungen.
Aufgrund der Lage in einem Industriegebiet nahe des Hafens ist das Gebiet ziemlich vernachlässigt. Die Kriminalitätsrate in dem Wohngebiet ist sehr hoch. Es muß ein Konzept entwickelt werden, wie dieser Standort in der Nähe der Küste durch neue Funktionen belebt und aufgewertet werden kann.

290 Preis Eesti Tallinn

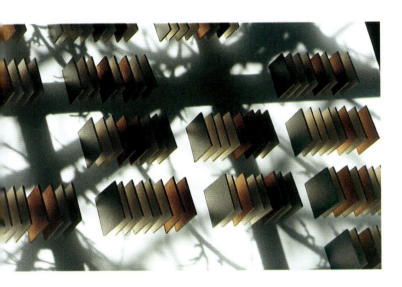

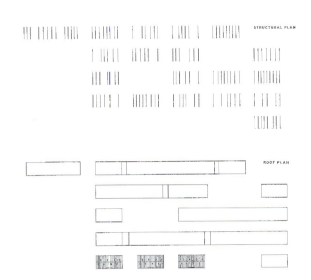

STRUCTURAL PLAN

ROOF PLAN

Katariina Vuorio (SF)
Tuomas Hakala (SF)
Marja Sopanen (SF)
Olli Sarlin (SF)

Wohninseln Der Ansatz dieser Arbeit sieht allmähliches Ersetzen alter Strukturen durch neue vor. Sogenannte "Wohninseln" sollen eine einfache Grundstruktur für die künftige Entwicklung Keplis bilden. Als Verkehrsplanerische Maßnahme wird eine Umleitung des Autoverkehrs und deren Trennung von Fußgängerwegen vorgeschlagen. Durch eine fußläufige Wegeverbindung entlang der bestehenden Eisenbahnlinie soll der Kopli-Park zu einer grünen Achse quer über die gesamte Halbinsel erweitert werden.
Die dichte, flache Blockbebauung soll an der windigen Ostseeküste ein günstiges Mikroklima erzeugen.

Die Monotonie der städtischen Strukturen wird durch eine Umgestaltung brachliegender Zwischenräume in öffentliche Plätze unterbrochen. Die Erdgeschoßzonen der an den Plätzen gelegenen Gebäude werden in gemeinschaftliche und kommerzielle Bereiche umfunktioniert. Jede Wohnung verfügt über einen eigenen privaten Eingang und eine großzügig geschnittene, offene Dachterrasse mit Blick über die Ostsee. Mit den neuen Wohnungen entsteht ein einfaches strukturelles System mit einer Vielzahl von Grundrißvarianten und Wohnungsgrößen, wodurch soziale Heterogenität begünstigt wird.

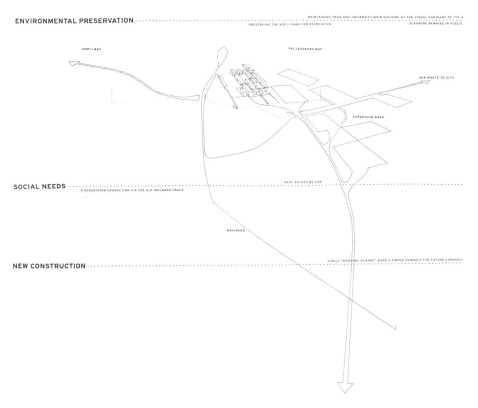

Pafos-Anavargos Einwohner 19 436 Anavargos 3 Hektar

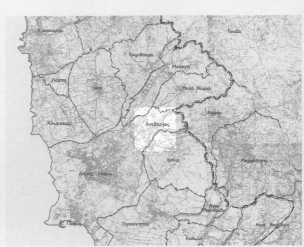

Gelegen im Nordwesten von Zypern, ist Pafos der Geburtsort Aphrodites und eine der ältesten Städte des Landes. Die archäologischen Stätten wurden von der UNESCO klassifiziert.
Das Grundstück befindet sich im Gebiet von Anavargos, einem ehemals kleinen Dorf am Stadtrand von Pafos. Die zunehmende Ausdehnung der Stadt Pafos ist die maßgebliche Ursache der Veränderungen denen das Planungsgebiet unterworfen ist. Diese Umstrukturierung steht im direkten Zusammenhang mit der Modernisierung des Straßennetzes. Vielfalt und Mischung der Nutzungsprogramme soll städtische Nutzungen im Zusammenhang mit Wohnquartieren ermöglichen. Es wird gefordert für diese Wohnsiedlung ein neues Landschaftsbild zu entwickeln. Damit soll das Gebiet mit dem angrenzenden Stadtgefüge verbunden werden, von dem es zur Zeit abgetrennt ist.

Ankauf — Kypros, Pafos-Anavargos

Dominique Guilhem (F)
Christine Branger (F)
Fabien Brion (F)
Laurent Seyfritz (F)
Christos Tsangaris (CY)
Jean Trevisan (F)

Mauern und Boxen Das städtebauliche Konzept basiert auf vier Hauptthemen: Kontext und Landschaft, eine große Bandbreite von Nutzungen, unterschiedliche Maßstäbe der Aneignung, konstante Weiterentwicklung in der Umsetzung von Konzeptionen. Das architektonische Konzept geht auf vier stadtplanerische Entscheidungen ein: Koexistenz verschiedener Nutzungen (unterschiedliche Gebäudegrößen) und Koexistenz öffentlicher und privater Räume zur Entwicklung innovativer Bautechnologien und neuer Wohnformen. Dies wird durch folgende differenzierte Wohnbautypologien repräsentiert: Adaptation der vorhandenen Strukturen, Werkstätten für Künstler und Handwerker, Einfamilienhäuser sowie Wohnungen, die hauptsächlich für kurzfristige Aufenthalte der Besucher von Kulturereignissen genutzt werden. Dabei wird Wert darauf gelegt den Eindruck, einer "Invasion" durch Touristen und das Gefühl der Leere nach deren Abreise zu verhindern. Architektonisches Grundelement ist die Mauer: sie unterteilt das Land, bestimmt die Richtungen und Grenzen, betont die Topographie und definiert die Trennung zwischen privat und öffentlich. Sie verändert die Wahrnehmung der Landschaft und schafft Kontraste zum vorhandenen Dorf.

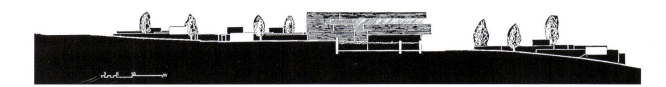

294 **Magyarország**

Budapest Einwohner 2 000 000 Kőbánya Zentrum, 4 Hektar
10. Bezirk von Budapest

Kőbánya, der 10. Bezirk von Budapest, hat 90.000 Einwohner und ist durch eine gemischte Struktur gekennzeichnet. Durch den Niedergang der Industrie sind große Flächen frei geworden. Dort sind zahlreiche Sozialwohnungen entstanden, wobei die Straßennamen immer noch an die Vergangenheit des Gebietes erinnern. Die Verkehrsanbindung wird durch den Bau einer dritten und vierten Ringstraße, die aus dem Ballungsgebiet hinausführt, verbessert. Die Hauptstraße von Kőbánya ist eine Einkaufsstraße mit hohem Verkehrsaufkommen, an der sich die wichtigsten öffentlichen Gebäude befinden.
Das Planungsgebiet schließt Teile dieser Straße ein und wird von einer Eisenbahnlinie und einem kleinen Bahnhof begrenzt. Darüber hinaus gibt es einen großen Busbahnhof, der jedoch zunehmend weniger frequentiert wird.
Die Herausforderung besteht in der Wiederherstellung des städtischen Charakters des Gebietes durch den Entwurf eines durchgehenden Systems öffentlicher und halböffentlicher Räume, die den Standort strukturieren und mit dem Stadtgefüge verbinden, das sich jenseits der Eisenbahnlinien ausdehnt.

Franz Ertl (A)
Jasmina Tochmakova (BUL)
Johann Brandtner (A)

Eine neue Identität für Kőbánya Das Projekt beabsichtigt, ein städtisches Zentrum zu schaffen, das in der Lage ist, dem Budapester Stadtteil Kőbánya eine neue Identität zu verleihen. Dies soll durch eine Mischung unterschiedlicher Funktionen erreicht werden: Einkaufsmöglichkeiten, Büros, Hotels, Unterhaltungseinrichtungen.
Gleichzeitig soll die historische Funktion des Liget Platzes, der zur reinen Verkehrskreuzung verkommen ist, als Herz des alten Zentrums wieder hergestellt werden.
Eine neue erhöhte Plattform schafft eine zweite Ebene für Gewerbe/Geschäfte und ermöglicht einen autofreien Übergang über den Busbahnhof zu den westlichen Teilen von Kőbánya. Die Plattform soll so konstruiert werden, daß natürliches Licht in das darunterliegende Geschoß fallen kann. Die oberen Geschosse sind für Wohnungen und ein Hotel bestimmt, Büros befinden sich im Turmhochhaus.
Im Nordwesten des Areals ist ein zentraler Park mit Kinderspielplatz geplant.

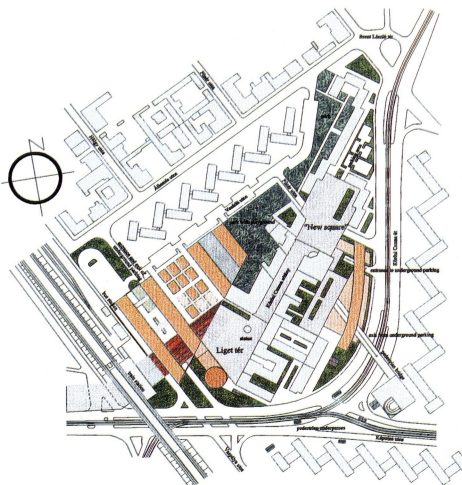

Christian Kern (D)
Thomas Repper (D)
Annette Köbl (D)

Akzeptieren, verbinden, koordinieren Vor dem Hintergrund vorgefundenen Fragmente verschiedener städtebaulicher Entwicklungskonzepte versucht dieser Entwurf zu akzeptieren, zu verbinden und zu koordinieren. Das räumliche Potential der hohen Gebäude wird akzeptiert und gestärkt. Vorhandene Räume werden auf ihre funktionalen Teile reduziert und an bestimmten Punkten erweitert.
Die neu entworfenen Elemente stellen eine Verbindung zur bestehenden Umgebung her. Sie akzeptieren die Präsenz des Verkehrs und partizipieren an seinem Fluß, bieten die Möglichkeit zu fahren oder zu gehen, ohne davon abzulenken, daß dieser Ort das Potential zu einem angenehmen Lebensumfeld besitzt. Die Elemente werden mit vorhandenen Gebäuden koordiniert und bilden im Zusammenwirken einen Raum von höherer Komplexität. Anstelle von Straßen und Plätzen entsteht ein System von Öffnungen und Übergängen mit einer Vielzahl unterschiedlichster Merkmale. Unterschiedlichste Oberflächen sollen Verwendung finden, um diese "Räume dazwischen" lesbar zu machen. Seinen räumlichen Zusammenhalt soll das Gebiet durch eine Bepflanzung mit durchgängigen Raster aus Birken erhalten.

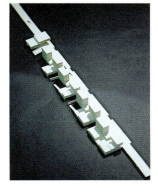

Österreich

Graz Einwohner 280 000 Südgürtel 2,5 Hektar

 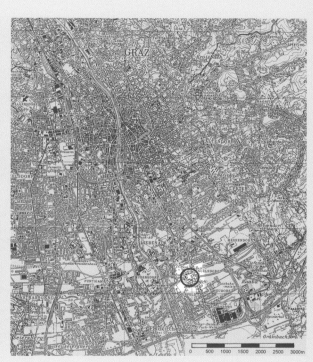

Graz erstreckt sich entlang dem Fluß Mur und ist die Hauptstadt des Bundeslandes Steiermark.
Das Planungsgebiet liegt im Süden von Graz, in einem äußerst dynamischen Gebiet und ist an alle Verkehrssysteme, den Flughafen, zwei Eisenbahnlinien und zwei Autobahnen angebunden. Die wichtigste Straße in diesem Netzwerk wird durch den Bau einer Unterführung umstrukturiert. Das Grundstück befindet sich an der Stelle, an der die Straße wieder nach oben führt.
Die Planung sieht Wohnbauten und öffentliche Einrichtungen vor, wobei bestehende Strukturen und vielfältige Nutzungsmöglichkeiten zu berücksichtigen sind. Diese Strukturen sollen sowohl an die Identität des Gebietes, als auch an dessen Einbindung in die Umgebung angepaßt werden. Besondere Aufmerksamkeit gilt der Behandlung des Bodens.

298 Preis Österreich
Graz

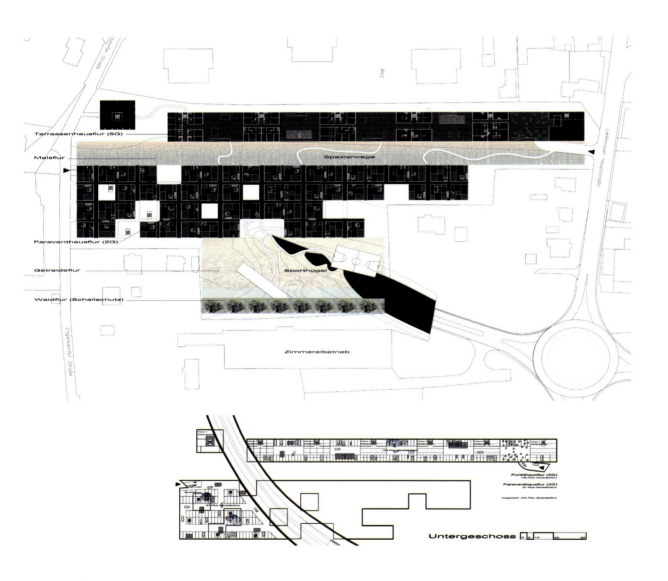

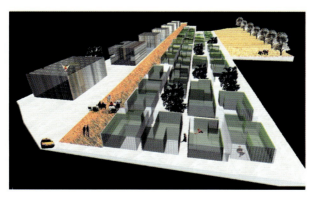

Streifenflure Der Entwurf benutzt das Bild der "Streifenflure", die Grundstruktur der landschaftlich genutzten Fläche um Graz herum, als Grundkonzept des städtebaulichen Ansatzes. Ähnlich den Feldern, auf denen verschiedene Nutzpflanzen ausgesät werden, sollen auch die bebauten Felder mit unterschiedlichen Nutzungen "bepflanzt" werden. Das "Terrasse/Haus-Feld" umfaßt sechs einzelne Häuser aus Glas, Holz und Beton auf einer hölzernen Terrasse. Im Erdgeschoß befinden sich halböffentliche Bereiche, ein Café, ein Restaurant und ein Schwimmbad. Das "Korn-Feld" ist ein landwirtschaftlich genutztes Areal, durchzogen von öffentlichen Wegen. Das "Schirm/Haus-Feld" ist eine Mischung aus Grünzonen, Dienstleistungen/Einzelhandel, Cafés und Büros mit elf Doppelgebäuden mit jeweils drei bis fünf Wohnungen. Hinzu kommen 33 freistehende Gebäude mit jeweils ein bis drei Wohnungen. Das "Freizeit-Feld" besteht aus einem künstlichen Hügel, der mit wilden Gräsern bewachsen, von Wegen durchzogen und mit Sport- und Freizeiteinrichtungen ausgestattet ist. Der "Wald/Feld-Lärm/Schirm" im Süden des Standortes fungiert als Barriere gegen Lärm und als Sichtschutz zu den Industrieflächen im Süden.

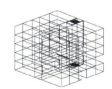

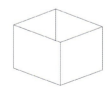

Ankauf Österreich Graz

Ingrid Schaberl (A)
Lydia Wissa (A)
Martina Schaberl (A)
Holzer Gudrun (A)

Mobilität schließt Immobilität ein Der Entwurf verbindet die "Wanderbewegungen" im Rahmen persönlicher Mobilität mit der Immobilität des "bewohnbaren Objektes" und dessen Fähigkeit als Schnittstelle für eine Wohnform zu fungieren, die es den Bewohnern ermöglicht, diese als Schutz gegen die Außenwelt zu sehen, oder auch als einen Ort, von dem aus alle Möglichkeiten genutzt werden können, die jene Welt bietet. Diese Vorstellung wird in Wohnbauten umgesetzt, die das Auto integrieren, Sicherheit bieten und einen Ort schaffen, der sich zwischen "Stillstand und Bewegung" entwickelt. Das Heim wird als strategische "Schlüsselzone" interpretiert, in einem Kontext, in dem die Nähe der Arbeitsstelle, von Infrastrukturen und Freizeiteinrichtungen durch Mobilität definiert wird.

Durch die Anordnung der Wohnungen ober- und unterhalb der Parkzonen entsteht eine "Schleife". Die Wohnungsgrundrisse erfüllen alle grundlegenden Funktionen, alle weiteren Strukturen können an die individuellen Bedürfnisse der zukünftigen Bewohner angepaßt werden. Strukturelles Hauptelement ist der zentrale, von oben belichtete "Lichtraum", der sich durch die gesamte Wohnung erstreckt.

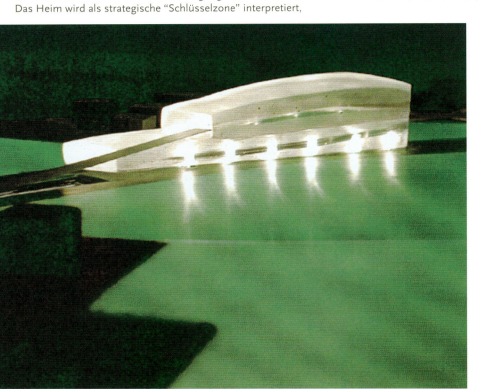

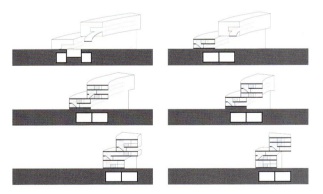

Timisoara Einwohner 400 000 Circumvalatiunii Untersuchungsgebiet - 19,4 Hektar
Grundstück - 3 Hektar

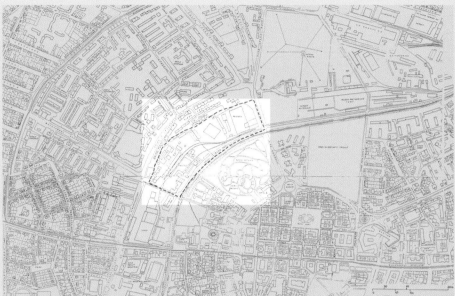

Timisoara ist die drittgrößte Stadt Rumäniens. Sie liegt an der Schnittstelle der Handelswege zwischen Wien, Belgrad und St. Petersburg und nimmt damit eine wichtige strategische Lage ein. Zur Zeit findet ein tiefgreifender Wandel statt. Das Untersuchungsgebiet befindet sich im Nordwesten des historischen Zentrums, es wird von zwei Hauptverkehrsstraßen begrenzt. Die Trennung des Gebietes durch eine Eisenbahntrasse soll behoben werden. Ebenso muß für das Problem der Hauptverkehrsstraße, die 500 m durch das historische Stadtzentrum führt, eine Lösung gefunden werden. Dabei müssen die umliegenden Gebiete berücksichtigt und eine ausgewogene Nutzungs-Mischung eingeplant werden. Der Botanische Garten soll zu einer Verwendung als öffentliche Freifläche geöffnet werden.

Preis — România, Timisoara

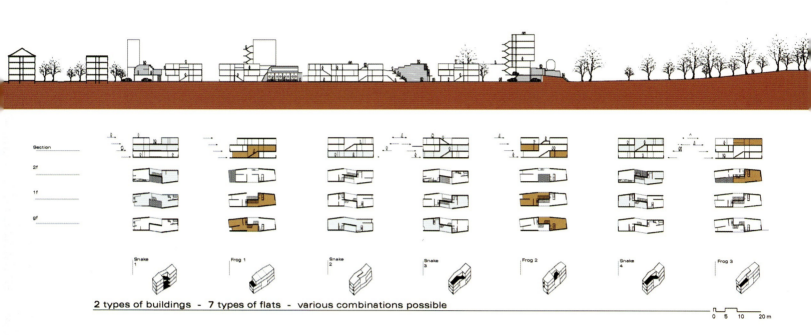

2 types of buildings - 7 types of flats - various combinations possible

Urs Friedrich (D)
Tobias Hanig (D)
Mathias Bauer (A)

Line is fine Timisoara ist durch drei bedeutende strukturelle Elemente gekennzeichnet: den Fluß Bega, das historische Zentrum und den Bahndamm. Letzterer ist ein ca. 25 m breiter Landstreifen, der sich als Band durch die ganze Stadt hindurch zieht.

Der Verfasser schlägt vor, den bestehenden Damm in vier Teile zu zerschneiden, um die harte Trennlinie, die er in der Stadt bildet, aufzulösen. Verschiedene Einzelhandelsgeschäfte und Freizeiteinrichtungen, die gesamte Infrastruktur sowie Transporteinrichtungen sollen dann dort untergebracht werden. Zwischen den Dämmen sollen Wohnungen entstehen.

Dazu sind zwei unterschiedliche Gebäudetypologien vorgesehen, beide dreigeschoßig mit jeweils vier Wohneinheiten. Die vorhandenen Gebäude werden in die Planung mit einbezogen. Zusammen mit den neuen Strukturen formen sie ein durchgängiges Dachniveau, das begehbar ist und von dem aus Park und Horizont zu sehen sind.

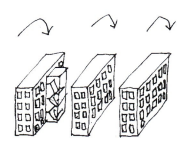 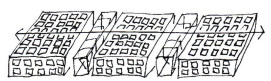

Košice   Einwohner 300 000   Ťahanovce   ca. 3 Hektar

 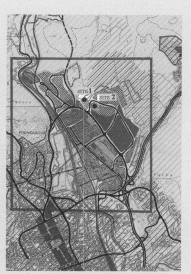

Košice liegt im Osten der Slowakei und ist die zweitgrößte Stadt des Landes. Die Stadt entwickelte sich zu einem Schmelztiegel deutscher, ungarischer, slowakischer und jüdischer Bewohner mit ihren unterschiedlichen Religionen und Kulturen. Diese religiöse, ethnische und kulturelle Vielfalt konnte bis zur ersten Hälfte des 20. Jahrhunderts bewahrt werden.
Der Standort liegt in einem nordöstlichen Außenbezirk der Stadt, 8 km vom Zentrum entfernt. In der Nähe befindet sich ein großer Wohnbaukomplex mit 7.000 Wohnungen, der durch eine Buslinie mit dem Stadtzentrum verbunden ist. Für das Jahr 2000 ist eine Trolleybuslinie geplant. In dem Gebiet gibt es weder Geschäfte noch Schulen.
Das Nutzungsprogramm sieht den Bau von Eigentumswohnungen, die Einrichtung von Einzelhandelsgeschäften, Parkmöglichkeiten und Freizeiteinrichtungen vor.

Preis Slovensko
       Košice

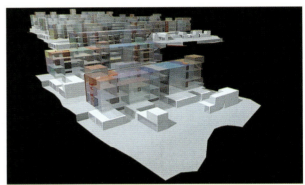
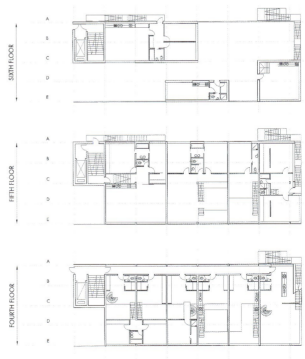

Maroš Fečik (SLO)
Štefan Polakovič (SLO)
Roman Halmi (SLO)

Stadt und Dorf in kontrollierter Kollision Individuelle und kollektive Wohnbauten werden hier kombiniert, so daß sie von den Vorteilen und Funktionen der anderen profitieren können. Diese "gegenseitige Bereicherung" kann auch als Symbol für eine kontrollierte "Kollision" zwischen der nahegelegenen größeren Stadt und dem an den steil abfallenden Standort grenzenden Dorf verstanden werden. Auf Erdgeschoßniveau formen die Häuser eine teppichähnliche Struktur, ihre Anordnung ermöglicht eine Vielzahl von privaten und öffentlichen Räumen und Durchblicken. Die Dächer der Häuser bilden die Terrassen der oberen Wohnungen oder beherbergen öffentliche Bereiche und Parkplätze. Menschen mit unterschiedlichsten Lebensgewohnheiten kommen hier zusammen und müssen lernen miteinander umzugehen. Die neue Straße, die durch den Standort verläuft, wird zum integralen Bestandteil der neuen Planung und bildet das Rückgrat des sekundären Straßenrasters, von dem aus Abzweigungen direkt in die Garagen der privaten Häuser oder auf deren Dächer führen. In diese Struktur ist eine Reihe von öffentlichen Dienstleistungen und sozialen Einrichtungen eingewoben. Cafés, eine Bücherei, kleine Läden und eine Kapelle.

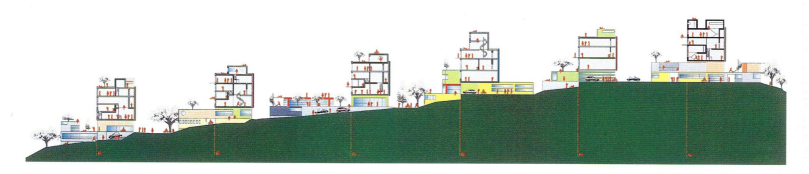

Lobende Erwähnungen

Belgique/België/Belgien   **Namur**

Swimming in the urban fabric

Turkay Baran (D), Dorothee Haneke (D), Cem Yurtsever (D)

Floating

Susanne Boyer (A), Verena Boyer (A), Markus Klausecker (A)

Making zig-zags

Pablo Olalquiaga Bescos (E), Alvaro Moreno Hernandez (E), Santiago De Molina Rodriguez (E), Ana Magdalena Espinosa Garcia-Valdecasas (E)

Quai du Bon-Dieu

Klaas Smedema (NL), Martjin De Potter (NL), Tonko Leemhuis (NL), Oof Verschuren (NL)

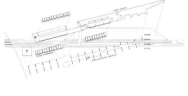

Deutschland   **Gotha**

Bewohnte Stadtlandschaft

Manfred Berthold (A), Thomas Wirsing (D), Peter Heine (D), Gregory Hartweger (A), Camilla Kroll (A), Gilbert Berthold (A)

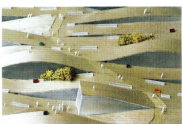

Zwischenräume

Mattthias Beyer (D), Katrin Schubert (D)

309　　　　　　　　　　europan 5　　　　　　　Lobende Erwähnungen

　　　　　　　München　　　　Horseshoe

　　　　　　　　　　　　　　Arthur Collin (AUS), Yvla Kvist (S),
　　　　　　　　　　　　　　Paul Barnes (GB), Alia Beyg (GB),
　　　　　　　　　　　　　　Sonja Rump (D), Anne Poytari (SF),
　　　　　　　　　　　　　　Hazel York (GB), Filip Visnjic (YUG)
　　　　　　　　　　　　　　Jens Hoffmann (D), Kristin Backhaus (D),
　　　　　　　　　　　　　　Cuong Tran-Viet (A), Ducan Michel (GB),
　　　　　　　　　　　　　　Trevor Wilson (GB), Ipek Türeli (TUR)

Ellás　　　　Athinai　　　　　Mobilität und Nähe
　　　　　　Agia Anargiri
　　　　　　　　　　　　　　Eleni Kouri (GR), Maria Marlandi (GR),
　　　　　　　　　　　　　　Haido Zotika (GR), Theodora Kotsona (GR)

　　　　　　Athinai　　　　　**Urban recomposition around**
　　　　　　Amaroussion　　**a place of interchange**

　　　　　　　　　　　　　　Thierry Gonard (F), Murielle Plas (B),
　　　　　　　　　　　　　　Olivier Vanmellaerts (F), David Vial (F)

España　　　Baracaldo　　　Immobility

　　　　　　　　　　　　　　Alain Chiffoleau (F), Pierre Deat (F),
　　　　　　　　　　　　　　Carmen De La Vera (E), Lucas Froment (F)

　　　　　　　　　　　　　　The void

　　　　　　　　　　　　　　Antonio Juárez Chicote (E), Javier García
　　　　　　　　　　　　　　Germán (E), Mariano Fernández Busó

　　　　　　Cartagena　　　Recompositions

　　　　　　　　　　　　　　Eduardo Miralles Millon (E), Mauricio Bertet
　　　　　　　　　　　　　　Gonzales (E), Mariano Molina Iniesta (E),
　　　　　　　　　　　　　　Jean Rodriguez Villa (E)

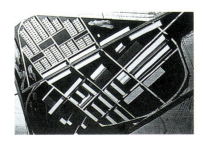

Ceuta

Going out

Manuel Gausa (E), Vicky Lenz (S), Patrick Schmid (CH), Lovisa Brottier (NL), Amadeu Santacana (E)

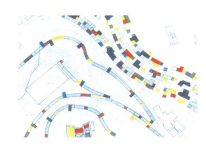 

Paterna

For a conquered land

Javier Fresneba Puerto (E), Javier Sanjuan Calle (E), Javier Pena Galiano (E), Mario Sanjuan (E), Javier Sanchez Rodriguez (E), Maria Del Mar Condo Conde (E), Virginia Gonzalez Reboylo (E)

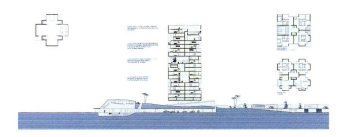

An idea, a grid

Jesus Ulargui Agurruza (E), Sergio De Miguel Garcia (E), Eduardo Pesquera Gonzalez (E), Javier Gancedo Rodriguez (E), Cristina Lopez (E), Luis Saucedo (E)

Tudela

Intimacies

Paloma Iniesta Ayerra (E), Ma De Los Angeles Nuez Diaz (E)

France

Brest

http://www RHT/brest@planche fr

Enrico Ingala (I), Bruno Douliery (F), François Ehouarn (F), Shun Huang (F), Olivier Leroy (F)

Chessy

Urbane Parklandschaft

Pedro Campos Da Costa (P), Marta Mendonca (P), Gonzalo Galindo-Bohorguez (COL), Monica Antonie (ROM)

Jeumont	**On the route** **Beata Grepe (S), Sebastian Corbari (F)**	 
Mulhouse	**Mulhouse IN/OFF** **Claude Valentin (F)**, Jérôme Lotz (F), Grégoire Dubuis (F)	 
Reims	**Above the traffic** **Ana Maria Vicens Pedret (E), Concepcion Yvars Bravo (E), Ali Mangera (GB), Carole Iselin (CH)**	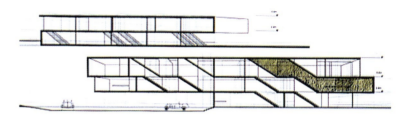
Villetaneuse	**Pivotal landscape** **Touffik Mentouri (F), Bertrand Naut (F)**, Aurélie Baetz (F), Marie-Laure Chardin (F), Nicolas Croix-Marie (F), Nicolas Capillon (F), Joëlle Le Gleau (F), Sabine Crouzet (F), Alexandre Koclejda (F), Sébastien Froger (F)	 
	Passages, plate, landscape Marc Nicolas (F), Yves Chemineau (F)	
	So far, so near Johanna Wauquiez (F), Jean-François Bellemere (F), Jean-Fabrice Laudinet (F), Olivier Chabaud (F), Vanessa Jay (F)	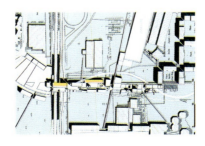 

Italia	**Collegno**	The integrated city Francesca Ricci (I), Alessandro Corradini (I)	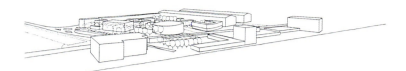
	Palermo	"Canti": corners in the landscape **Gaetano Licata (I),** Giuseppe Licata (I), Riccardo Camada (I), Lutz Mehlig (D), Cottone Mario (I), David Licata (I)	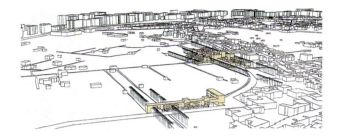
		Tower, Village clock Rossella Pugliatti (I)	
	Roma	Journeys beyond Pavaggi Elisabetta D'Aamato (I), Alessandra Albani (I), Alessandra Caruso (I), Giulia De Angelis (I), Bruna Kohan (ARG)	
	Savona	A new urban vitality of openness and integration Mario Menzio (I), Elena Carmignani (I), **Cristina Pizzaferri (I),** Alessandra Guraschi (I), Paola Loprevite (I), Simone Isnardi (I), Marco Vigolungo (I)	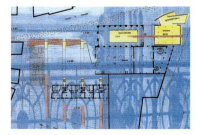 
Nederland	**Almere**	Fofalof **Jan Van Erven Dorens (NL), Martin Koster (NL),** Laurens Schuurkamp (NL)	

Haarlemmermeer — HL landscape

Alicia Reiber (B), Stéphane Hof (B), Olivier Perier (B)

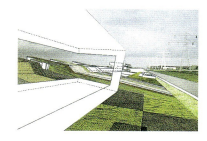 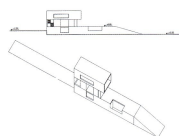

Rotterdam — Manhattan transfer

Manfred Berthold (A), Mladen Jadric (A), Thomas Wirsing (D), Peter Heine (D), Gregory Hartweger (A), Camilla Kroll (A), Julia Jadric (A), Gilbert Berthold (A), Paria Jadric (A)

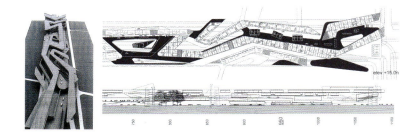

Portugal

Lisboa-Chelas — Motion study

Mafalda Batalha (P), Victor Ennes (P) Carla Cuardo (P), Rodrigo Ramos (P), Gonçalo Mata (P)

Loures-Sacavém — Outono

Patricia Chorão Ramalho (P), João Ferreira Nunes (P), Sandra Ferreira (P), Jorge Bastos (P)

Skywalk

Edwin Piskernik (A), Christian Bauer (A), Ivana Mirek (A), Amir Takeh (A)

Vila Nova de Gaia — Progressive assembly

Martin Lamden (GB), Edmund Klimek (GB)

Event boxes

Paulo Pardelha (P), Tiago Neves (P), João Tomazinho (P), Nuno Freire (P), André Sardhina (P), Laura Branco (P), João Candido (P)

Suisse/Svizzera/Schweiz

Aarau

Multifaceted glances

Natacha Gnajtic (F)

String of pearls

Daniel Kubli (CH), Karin Pfyl (CH)

Over there, in the clearing

Jean-Lou Rivier (CH)

Bern Ausserholligen

Euraplatz

Rasmus Holm (DK), Torben Ostergaard (DK), Rene Riis (DK)

Biel/Bienne

Breaking through walls

Catherine Bender (CH), Carlo Parmigiani (I), Alin Tocmacov (CH), Didier Castelli (CH), Julien Woessner (CH•D), Helena Nilson (S), Kumio Fukami (CH)

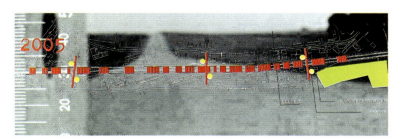

	Genève	**Green mobile**	
		Enis Arikok (CH), Duygu Okay Arikok (TUR)	

Metamorphosis

Karoline Diegelmann (D), Anne Redottée (D)

Zürich-Affoltern   Microcosmos - floral symphony

Tony-Carmelo Mangone (CH),
Quitterie Bancon (F)

Suomi-Finland   Rovaniemi   "Betoni, Kupari, Sinkki, Puu, Terva, Kulta, Aalto"

Jérôme De Alzua (F), Patrick Morel (F)

Bălgarija   Sofia   From "underground" to culture

Simon Sutter (CH), Hans Peter Haberli (CH)

Slovensko   Košice   2 x 4 + 1 : Twice four plus one

Nora Vavrona (SLO), Helena Koladova (SLO),
Karol Stassel (SLO), Miroslav Vrana (SLO)

Preisträger

Belgique/België/Belgien	**La Louvière** s. 67 zu 71	Preis  **Tim Denninger,** Architekt, Deutschland, **Tomoyuki Haramura,** Architekt, Japan, **Patrick Longchamp,** Architekt, Suisse/Svizzera/Schweiz Mitarbeiter Fenya Rix, Kritikerin, Deutschland, Kaori Haramura, Modellbau, Japan, Antonella Vitale, Theorie, Italia Adresse Moselstrasse 21, 53175 Bonn, Deutschland tél./fax : 49. 228. 37 47 00	Ankauf **Éric Motte,** Architekt, Belgique/België/Belgien Adresse Rue de la Buissière 109, 7100 La Louvière, Belgique tél. : 32. 64. 21 43 16 / fax 32. 64. 21 43 15	Ankauf  **Jan Peeters, Philip Smits,** Architekten, Belgique/België/Belgien Mitarbeiter Hans Nuyts, Architekturstudent, Dirk Van Rosendaal, Ingenieur, Belgique/België/Belgien Adresse Van Der Wervestraat 41, 2060 Antwerpen, Belgique tél. : 32. 3. 226 63 98 e mail : janpeeters@planetinternet.be
	Namur s. 72 zu 75	Preis **Ulrike Bräuer, Michael Mackenrodt,** Architekten, Deutschland Mitarbeiter Frederic Schneider, Beratung, Belgique/België/Belgien, Flavio Ochoa, Computer, Italia•España Adresse Leostrasse 10, 40545 Düsseldorf, Deutschland tél./fax : 49. 211. 576 300	Ankauf  **Pablo Perlado Recacha,** Architekt, España, **Pierlucca Rocheggiani,** Architekt, Italia, **Alejandro Pujol,** Ingenieur, España, **Euro Bellessi,** Stadtplaner, Italia, **Gonzalo Molero Homs** Architekt, España, **Jorge Raedo,** Künstler, España Mitarbeiter Luisa Manfredini, Architektin, Österreich, Joan Daniel Gutes, Elena Pérez Piferer, Architekten, España	Adresse Calle Amigo n°71, 5° 2a, 08021 Barcelona, España tél. 349. 3. 209 23 35 / fax 349. 1. 563 52 17 e mail : perlado@coac.net
Deutschland	**Essen** s. 77 zu 82	Preis **Ralf Freymuth, Silvia Euler,** Architekten, Deutschland Adresse Heerstrasse 20, 40227 Düsseldorf, Deutschland tél. 49. 211. 788 54 73	Preis  **Paul Van Der Voort, Catherine Visser,** **Daan Bakker,** Architekten, Nederland Adresse Rotterdamse Rijweg 1, 3043 BE Rotterdam, Nederland tél. 31. 10. 262 17 06 fax 31. 10. 462 42 64 e mail : daf@luna.nl	Ankauf **Christiane Schmidt, Jörg Lammers,** **Verena Manz, Martin Dütsch,** Architekten, Deutschland, **Lucas Merx,** Architekt, Nederland Mitarbeiter Anne-Julchen Bernhard, Architektin, Susanne Friedburg, Landschaftsplanerin, Christian Roth, Architekt, Maria Tillessen, Architektin, Deutschland Adresse Warmweiherstrasse 17, 52066 Aachen, Deutschland tél./fax 49. 241. 502 813 e mail : alma.x@snafu.de
	Geesthacht s. 83 zu 85	Preis  **Georg Waiblinger, Martin Schenk,** Architekten, Deutschland Adresse Grosse Brunnenstrasse 61 A 22763 Hamburg, Deutschland tél. 49. 40. 39 90 56 25 fax 49. 40. 390 87 26		

Gotha
s. 86 zu 89

Preis

Jérémy Vassort, Guillaume Buret, Architekten, France
Mitarbeiter
Audrey Goetz, Architekturstudentin, France
Adresse
16 rue Bénard,
75014 Paris, France
tél. 33. 1. 45 43 22 92
fax 33. 2. 37 30 73 81

München
s. 90 zu 94

Preis

Gert Mader, Andrea Gandyk, Architekten, Deutschland
Mitarbeiter
Amir Cackovic, Architekt, Bosnia I Hercegovinia, Dagmar Lezuo, Landschaftsplanerin, Deutschland
Adresse
Balanstrasse 16,
81669 München, Deutschland
tél. 49. 89. 48 95 47 40
fax 49. 89. 48 95 47 47
e mail : mader-gandyk_arch@t-online.de

Ankauf

Lars Loebner, Karin Stoppel, Architekten, Deutschland,
Adresse
Ehrensteinstrasse 43,
04105 Leipzig, Deutschland
tél. 49. 170. 21 23 429
fax 49. 341. 590 61 80
e mail : nds9708@stud.arch.ethz.ch

Ankauf

Markus Pfreundtner, Architekt, Deutschland,
Adresse
Lautenstrasse 16,
80687 München, Deutschland
tél. 49. 89. 56 01 79 82

Schwabach
s. 95 zu 96

Ankauf

Klaus Beutler, Martin Ilg, Architekten, Deutschland
Adresse
König-Heinrich-Strasse 2,
81925 München, Deutschland
tél. 49. 89. 957 72 60
fax 49. 89. 323 94 278

Weissenfels
s. 97 zu 101

Preis

Ute Poerschke, Architektin, Deutschland
Mitarbeiter
Stefan Zwink, Architekt, Deutschland
Adresse
Levetzowstrasse 6,
10555 Berlin, Deutschland
tél. 49. 30. 39 84 84 31

Ankauf

Matthias Heidtkamp, Architekt, Deutschland
Mitarbeiter
Friederike Sprenger,
Texte und Modelle, Deutschland
Adresse
Orleanstrasse 3,
93055 Regensburg, Deutschland
tél./fax 49. 941. 467. 11 91

Ankauf

Alexander Koblitz, Architekt,
Anja Nelle, Künstlerin, Deutschland
Mitarbeiter
Allard Van Der Hoek, Architekt, Nederland,
Felix Lohmeyer, Designer, Deutschland,
Jochen Manz, Architekt, Deutschland
Adresse
Böckstrasse 12,
10967 Berlin, Deutschland
tél./fax 49. 30. 694 30 80
e mail : aekoblitz@snafu.de

		Preis	Ankauf
	Guben • Gubin s. 102 zu 105	 **Sonja Moers,** Architektin, Deutschland **Mitarbeiter** Thorsten Wagner, Jon Prengel, Architekturstudent, Deutschland **Adresse** Riegerplatz 14, 64289 Dramstadt, Deutschland tél. 49. 6151. 71 89 48	 **Peter Stötzel, Martin Schmöller,** Architekten, Deutschland **Mitarbeiter** Sibylle Grössl, Architektin, Deutschland **Adresse** Genzstrasse 2, 80796 München, Deutschland tél. 49. 89. 27 21 056

Ellás

Athinai Agia Anargiri
s. 107 zu 110

Preis

Minas Papadakis, Architekt, Ellás,
Francesca Wunderle, Nicola Luig Panetta,
Architekten, Italia
Adresse
Granidastraat 17-1,
1055HE Amsterdam, Nederland
tél. 31. 20 770 31 04

Ankauf

Panagiotis Stefas, Architekt, Ellás
Adresse
28-30, Chrisostomou Smyrnis Straße
17671 Athinai, Ellás
tél. 30. 1. 957 19 95

Athinai Amaroussion
s. 111 zu 114

Preis

Sofia Vyzoviti, Architektin, Ellás,
Giusseppe Mantia, Architekt, Italia
Mitarbeiter
Karl Amann, Leitung Druck, Deutschland
Adresse
142, Vassillis Olgas Straße
54645 Thessaloniki, Ellás
tél. 30. 31. 81 77 80
fax 30. 31. 20 33 40 351
e mail : S.Vyzoviti@bk.tudelft.nl

Ankauf

Dimitra Sidiropoulou, Apostolos Panos,
Architekten, Ellás
Mitarbeiter
Joannis Kantas, Vermessungsingenieur,
Joannis Apostolou, Designer,
Dionisia Filippaiou, Designerin, Ellás
Adresse
12, D. Soutsou Avenue,
11 521 Athinai, Ellás
tél./fax 30-1-641 12 20
e mail : appanos@tee.gr

Thessaloniki Chalastra
s. 115 zu 116

Ankauf

Frank Fauvet, Architekt, France,
Loukia Martha, Architektin, Ellás,
Raphaël Henon, Architekt, France
Mitarbeiter
Jean-Christophe Cayla, Architekt, France

Adresse
110, rue Léon-Maurice Nordemann
75013 Paris, France

Thessaloniki Polichni
s. 117 zu 119

Preis

Anastasia Papadopoulou,
Peneloppe Xiptera, Architekten, Ellás
Adresse
50, Korai Street, 50249 Thessaloniki, Ellás
tél. 30. 31. 30 26 77
e mail : lopi@topoauth.gr

España

Almería
s. 121 zu 125

Preis

Alonso Cano Pintos, Julia Abarca Corrales, Architekten, España
Mitarbeiter
Diego Cano Pintos, Lucia Cano Pintos, Gonzalo Cano Pintos, Monica Jiménez Denia, Luis Pancorbo Crespo, Javier Manzanares Pla-Font, Architekten ,España
Adresse
c/ Guecho n°27,
28023 Madrid, España
tél. 349. 1. 307 70 73 / fax 349. 1. 307 77 89
e mail : canolasso@nexo.es

Ankauf

Óscar Rueda Jiménez, Architekt ,España
Mitarbeiter
Francisco Gonzáles Romero, Architekturstudent, España
Adresse
c/ José Prados n°1,
28035 Madrid, España
tél. 349. 1. 373 94 09 / fax 349. 1. 316 60 05

Ankauf

David Sim, Architekt, United Kindom,
Jesus Mateo Muñoz, Designer España
Mitarbeiter
Joakim Johanson, Künstler, Sverige,
Marco Pusterla, CAD, Italia,
Guttorm Ruud, Bildhauer, Norge
Adresse
Sofiavagen 5b,
22241 Lund, Sverige
tél. 44. 46. 399 644 / fax 44. 46. 399 645

Baracaldo
s. 126 zu 130

Preis

Eduardo Arroyo Muñoz, Architekt, España
Mitarbeiter
Sergio Lopez-Piñeiro, Architekt,
Nerea Calvillo Gonzales, Architekturstudent, España.
Adresse
c/ Del Pez n°27 -1°,
28004 Madrid, España
tél./fax 349. 1. 532 70 34
e mail : nomad@arquired.es

Ankauf

Frederico Soriano Pelaez, Dolores Palacios Diaz, Architekten, España
Mitarbeiter
Alessandro Abbruzzese, Architekt, Italia,
Carlos Arroyo, Manuel Perez, Architekten, España
Adresse
calle Lirios 13,
28016 Madrid, España
tél. 349. 1. 413 45 25 / fax 349. 1. 413 45 27

Ankauf

Sandra Töpfer, Architektin, Deutschland
Mitarbeiter
Dirk Bertuleit, Architekt, Jorg Sieweke, Landschaftsplaner, Jens Weisener, Stadtplaner, Deutschland
Adresse
Kastanienallee 5,
10435 Berlin, Deutschland
tél./fax 49. 30. 44 04 36 29
e mail : bertuleitd@hotmail.com

Cartagena
s. 131 zu 133

Preis

Juan Hevia Ochoa De Echagüen, Manuel García De Paredes, Nuria Ruiz García, Architekten ,España
Mitarbeiter
Fernando Garcia Pino, Architekt ,España
Mitarbeiter
Breton de Los Herreros 55, Bajo E,
28003 Madrid, España
tél. 349. 1. 564 22 57/ fax 349. 1. 563 52 17
e mail : MGARCIAFA@nexo.es

Ceuta
s. 134 zu 138

Preis

José Morales Sanchez, Juan Gonzales Mariscal, Architekten, España
Mitarbeiter
Jesus Granada Frenandez,
Miguel Hernandez Valencia, Cristobal Macheno, Isabel Robles Gallego, Alberto Ruiz Ortiz, Architekturstudent, España
Adresse
Calle Murillo n°4, 2° piso,
41001 Sevilla, España
tél./fax 349. 5. 456 41 14
e mail : disoluciones@arrakis.es

Ankauf

Enrique Delgado Camara, Ruben Picado Fernandez, Maria José De Blas Guitierrez, Fernando Nieto, Architekten, España
Mitarbeiter
Elisa Peres De La Cruz, Architektin, España
Adresse
c/ Gonzales Amigo n°23 4° Dcha,
28033 Madrid, España
tél./fax 349. 1. 302 19 70

Ankauf

María José Pizarro Juanas, Architektin, España
Adresse
Calle José Prados n°1,
28035 Madrid, España
tél. 349. 1. 373 94 09
fax 349. 1. 316 60 05

Tolosa
s. 139 zu 140

Ankauf

Elio Garcia Garcia, Javier Rodriguez Alcoba, Carlos Rodriguez Alcoba,
Architekten, España
Adresse
Calle Alcala n°257, 2° F,
28027 Madrid, España
tél. 349. 1. 404 37 08

France

Brest
s. 142 zu 145

Preis

Olivier Souquet, François Defrain,
Architekten, France
Mitarbeiter
Gilles Greffier, Architekturstudent, France
Adresse
7 rue de la Santé,
75013 Paris, France
tél. 33. 1. 55 43 97 07 / fax 33. 1. 55 43 97 06
e mail : defrain.souquet.archi@wanadoo.fr

Ankauf

Valérie L'Azou, Architektin, **Jacques Goubin,** Grafik, **Laurent Defrance,** Landschaftsplaner, France
Adresse
70 boulevard de la Villette,
75019 Paris, France
tél./fax 33. 1. 40 03 04 23

Chessy
s. 146 zu 147

Ankauf

Nathalie Quiot, Christophe Lasserre, Bernard Porcher, Architekten, France
Mitarbeiter
Sarah Langinieux, Architektin, Martin Langinieux, Designer und Graphiker, France
Adresse
8 rue Primatice,
75013 Paris, France
tél. 33. 1. 43 36 80 46

Jeumont
s. 148 zu 150

Ankauf

Catherine Guillot, Architektin, France
Refki Chelly, Architekt, Tunisia
Adresse
11 rue Lacépède,
75005 Paris, France
tél./fax 33. 1. 43 36 66 69

Ankauf

Marc Pelosse, Architekt, France
Mitarbeiter
Carole Guyon, Architektin, France
Adresse
29 Quai Saint-Vincent,
69001 Lyon, France
tél./fax 33. 4. 72 00 20 02

Mulhouse
s. 151 zu 153

Preis

Philippe Collin Architekt, **Julien Defer,** Architekt, **Erika Majewski,** Bildhauerin, **Christel Richier,** Bildhauerin, France
Mitarbeiter
Stéphane Gutfrind, Christine Ott, Assistenten, France
Adresse
84 rue Charles-Keller,
54000 Mulhouse, France
tél./fax 33. 3. 83 35 45 33

Reims
s. 154 zu 157

Preis

Mattias Foitzik, Architekt, **Philipp Krebs,** Architekt, **Michael Herz,** Landschaftsplaner, **Heinz-Jürgen Achterberg,** Landschaftsplaner, Deutschland
Mitarbeiter
Cord Soelke, Ursula Winter, Architekten, Deutschland
Adresse
Sickingenstrasse 10,
34117 Kassel, Deutschland
tél. 49. 561. 772 166 / fax 49. 561.739 31 97

Ankauf

Corinne Tiry, Architektin, **Véronique Descharrières,** Architektin, **Sabine Guth,** Architektin, **Solange Duchardt,** Landschaftsplanerin, France, **Christina Devizzi,** Architektin, Italia
Adresse
34 rue des Tanneurs,
59000 Lille, France
tél./fax 33. 3. 20 57 13 73
e mail : cotiry@easynet.fr

Villetaneuse
s. 158 zu 161

Preis

Caroline Poulin, François Decoster, Architekten, France, **Djamel Klouche,** Architekt, Algeria
Mitarbeiter
Bernhard Rettig, Alexander Sachse, Assistenten, Deutschland
Adresse
7 avenue Albert-Bartholomé,
75015 Paris, France
tél. 33. 1. 45 32 51 14 / fax 33. 1. 45 32 31 52
e mail : Lauc paris@aol.com

Hrvatska

Rovinj
s. 163 zu 167

Preis

Nicoló Privileggio, Marialessandra Secchi, Architekten, Italia
Mitarbeiter
Alice Luraghi, Nicola Russi, Architekturstudenten, Italia
Adresse
Via Lazzaro Papi 10,
20135 Milano, Italia
tél./ fax 390. 2. 55 18 82 71
e mail : privileggiosecchi@azienda.com

Ankauf

Rok Bogataj, Vlatka Ljubanovič, Tomaž Krušek, Architekten, Slovenia
Mitarbeiter
Lena Dolenc, Architekturstudentin, Boris Bežan, Architekt, Stojan Skalicky, Architekturstudent, Slovenia
Adresse
Župančičeva 12,
1000 Ljubljana, Slovenia
tél./ fax 386. 61. 123 42 63
e mail : Rok.Bogata@hotmail.com

Ankauf

Paulus Rajakovics, Bernd Knaller-Vlay, Margarethe Müller, Architekten, Österreich, **Roland Ritter,** Architekt, Deutschland
Mitarbeiter
Alexandra Schreiber, Architekturstudentin, Österreich
Adresse
Steyrergrasse 1/III,
8010 Graz, Österreich
tél. 43. 316 811 346 / fax 43. 316 832 151

			Preisträger

Vukovar
s. 168 zu 171

Preis

Florian Migsch, Architekt, Österreich
Mitarbeiter
Andreas Krause, Architekt, Deutschland
Adresse
Sandringham road 54,
E8 2LP London, United Kingdom
tél. 44. 171. 254 29 93
fax 44. 171. 739 27 39

Italia

Ancona
s. 173 zu 176

Preis

Cherubino Gambardella, Giulia Bonelli, Pietro Salvatore Caliendo, Lorenzo Capobianco, Simona Ottieri, Riccardo Rosi, Marco Zagaria, Architekten, Italia
Adresse
Salita Betlemme 5,
80132 Napoli, Italia
tél./ fax 390. 81. 41 53 12

Ankauf

Roberto Angeloni, Architekt, **Stefano Lo Parco,** Architekt, **Matteo Verzolini,** Ingenieur, Italia
Adresse
Via Michelangelo Buonarrotti,
60 122 Ancona, Italia
tél./ fax 390. 71. 54039

Catania
s. 177 zu 180

Preis

Francesco Nicita, Ketti Muscarella, Architekten, Italia
Mitarbeiter
Renato Viviano, Clelia Parrinello, Architekten,
Davide Spampinato, Architekturstudent, Italia
Adresse
Via Carducci 118,
97100 Ragusa, Italia
tél./ fax 390. 932. 22 02 11

Ankauf

Fabio Salvatore Scarcipino Patarello, Architekt, **Domenico Di Guardo, Sebastiano D'Urso,** Designer, Italia
Adresse
Via Pulei - II trav. int. 4,
95030 Mascalucia, Italia
tél. 390. 95. 72 75 555

Collegno
s. 181 zu 184

Preis

Andreina Mandara, Francesco Calzolaio, Architekten, Italia
Mitarbeiter
Maria La Tegola, Tommaso Santostasi, Computertechnik, Italia,
Susan Steer, Übersetzung, United Kingdom,
Antonella Salerno, Koordination, Italia
Adresse
Cannaregio,
5304, 30121 Venezia, Italia
tél./ fax 390. 41. 523 58 27
e mail : andreinam@tin.it

Ankauf

Mauro Schiavon, Architekt, Italia
Mitarbeiter
Laura Consiglio, Architektin, Grabriele Lunati, Computertechnik, Barbara Schirillo, Architektin, Stefano Silvano, Architekt, Italia
Adresse
Via della Braida 5,
20122 Milano, Italia
tél./ fax 396. 2. 550 197 36

Palermo
s. 185 zu 188

Preis

Elisa Palazzo, Architektin, Italia,
Bruno Pelucca, Architekt,
Suisse/Svizzera/Schweiz
Mitarbeiter
Toni Angelo, Assistent, Italia
Adresse
Via San Minatio 2,
50126 Firenze, Italia
tél./ fax 390. 55. 248 04 82
e mail : studiostudio@dada.it

Ankauf

Gianpiero Maria Latorre, Rebecca Raponi
Architekten, Italia
Adresse
Via Etruria 44
00183 Roma, Italia
tél. 390. 6. 70 49 15 30
e mail : studiogas@tiscalinet.it

Roma
s. 189 zu 192

Preis

**Birgit Schlieps, Oliver Schetter,
Tom Richter,** Ingenieure Architekten,
Peter Arlt, Soziologe, Deutschland
Adresse
Kopenhagenerstrasse 33/II,
10437 Berlin, Deutschland
tél./ fax 49. 30. 442 88 06

Ankauf

**Alessandra Battisti, Pietro D'Ambrosio, Paola
Guarini, Fabrizio Tucci,** Architekten, Italia
Mitarbeiter
Fabio Battista, Graphiker, Giorgio Campa,
Viola Marrucci, Botaniker, Andrea Tempesta,
Graphiker, Italia, Patrick Bröll, Modellbau,
Deutschland
Adresse
Via dei Malatesta 11,
00164 Roma, Italia
tél./ fax 390. 6. 66 162 163

Savona
s. 193 zu 195

Preis

**Giovanni Pogliani, Marina Cimato,
Giancarlo Fantilli, Mariaugusta Mainiero,
Roberto Morziello, Giovanna Paola Piga,
Renato Quadarella, Guendalina Salimei,
Roberto Grio,** Architekten, Italia
Mitarbeiter
Hans Löehr, Assistent, Deutschland,
Antonella Luciani, Architektin, Luisella
Pergolesi, Architekturstudentin, Italia
Adresse
Piazza Mancini 4,
00196 Roma, Italia
tél./ fax 390. 6. 323 51 97

Torino
s. 196 zu 199

Ankauf

Gabriele Cigliutti, Architekt, Italia
Mitarbeiter
Raffaella Bonino, Giuseppe Bresciano,
Giorgio Gasco, Assistenten, Italia,
Stefanie Murero, Assistent, Österreich
Adresse
Via Di Gariboggio 42,
12080 Vicoforte (CN), Italia
tél./ fax 390. 174. 56 93 73

Ankauf

**Giorgio Domenino, Walter Camagna,
Massimilano Camoletto, Andrea Marcante,
Roberto Prete, Annachiara Solero, Marina
Massimello, Riccardo Balbo, David Bodino,**
Architekten, Italia
Mitarbeiter
Esteban Lopez Burgos, Architekt, España
Adresse
Via Valprato 68,
10155 Torino, Italia
tél./ fax 390. 11. 248 94 89

Ankauf

Massimo Raschiatore, Architekt, Italia
Mitarbeiter
Aurelia Vinci, Raimondo Guidacci, Cristina
De Marco, Architekturstudentin, Italia
Adresse
Via Sant'Anselmo 8,
10125 Torino, Italia
tél./ fax 390. 11. 650. 20. 81

Nederland

Almere
s. 201 zu 206

Preis

Alberto Nicolau Corbacho, Architekt, España,
Mitarbeiter
Montse Dominguez Iglesias,
Architekturstudent, España
Adresse
c/ Justiniano n°3,
28004 Madrid, España
tél./ fax 349. 1. 308. 51 77

Preis

Siebold Nijenhuis, Aldo Vos, Architekten,
Nederland
Adresse
Botersloot 25,
3011 HE Rotterdam, Nederland
tél. 31. 10. 414 49 52
e mail : saas.vos@wxs.nl

Ankauf

Jens Studer, Philipp Hirtler, Architekten,
Suisse/Svizzera/Schweiz
Mitarbeiter
David Leuthold, Matthias Stocker,
Assistenten, Suisse/Svizzera/Schweiz
Adresse
Grüngrasse 21
8004 Zürich, Suisse
tél. 41. 1. 247 70 90 / fax 41. 1. 247 70 99

Amsterdam
s. 207 zu 210

Preis

Joost Glissenaar, Klaas Van Der Molen,
Architekten, Nederland
Mitarbeiter
Marlies Quack, Architekturstudentin,
Martine Nederend, Künstlerin, Nederland
Adresse
Soetendaalseweg 70-C,
3036 ET Rotterdam, Nederland
tél. 31. 10. 477 94 83 / fax 31. 10. 477 95 08

Ankauf

John Lonsdale, Architekt, United Kingdom,
Maarten Van Den Oever, Fotograf, Nederland
Mitarbeiter
Nynke Joustra, Volker Ulrich, Architekten,
Nederland, Luke Engelback,
Landschaftsplaner, United Kingdom
Adresse
Weesperzijde 37,
1091 ED Amsterdam, Nederland
tél. 31. 20 330 09 50 / fax 31. 20. 330 09 51

Haarlemmermeer
s. 211 zu 215

Preis

Gijs Raggers, Architekt, Nederland
Mitarbeiter
Krijn Geevers, Designer, Nederland
Adresse
Postbus 576,
2501 CN Den Haag, Nederland
tél. 31. 6. 55 94 33 95 / fax 31. 70. 3 641 648

Ankauf

Bob Heuwekemeijer, Architekt, Nederland
Adresse
Av. d'Echallens 30,
1004 Lausanne, Suisse
tél. 41. 21. 625 43 09 / fax 41. 21. 321 44 69
e mail : bobh@vtx.ch

Ankauf

Machiel Spaan, Architekt, Nederland
Mitarbeiter
Patrick Mac Cabe, Landschaftsplaner, Ireland
Adresse
De Ruyter Kade 106,
1011 AB Amsterdam, Nederland
tél. 31. 20. 625 77 33 / fax 31. 20. 639 35 95

Rotterdam
s. 216 zu 219

Preis

André Kempe, Olivier Thill, Architekten,
Deutschland
Mitarbeiter
Chris Mac Carthy, Battle Mac Carthy,
Beratender Ingenieur, Luke Engleback,
Landschaftsplaner, United Kingdom, Walter
Spangenberg, Konstrukteur, Jan-Piet Van
Den Weele, Haustechniker, Bastiaan
Ingenhouse, Fotograf, Nederland, Johannes
Kühne, Bauzeichner, Deutschland, Ron
Steiner, Übersetzer, United States
of America
Adresse
Burgemeester Meineszlaan 93-A,
3022 BD Rotterdam, Nederland
tél. 31. 10. 240 90 30/ fax 31. 10. 240 90 25

Ankauf

**Roel Ten Bras, Bart Eijking, Patrick-Olaf
De Louwere,** Architekten, Nederland
Mitarbeiter
Jasper Baas, Designer, Nederland
Adresse
Tweede Helmerstraat 19-I,
10254 CB Amsterdam, Nederland
tél. 31. 20. 412 45 21 / fax 31. 20. 622 72 33
e mail : rtenbras@worldonline.nl

Portugal	**Lisboa-Chelas** s. 221 zu 224	Preis  **José Adrião Martins, Pedro Pacheco,** Architekten, Portugal **Mitarbeiter** Sebastião Pereira, Landschaftsplaner, Maria Moita, Architektin, Alexandra Cruz, Architektin, Portugal **Adresse** Av. E.U.A., 100-14°, 1700 Lisboa, Portugal tél. 351. 1. 795 72 77/ fax 351. 1. 794 172 e mail : japp@ip.pt	Ankauf  **Samuel Torres De Carvalho,** Architekt, Portugal, **Pedro Palmero Cabezas,** Architekt, España **Mitarbeiter** Rosa Cano De Las Heras, Jesus Crespo Alcoceba, Jesus Hierro Sureda, Angel Pizarro Polo, Jose Manuel Silvares Poyo, Sara Sole Wert, Architekten, Pedro Martinez Escobar, Technikbeauftragter, Javier Cruz Treviño, CAD, Eduardo Verdejo Cesteros, CAD, Zensur	Vera Martinez, Designer, Mar Secades Pérez, Sekretärin, España, Ulrike Mönning, Architektin, Deutschland **Adresse** Calle Augustin Lara n°3, Bajo Dcha., 28023 Madrid, España tél. 349. 1. 307 01 22/ fax 349. 1. 307 06 63 e mail : equip4d@lander.es
	Loures-Sacavém s. 225 zu 227	Preis  **Gonçalo Leitão, Horacio Figueiredo, Luis Neuparth,** Architekten, Portugal **Mitarbeiter** Nuno Almeida, Gebäude, Pedro Carreira, Bestandsaufnahme, Portugal **Adresse** Travessa Do Noronha 21, 3°dto., 1250-175 Lisboa, Portugal tél. 351. 1. 353 65 48 / 936. 521 68 66		
	Vila Nova de Gaia s. 228 zu 232	Preis  **Fanny Perier,** Architektin, France, **Kristina Hellhake,** Architektin, Deutschland **Mitarbeiter** Julien Graves, Architekt, Emmanuel Donval, Landschaftsplaner, France **Adresse** 122 cours Balguerie Stuttenberg, 33000 Bordeaux, France tél.33. 5. 56 50 46 96	Ankauf  **Mariam Shambayati,** Architektin, Canada **Mitarbeiter** Carlos Infantes, Architekt, España Philomène Rowe, Architekt, France **Adresse** c/o Rowe, 11 rue de Javel, 75015 Paris, France tél. 33. 6. 07 67 40 47/ fax 349. 5. 422 74 00 e mail : si@opr.net	Ankauf **Harald Weber,** Architekt, Österreich **Mitarbeiter** Christof Isopp, Zeichner, Clemens Rainer, Architekturstudent, Österreich **Adresse** Stöckelweingarten 128 9520 Stattendorf, Österreich tél. 43. 4276. 56 74 / fax 43. 4276. 56 74 6 e mail : isopp_christif@hotmail.com
Suisse/Svizzera/ Schweiz	**Aarau** s. 234 zu 235	Ankauf  **Bertram Ernst, Erich Niklaus, Ursina Fausch, Hannes Henz,** Architekten, Suisse/Svizzera/Schweiz **Adresse** Bahnhofstrasse 102, 5000 Aarau, Suisse tél. 41. 62. 823 78 68 / fax 41. 62. 823 78 69 e mail : en.arch@echo.ch		

Bern-Ausserholligen
s. 236 zu 239

Preis

Holger Gladys, Architekt, Suisse/Svizzera/Schweiz, **Madir Shah,** Architekt, India
Mitarbeiter
Letizia Collela, Modellbauerin, Suisse/Svizzera/Schweiz, Petra Klimek, Künstlerin, Deutschland, Hajime Narukawa, Architekt, Japan, Angelika Fuchs, Architektin, Deutschland
Adresse
Admiraal De Ruyterweg 139,
1056 EZ Amsterdam, Nederland
tél./fax 31. 20. 689 80 88
e mail : urban_xprns@hotmail.com

Ankauf

Andreas Quednau, Sabine Müller, Architekten, Deutschland
Adresse
Sandhauser Strasse 7,
13505 Berlin, Deutschland
tél./fax 49. 30. 45 49 36 47
e mail : quednau@gmx.de

Biel/Bienne
s. 240 zu 243

Preis

Massimiliano Marchica, Nicoletta Artuso, Andrea Balestrero, Gianandrea Barreca, Antonella Bruzzese, Maddalena De Ferrari, Francesca De Vita, Umberta Dufour, Fabrizio Gallanti, Silvia Pericu, Architekten, Italia
Mitarbeiter
Matteo Leonetti, Emanuela Patrocchi, Eva Robert, Peter Scupelli, Designer, Italia
Adresse
Via Cremeno 39,
16162 Genova, Italia
tél. 390. 34. 233 26 70 / fax 390. 10. 740 39 27
e mail : marchica@iol.it

Ankauf

Urs Primas, Architekt, Suisse/Svizzera/Schweiz, **Ed Ravensberg,** Architekt, Nederland, **Valéry Didelon,** Architektin, France, **Marie-Noëlle Adolph,** Landschaftsplanerin, Suisse/Svizzera/Schweiz
Mitarbeiter
Martijn Van Den Ban, Designer, Nederland, Christelle Gualdi, Designer, France
Adresse
Van Boetzelartstraat 60-III,
1051 EB Amsterdam, Nederland
tél. 31. 20. 686 34 65 / fax 31. 20. 676. 02 02

Genève
s. 244 zu 247

Preis

Marina Lathouri, Architektin, Ellás, **Maurice Van Eijs,** Architekt, Nederland
Adresse
232 Pine Street, Apt 2F, PA 19106,
Philadelphia, USA
tél. 1. 215. 665 18 72 / fax 1. 215. 665 09 80
mlathour@dolphin.upenn.edu

Ankauf

Caroline Aubert, Architektin, Suisse/Svizzera/Schweiz
Adresse
6 rue des Deux Ponts,
1205 Genève, Suisse
tél. 41. 22. 348 37 37 / fax 41. 22. 348 37 31

Lenzburg
s. 248 zu 251

Preis

Fabienne Couvert, Architektin, France, **Guillaume Terver, Xavier Beddock,** Innenarchitekten, France
Adresse
13 rue de Lille,
75007 Paris, France
tél. 33. 1. 49 27 08 77 / fax 33. 1. 49 27 08 74
e mail : cxtarchi@aol.com

Massagno
s. 252 zu 253

Ankauf

Carolina Somazzi, Architektin, **Carmen Campana,** Architektin, **Udo Oppliger,** Ingenieur, **Andreas Pedrazzini,** Ingenieur, Suisse/Svizzera/Schweiz
Adresse
Via Cantonale 39,
6963 Pregassona, Suisse
tél. 41. 91. 940 15 65 / fax 41. 91. 972 63 43
e mail : ssomazzi@timet.ch

Zug
s. 254 zu 255

ankauf

Fortunat Dettli, Albert Nussbaumer, Architekten, Suisse/Svizzera/Schweiz
Adresse
Ägeristrasse 17,
6300 Zug, Suisse
tél. 41. 41. 710 17 07/ fax 41. 41. 710 17 05

Zürich-Affoltern
s. 256 zu 259

Preis

Fréderic Levrat, Antoine Robert-Grandpierre, Architekten, Suisse/Svizzera/Schweiz, **Zolaykha Sherzad,** Architektin, Afghanistan
Mitarbeiter
Stéphanie Glatz, Architekturstudentin, Deutschland, Jesse Seppi, Chris Lasch, Architekturstudenten, United States of America, Maiko Cheng, Architekturstudenten, Taïwan, Joon Suk Roh, Architekturstudentin, Korea, Filipe Pereira, Architekt, United States of America, Ore Shaked, Architekt, Israël, Pule Swai, Architekt, Tanzania
Adresse
Avenue Choiseul 21,
1290 Versoix, Suisse
tél. 41. 22. 779 29 88 / fax 41. 22. 7798 29 78
e mail : fal9@columbia.edu

Ankauf

Thomas Hildebrand, Architekt, Suisse/Svizzera/Schweiz
Mitarbeiter
Cito Gianni, Architekt, Italia,
Ludo Grooteman, Berater, Nederland,
Frances Hsu, Textbearbeitung, United States of America, Heikki Heer, Computertechnik, Suomi-Finland, Barbara Schaub, Computertechnik, Maya Huber, Texte, Suisse/Svizzera/Schweiz, Dave Williams, Sonja Williams, Statistiken, United Kingdom, Mark Michaeli, Animation, Deutschland
Adresse
Roswiesenstrasse 91,
8051 Zürich-Affoltern, Suisse
tél. 41. 1. 321 53 03 / fax 41. 79. 650 69 51
e mail : hildebrand@a1.arch.ethz.ch

Suomi-Finland **Rovaniemi**
s. 261 zu 264

Preis

Noora Koskivaara, Architektin, **Pia Kilpinen,** Architektin, **Pasi Kinnunen,** Designer, **Minna Soukka,** Bühnenmalerin, Suomi-Finland
Adresse
Eerikinatu 43 E,
00180 Helsinki, Suomi-Finland
tél./fax 358. 9. 562 40 42
e mail : wunderkammer@nic.fi

Ankauf

Hannu Tikka, Architektin, Suomi-Finland
Mitarbeiter
Matias Manninen, Teemu Palo,
Pauliina Skytta, Assistentin, Suomi-Finland
Adresse
Lastenkodinkuja 1,
00180 Helsinki, Suomi-Finland
tél. 358. 9. 270 914 74 / fax 358. 9. 270 914 76

Turku
s. 265 zu 269

Preis

Bart Van Der Velde, Pascal Grosfeld, Architekten, Nederland
Adresse
Postbus 6031,
4900 HA Oosterhout, Nederland
tél. 31. 162. 470 870 / fax 31. 162. 470 871

Ankauf

Cristina Gastón Guirao, Xavier Vidal Manzano, Isidre Roca I Burés, Architekten, España
Adresse
Calle Pere Grau n°26, 2°
08320 El Masnou (Barcelona), España
tél./ fax 349. 3. 540 23 44
e mail : grv.arg@coac.es

Ankauf

Mladen Jadric, Architekt, Österreich
Mitarbeiter
Michael Bieglmayer, CAD, Roland Graf, CAD, Paria Jadric, Übersetzung, Julia Jadric, Malerei, Österreich
Adresse
Edmund Weiss Gasse 5/4
1180 Wien, Österreich
tél. 43. 1. 470 67 69 / fax 43. 1. 52 35 12 18

Vantaa
s. 270 zu 273

Preis

Fabian Von Köppen, Architekt, Deutschland,
Carina Skoglund, Architektin, Suomi-Finland
Adresse
Fettstrasse 22,
20357 Hamburg, Deutschland
tél. 49. 40. 432 53 801
e mail : koeppen.skoglund@id-plan.de

Ankauf

Nicola Worton, Oliver Froome-Lewis, Architekten, United Kingdom
Adresse
130 Abbeville Road, Clapham,
SW4 9LR London, United Kingdom
tél. 44. 171. 622 71 99
tél. 44. 171. 704 27 11/ fax 44. 171. 831 40 74

United Kingdom

Dartford
s. 275 zu 276

Ankauf

Stephen Witherford, Christopher Watson, William Mann, Architekten, United Kingdom
Mitarbeiter
Kara Taylor Adams, Bauberatung/Planungsberatung, Max Fordham, Umweltberatung, Dearle Henderson, Ökonomieberatung, United Kingdom
Adresse
17a Riversdale Road,
N5 2SS London, United Kingdom

Nottingham
s. 277 zu 280

Preis

Maarten Van Bremen, Architekt,
Folkert Van Hagen, Jaap Van Dijk, Adam Visser, Ingenieur, Nederland
Mitarbeiter
Eelker Van Hagen, Text, Nederland
Adresse
Pelgrimsstraat 5b,
3029 BH Rotterdam, Nederland
tél. 31. 10. 244 01 93 / fax 31. 10. 276 21 12
e mail : office@GroupA.nl

Ankauf

Michael Hussey, Architekt, Ireland
Mitarbeiter
Conor Kinsella, Desmond Hourihane, Architekten, Ireland, Yolanda Martinez, Architektin, España, Martin O'Toole, Technikberatung, Peter Tansey, Stadtplaner, Ireland
Adresse
Owenstown House, Forster's Avenue,
Blackrock, CO Dublin 13, Ireland
tél. 353. 1. 283 25 71 / fax 253. 1. 283 31 26
e mail : ompoi@omp.com

Sheffield
s. 281 zu 285

Preis

Chris Bannister, Barbara Dunsire, Architekten, United Kingdom
Adresse
14 Fortescue Drive, Shenley Church End,
MK5 6BJ Milton Keynes, United Kingdom
tél./ fax 44. 190. 850 34 69
e mail : bdarchitects@freenet.co.uk

Ankauf

Michael Dillon, Architekt, Ireland, **Lucy Clark, Darren Andrews, Francis Henderson,** Designer, United Kingdom, **Ioana Sandi,** Designer, România
Adresse
21 Shepton Houses Welwyn Street,
E2 OJN London, United Kingdom
tél. 44. 181. 980 95 87
e mail : ionasandi@aol.com

Ankauf

André Viljoen, Architekt, United Kingdom, **Katrin Bohn,** Architektin, Deutschland
Mitarbeiter
Thomas Müller, Graphiker, Deutschland
Eva Benito, Graphikerin, España
Adresse
18 Copleston Road,
SE15 4AD London, United Kingdom
tél. 44. 171. 639 97 74 / fax 44. 171. 753 57 80

Partnerländer

Bălgarija
Sofia
s. 287 zu 288

Ankauf

Antonio Gonella, Marilena Baggio, Architekten, Italia, **Margarita Kroucharska,** Architektin, Bălgarija
Mitarbeiter
Ferruccio Redaelli, Architekt, Italia
Adresse
Via Domenico Carpinoni 21,
24023 Clusone (BG) Italia
tél. 390. 346. 23 044 / fax 390. 346. 22 605
e mail : agonella@spm.it

Eesti
Tallinn
s. 289 zu 291

Preis

Katariina Vuorio, Tuomas Hakala, Marja Sopanen, Architekten, Suomi-Finland
Mitarbeiter
Olli Sarlin, Architekturstudent,
Suomi-Finland
Adresse
Speranskintie 2-4 A2,
00150 Helsinki, Suomi-Finland
tél. 358. 40. 559 64 00 / fax 358. 9. 61 15 51

Kypros
Pafos-Anavargos
s. 292 zu 293

Ankauf

Dominique Guilhem, Architektin, France
Mitarbeiter
Christine Branger, Musiker, Fabien Brion,
Laurent Seyfritz, Jean Trévisan, Architekten,
France, Christos Tsangaris, Architekt, Kypros
Adresse
c/o Jean Trévisan, 1 quai Saint-Jean,
67000 Strasbourg, France
tél./ fax 33. 3. 88 32 65 08

**Magyarorszàg
Budapest**
s. 294 zu 296

Ankauf

Franz Ertl, Architekt, Österreich,
Jasmina Tochmakova, Architektin, Bălgarija
Mitarbeiter
Johann Brandtner, Bauzeichner, Österreich
Adresse
Lendkai 45,
8020 Graz, Österreich
tél. 43. 316. 38 30 03

Ankauf

Christian Kern, Thomas Repper, Architekten,
Deutschland
Mitarbeiter
Annette Köbl, Künstlerin, Deutschland
Adresse
Theresienhöhe 6B,
80339 München, Deutschland
tél. 49. 89. 448 94 39 / fax 49. 89. 510 99 793

**Österreich
Graz**
s. 297 zu 300

Preis

Dietger Wissounig, Architekt, Österreich
Adresse
Glacisstrasse 9,
8010 Graz, Österreich
tél./fax 43. 316. 31 94 90
e mail : wissounig@inode.at

Ankauf

Ingrid Schaberl, Architektin, Österreich
Mitarbeiter
Lydia Wissa, Martina Schaberl, Holzer
Gudrun, Architekten, Österreich
Adresse
Haydngasse 7-4,
8010 Graz, Österreich
tél. 43. 316. 84 60 55 / fax 43. 316. 810 31 44

**România
Timisoara**
s. 301 zu 303

Preis

Urs Friedrich, Architekt, Deutschland
Mitarbeiter
Tobias Hanig, Architekt, Deutschland,
Mathias Bauer, Architekt, Österreich
Adresse
Dreimühlenstrasse 30,
80469 München, Deutschland
tél. 49. 89. 746 640 51 / fax 49. 89. 746 640 53

**Slovensko
Košice**
s. 304 zu 307

Preis

Maroš Fečik, Štefan Polakovič, Architekten,
Slovensko
Mitarbeiter
Roamn Halmi, Architekt, Slovensko
Adresse
Partižanska 31,
81105 Bratislava, Slovensko
tél./fax 421. 7. 531 18 23
e mail : fecik@fhp-architects.sk

Sekretariate der Länder

Europan Belgique/België/Belgien
Gérard Gridelet, Anne dalla Toffola
143, rue de Campine
4000 Lüttich
Telefonnummer: 32-4-226 69 40
Faxnummer: 32-4-226 47 35

Europan Deutschland
Ulrike Poeverlein
Lützowstrasse 102-104
10785 Berlin
Telefonnummer: 49-30-262 01 12
Faxnummer: 49-30-261 56 84
e-mail: http//www.europan.de

Europan Ellás
Eleni Klissiouni, Marilena
Giannopoulou
Hellenic Ministry for the
Environment Physical Planning and
Public Works,
Housing Department (YPEXODE)
Trikalon 36 and Mesogion Street
11526 Athen
Telefonnummer: 30-1-691 06 67
Faxnummer: 30-1-692 64 26

Europan España
Antonio Vélez, Carmen Imbernón,
Ana Kursón
Paseo de la Castellana 12
4° Planta
28046 Madrid
Telefonnummer: 349-1-575 74 01
Faxnummer: 349-1-575 75 08
e-mail: europan.esp@www-arquinex.es

Europan France
Anne Vigne
Arche de la défense
Paroi Nord
92055 Paris-la-Défense cedex 04
Telefonnummer: 33-1-408 124 54
Faxnummer: 33-1-408 124 58

Europan Hrvatska
Jasenka Kranjčeviç
c/o Ministarstvo prostonog uredenja,
graditeljstva i stanovanja
Republike Austrije 20
10000 Zagreb
Telefonnummer: 385-1-378 24 28
Faxnummer: 385-1-377 28 22

Europan Italia
Marilia Rosalia Vesco
Corso Rinascimento 11
00186 Rom
Telefon/Faxnummer: 390-6-6861374

Europan Nederland
Emmie Vos, Anne Hoogewoning,
Sonja Anker
Museumpark 25
PO Box 2182
3000 CD Rotterdam
Telefonnummer: 31-10-4401238
Faxnummer: 31-10-4360090
e-mail: europan@nai.nl
http://www.archined.nl/europan-nl

Europan Portugal
Pedro Brandão, Teresa Branco
Travessa do Carvalho 23
1200 Lissabon
Telefonnummer: 351-1-324 1130
Faxnummer: 351-1-347 23 97

Europan Suisse/Svizzera/Schweiz
Jürg Degen
p/a Luscher
Fontenay 3
1001 Lausanne
Telefonnummer: 41-21-616 63 93
Faxnummer: 41-21-616 63 68
e-mail: europan@bluewin.ch

Europan Suomi-Finland
Antti Pirhonen
SAFA, Association Finlandaise des
Architectes
Yrjönkatu II A
00120 Helsinki
Telefonnummer: 358-9-58 444 217
Faxnummer: 358-9-58 444 222
e-mail: europan@safa-fi
http://www.safa.fi/europan

Europan United Kingdom
Louise Harrison, Linda Roberts,
Joanne Wallis
RIBA Competitions Office
8 Woodhause Square
Leeds LS3 1AD
Telefonnummer: 44-113-234 13 35
Faxnummer: 44-113-244 41 70

Partnerländer

Europan Bǎlgarija
Lyubomir Milkov,
Union des Architectes de Bulgarie
II rue Krakra
1504 Sofia
Telefonnummer: 359-2-467 082
& 442 673
Faxnummer: 359-2-9460800

Europan Eesti
Tõnu Laigu
Union des Architectes estoniens (EAL)
Lai tn. 29
0001 Tallinn
Telefonnummer: 37-2-641 17 37
Faxnummer: 37-2-645 50 19
e-mail : europan@online.ee

Europan Kypros
Marios Pelekanos
Association des Architectes de Chypre
PO Box 5565
Nicosia
Telefonnummer: 357-2-44 28 87
Faxnummer: 357-2-45 25 12

Europan Magyarország
Anikó Karner
Budapesti Müszaki Egyetm
Középületlervezési Tanszék
Müegyetem rakpart 3
1111 Budapest
Telefonnummer: 36-1-463 41 32
Faxnummer: 36-1-463 36 59

Europan Österreich
Ernst Pogöschnik
Haus der Architektur
Engelgasse 3-5
8010 Graz
Telefonnummer: 43-664-213 85 15
Faxnummer: 43-664-216 23 25
e-mail:
436642138515@text.mobilkom.at

Europan România
Ramona Nicolaescu, Ramona Laes
Timisoara Townhall
Direction de l'Urbanisme
Bd. C.D. Loga nr. 1
1900 Timisoara
Telefonnummer: 40-56-193623 int. 354
Faxnummer: 40-56-193019 & 190635

Europan Slovensko
Viktor Malinovsky, Ladislav Kocis,
Juran Koban
ùha Mesta Košice
Hlavná 68
04265 Košice
Telefonnummer: 421-95-623 33 80
Faxnummer: 421-95-623 33 80

Assoziierte Länder

Europan Bosnia I Herzegovina
Muhamed Serdarevič
Sarajevo School of Architecture
Patriotiske lige 30
71000 Sarajevo
Telefon/Faxnummer: 387-71-538 225

Europan Sverige
Mickaela Eckered, Hanne Weiss
Lindencrona, Stiftelsen ARKUS
Norrlandsgatan 11
11143 Stockholm
Telefonnummer: 46-8-762 67 00
Faxnummer: 46-8-762 67 10

Sekretariat Europan Europa

Generalsekretär
Didier Rebois

Koordinator
Sylvie Chirat

Public relations / Komunikation
Mireille Apel-Muller

La Grande Arche
Pilier nord - PCA
92055 Paris la Défense Cedex 41
Telefonnummer: 33-1-40 81 24 47
Faxnummer: 33-1-40 81 24 58
e-mail: europan@club-internet.fr

Europan website :
http://www-europan.gamsau.archi.fr

Ergebnisse Europan

Europan 1989, Prämierte Entwürfe
Sonderausgabe, gemeinsam herausgegeben von EUROPAN, EUROPAN ITALIEN, CER (Komitee für Wohnungsfragen) und dem italienischen Bauministerium, Rom, 1989
Viersprachig: Französisch/Englisch/Deutsch/Italienisch, 294 Seiten, s/w
Thematische Auseinandersetzung mit den Ergebnissen des ersten Europan-Wettbewerbsverfahrens Präsentation der 84 prämierten Projekte

Europan 1, Modes de vie, architectures du logement / Lifestyles - housing architecture
Editions Regirex, *Techniques et Architecture*, Paris, 1989
Zweisprachig: Französisch/Englisch, 208 Seiten, s/w
Preis: 225,00 FF
Thematische Auseinandersetzung mit den Ergebnissen des ersten Europan-Wettbewerbsverfahrens. Kritische Analysen und Präsentation der 45 Preise bei 84 Auszeichnungen.

Europan 2, European results, Living in the town, requalification of urban sites
Editions Regirex, *Techniques et Architecture*, Paris, 1991
Zweisprachig: Französisch/Englisch, 280 Seiten, Farbe
Preis: 280 FF
Thematische Auseinandersetzung mit den Ergebnissen des dritten Wettbewerbsverfahrens. Kritische Analysen und Präsentation der 88 prämierten Entwürfe für 49 europäische Standorte, mit Index und Kartei.

Europan 3, Europäische Ergebnisse: Zu Hause in der Stadt - Urbanisierung städtischer Quartiere
Editions Europan, Paris, 1994
4 Ausgaben: Französisch, Englisch, Deutsch, Italienisch, 288 Seiten, Farbe.
Preis: 45 Ecus
Thematische Auseinandersetzung mit den Ergebnissen des dritten Wettbewerbsverfahren. Kritische Analysen und Präsentation der 85 prämierten Entwürfe für 48 europäische Standorte, mit Index und Kartei.

Europan 4, Europäische Ergebnisse: Die Stadt über der Stadt bauen - Umwandlung zeitgenössischer Gebiete
Editions Europan, Paris, 1997
4 Ausgaben: Französisch, Englisch, Deutsch, Italienisch, 288 Seiten, Farbe
Preis: 350 FF
Thematische Auseinandersetzung mit den Ergebnissen des vierten Wettbewerbsverfahren. Kritische Analysen und Präsentation der 110 prämierten Entwürfe für 65 europäische Standorte, mit Index und Kartei.

Europan Themen

Europan 1989, Wohnungsmärkte und Praxis des Architektenberufes
Sonderausgabe, gemeinsam herausgegeben von Europan, Plan Construction et Architecture, CER (Komitee für Wohnungsfragen) und ANIACAP, Rom, 1989
Viersprachig: Französisch/Englisch/Deutsch/Italienisch, 424 Seiten, s/w
Vergleichende Studie der Wohnungsmärkte und der Praxis der Berufsausübung für Architekten in Europa

Europan 1989, 30 Projekte in Europa
Sonderausgabe, gemeinsam herausgegeben von Europan und der Zeitschrift Revista Construire, Rom 1989
Viersprachig: Französisch/Englisch/Deutsch/Italienisch, 168 Seiten, s/w
Vergleichende Analyse von 30 innovativen Wohnbauprojekten in Europa

Urban fragmentation and articulations
Sonderheft Nr. 4/1991 der Zeitschrift Architecture & Comportement, Fachbereich Architektur des Polytechnikums Lausanne, Suisse
Zweisprachig: Französisch/Englisch, 486 Seiten, s/w
12 Artikel zur städtebaulichen Auseinandersetzung ausgehend von einem Europan-Seminar in Paris im Februar 1991.

La ville re-qualifiée
Sonderausgabe von Europan, Paris 1992
Zweisprachig: Französisch/Englisch, 24 Seiten, s/w
5 reflektive Essays über die Stadt auf der Grundlage der Ergebnisse von Europan 2, ausgehend von der Abschlußveranstaltung des zweiten Wettbewerbsverfahren in Madrid im Dezember 1991.

Bauen im Altbestand, moderne Architektur und historische Zentren
Heft Nr.9 der Zeitschrift Tefchos, Athen 1992 Viersprachig: Französisch/Englisch/Deutsch/Griechisch; 152 Seiten, Farbe
Preis: 65 US$ in Europa
Beiträge auf Grundlage eines Europan Seminars in Rhodos im Juni 1992: 6 Standorte und 10 prämierte Projekte aus dem 2. Europan-Verfahren, Essays zum Thema, Diskussionsergebnisse, Beispiele von Realisierungen.

Europan Realisierungen

Bauen am Wasser
Heft Nr. 11 der Zeitschrift *Tefchos*, Athen 1992
Viersprachig: Französisch/Englisch/Deutsch/Griechisch; 144 Seiten, Farbe
Preis: 65 US$ in Europa
Beiträge auf Grundlage eines Europan Seminars in Zaanstadt (NL) im Oktober 1992:
6 Standorte und 10 prämierte Projekte von Europan 2, Essays zum Thema, Diskussionsergebnisse, zeitgenössische Beispiele.

La ville de tous les sens
Sonderheft 3/1993 der Zeitschrift *Architecture & Comportement*, Fachbereich Architektur des Polytechnikums Lausanne, Suisse
Zweisprachig: Französisch/Englisch, 430 Seiten, s/w
Beiträge auf Grundlage eines Europan Seminars zum Auftakt des dritten Wettbewerbsverfahrens in Prag im Februar 1993: 4 Essays zum Thema von Europan 3, "Zu Hause in der Stadt", Zusammenfassung der Workshops und Diskussionen.

Europan 1, Réalisations/Implementations
Editions Pandora, Paris 1991
Zweisprachig: Französisch/Englisch, 118 Seiten, s/w.
Preis: 190 FF
Verwirklichungen der Entwürfe, nach Länder geordnet. Präsentation von 45 Entwürfen auf dem Wege zur Realisierung, Vergleich zwischen Wettbewerbsarbeiten und Realisierungsplänen.

Idées et practiques
Ausgabe 133 der Zeitschrift *Arquitectos*, Madrid im Juni 1994, gemeinsam herausgegeben von Europan und dem *Consejo Superior de Colegios de Arquitectos*.
Dreisprachig: Spanisch/Französisch/Englisch, 124 Seiten, Farbe Bilanz der fertigen oder im Bau befindlichen Realisierungen von Europan 1 und 2 ausgehend von einem Seminar in Santiago de Compostela, im April 1993: 4 Vorträge, 4 Arbeitsgruppenberichte und Diskussionsprotokolle.

Untimely Books, Athen, Griechenland. Europan Realisierungen

Zweisprachig: Landessprache des Standortes/Englisch, 50 Seiten, s/w
Empfohlener Preis: 4 Ecus
Präsentation der Wettbewerbsarbeiten und der Realisierungen, Analysen, Standpunkte der Architekten und Bauherren.

1/ Two high-rise blocks of housing in Hortaleza, Madrid, Spain
Zweisprachig: Spanisch/Englisch
Maria José Aranguren López, José González Gallegos, Juan Manuel Ros Garcia, Carlos Iglesias Sanz

2/ 40 dwellings in Reims, France
Zweisprachig: Französisch/Englisch
Catherine Lauvergeat, Pietro Cremonini, Anne Gaubert, François Moget

3/ 18 Wohnungen in Graz, Österreich
Zweisprachig: Deutsch/Englisch
Zechner & Zechner

4/c 35 dwellings in Arnhem, Nederland
Zweisprachig: Niederländisch/Englisch
Pim Köther, Ton Salman

5/ 168 units of student accommodation in Le Mans, France
Zweisprachig: Französisch/Englisch
Jean-Patrice Calori

6/ 79 housing blocks in Amsterdam-Nord, Nederland
Zweisprachig: Niederländisch/Englisch
Gerhard Sacher, Dietmar Prietl

7/ 72 bus shelters in Neuchâtel, Suisse
Zweisprachig: Französisch/Englisch
Pascale Volait, Pierre Bureau

8/ A hostel for immigrant workers in Bordeaux, France
Zweisprachig: Französisch/Englisch
Isabelle Manescau, François Marzelle, Edouard Steeg

9/ 70 dwellings in Huelva, Spain
Zweisprachig: Spanisch/Englisch
Felix Pozzo Soro, Alberto Torres

10/ 2 blocks of high-rise housing in Viña de Entravías (Madrid), Spain
Zweisprachig: Spanisch/Englisch
Ricardo Lampreave, Lua Recuenco

11/ 140 dwellings in Basauri-Bilbao, Spain
Zweisprachig: Spanisch/Englisch
Beatriz Matos Castaño, Alberto Martínez Castillo

12/ Social housing Les Chaudronniers, France
Zweisprachig: Französisch/Englisch
TOA Architekten

13/ An island in the city 156 housing units in Zaanstad, Nederland
Zweisprachig: Englisch/Niederländisch
Hans Van Dijk, Maccreanor Lavington Architects

EUROPAN Suisse remercie les présents donateurs pour leur généreux soutien du Forum des résultats EUROPAN 5 et des réalisations du 26 au 29 septembre 1999 à Genève.

EUROPAN Switzerland thanks all donors for generously supporting the EUROPAN 5 Results Forum from September 26 to September 29 1999 in Geneva.

EUROPAN Schweiz dankt allen Donatoren für ihre grosszügige Unterstützung des Forums der Ergebnisse EUROPAN 5 und der Realisierungen vom 26. bis 29. September 1999 in Genf.

EUROPAN Suisse ringrazia tutti i sostenitori per il loro generoso supporto al Forum dei risultati EUROPAN 5 e delle realizzazioni dal 26 al 29 Settembre 1999 a Ginevra.

Ville de Genève

REPUBLIQUE ET CANTON DE GENEVE
Département de l'aménagement, de l'équipement et du logement

Schweizer Kulturstiftung
Fondation suisse pour la culture
Fondazione svizzera per la cultura
Fundaziun svizra per la cultura
Arts Council of Switzerland

sia — Schweizerischer Ingenieur- und Architekten-Verein
Société suisse des ingénieurs et des architectes
Società svizzera degli ingegneri e degli architetti
Swiss Society of Engineers and Architects

BSA — Bund Schweizer Architekten
FAS — Fédération des Architectes Suisses
FAS — Federazione Architetti Svizzeri

 INTERASSAR
INTERGROUPE DES ASSOCIATIONS D'ARCHITECTES DE GENÈVE

Stiftung für Architektur Geisendorf